KB274178

대한민국이 좁은
아이들

대한민국이 좁은 아이들

저자_ 박영준

1판 1쇄 인쇄_ 2005. 11. 28.
1판 3쇄 발행_ 2006. 10. 12.

발행처_ 김영사
발행인_ 박은주

등록번호_ 제406-2003-036호
등록일자_ 1979. 5. 17.

경기도 파주시 교하읍 문발리 출판단지 515-1 우편번호 413-834
마케팅부 031)955-3100, 편집부 031)955-3250, 팩시밀리 031)955-3111

저작권자 ⓒ 2005 박영준
이 책의 저작권은 저자에게 있습니다. 저자와 출판사의 허락 없이
내용의 일부를 인용하거나 발췌하는 것을 금합니다.

COPYRIGHT ⓒ 2005 by Park, Young Joon
All right reserved including the rights of reproduction
in whole or in part in any form. Printed in KOREA

값은 표지에 있습니다.
ISBN 89-349-2014-9 03810

독자의견 전화_ 031) 955-3104
홈페이지_ http://www.gimmyoung.com
이메일_ bestbook@gimmyoung.com

좋은 독자가 좋은 책을 만듭니다.
김영사는 독자 여러분의 의견에 항상 귀 기울이고 있습니다.

대한민국이 좁은 아이들

[박영준 지음]

IVY LEAGUE

김영사

차례

IVY LEAGUE

아이들에게 숨어 있는 1인치의 위대한 가능성

마지막 원고를 넘기고 머리말을 쓰기 직전, 미국에서 이메일 한 통이 날아왔다. 메일을 보낸 주인공은 책의 본문에도 나오는 제자 준이. 미국 대학교에 진학했지만 자신에게 주어진 자유를 감당하지 못해 한때 학교 생활에 적응하지 못했던 제자였다. 나는 당시 여름방학을 맞아 한국에 들어온 그 아이에게 "준이가 갈 곳은 대학이 아니라 군대"라며 정신 재무장을 '강권' 한 바 있다.

준이는 다행히도 내 권유를 받아들여 무사히 현역 복무를 마쳤고, 미국에 돌아가 남은 학교 생활을 충실히 보내고 있다는 소식을 들었다. 학교 공부와 취직 준비에 바빠서 자주 연락을 못하던 준이가 오랜만에 보내온 소식은 기쁘게도 뉴욕에서 취업을 했다는 것이었다. 준이는 "배운다는 생각으로 열심히 하고 있다"며 "그동안 많은 힘이 돼주셔서 감사하다"고 전해왔다.

정말 기쁘고 감사했다. 지난 20여 년간 학원 상담실에 앉아 아이들의 진로 및 유학 문제와 씨름하면서 때로는 힘들다는 생각도 했다. 최선을 다해 상담을 하고 아이들의 장래에 대해 비전을 제시해도 받아들이지 않는 부모님과 아이들도 종종 있었다. 하지만 사랑하는 제자들이 많은 어려움에도 불구하고 제대로 된 길을 가서 작은 결실을 거뒀다는 소식을 들을 때, 모든 어려움과 답답함이 순식간에 사라진다.

나는 교육이란 작은 가능성을 발견하는 일이라고 생각한다. 우리 사회와 어른들이 '쟤는 도대체 뭐가 될까?' 라고 의문을 가지는 아이들도 애정어린 눈으로 들여다보면 자기만의 가능성과 장점이 있다. 그렇다면 아이들에게 숨어 있는 '1인치', 부족한 '2퍼센트'를 찾아내는 것은 누구 역할일까. 두 말할 나위 없이 스승과 부모의 역할이다.

자원은 물론 자본도 없지만 인구는 많은 대한민국. 전 세계 시장에서 우리에게 필요한 자원을 공급 받고 자본을 축적하려면 오로지 뛰어난 머리로 승부하는 수밖에 없다. 그러기 위해서는 좁은 울타리에서 벗어나 글로벌 경쟁력을 강화하는 것이 필요하다. 그렇다면 어떻게 해야 할까? 당연히 자라나는 우리 인재들을 교육 단계부터 국제 경쟁시장에 내보내 훈련시키는 것이다. 물론 국내 명문대에서 교육시켜 해외 유수 대학원에 보내 경쟁력을 키우는 것도 좋은 방법이다. 하지만 그러한 방법은 개발연대 시절에 사용했던 '구식' 방법이라고 생각한다.

책의 본문에서도 언급했지만, 우리의 경쟁자인 중국, 인도는 몇 년 전부터 중학교 때부터 자신의 아이들을 미국, 영국 등 서구 선진국에 보내 우수한 교육을 받게 해왔다. 이러한 결과가 축적돼 중국을 비롯한 화교권 국가들의 엄청난 경제 성장과 인도의 IT 기술 발전이 이루어진 것이라는 것을 부인할 사람은 많지 않다.

　요즘 사회 각계에서 대한민국의 미래와 경쟁력에 대해 우려하는 목소리를 쏟아내고 있다. 우수한 인재들이 양성되지 않고, 미래에도 먹고 살 수 있는 기술 경쟁력이 부족하다는 이유에서다. 하지만 나는 그다지 걱정하지 않는다. 지난 20여 년간 아이들을 지도하면서 얻은 경험으로 최근 우리 아이들의 경쟁력이 사상 최고에 이르렀다고 확신하기 때문이다. 몇 년 전부터 우리 아이들은 12억의 중국, 9억의 인도 아이들을 제치고 아이비리그 대학교와 그 밖의 명문대에서 두각을 나타내고 있다.

　나는 교육자의 한 사람으로서뿐만 아니라 세 아이의 아버지 된 마음을 가지고 이 책을 썼다. 자녀 교육은 작은 가능성만 있어도 그들에게 용기와 희망을 주고 그들이 세계로 나가서 21세기를 주도할 수 있는 인간이 될 수 있도록 끝까지 도와주는 것이어야 한다는 게 나의 생각이며 신념이다. 나를 포함한 모든 스승과 부모는 아이들에게 '히딩크' 같은 역할을 해줘야 한다고 확신하며 평생 그런 마음으로 아이들을 대할 것을 다짐해본다.

　끝으로 이 책이 나올 수 있도록 원고 정리에 큰 도움을 준 임선근 작가께 감사 드린다. 또 미 뉴저지 서울어학원 박수현 원장, 김남성

씨, 대원외고 김일형 교감 선생님, 한국외대 부속외고 박하식 교감 선생님, 하버드대, 예일대, 프린스턴대 입학처장, 필립스 엑시터 아카데미와 세인트 폴의 입학처장들에게도 고맙다는 인사를 드린다. 물론 이 책이 나올 수 있도록 협조해준 나의 사랑하는 제자들에게도 진심으로 고마움을 전한다.

사랑하는 부모님과 나의 가족들에게 그동안의 노고와 사랑의 답례로 이 책을 바치고 싶다.

서울어학원 대표원장
박영준

1
대한민국 국민을 넘어 세계 시민으로

포항 엘리트에서 세계 엘리트로!

오후 내내 꼬리를 물고 이어지던 상담이 잠시 끊겼다. 어느 어머니가 길이 막혀 애를 태우고 계신가. 상담 예약을 한 어머니가 정해진 시간에 도착하지 못한 그 잠깐의 순간이 내겐 한숨 돌릴 수 있는 휴식 시간이 된다. 책상 밑으로 다리를 쭉 뻗으며 기지개를 켜고 있는데 한 어머니가 큼지막한 짐 가방을 들고 학생과 함께 내 방에 들어섰다.

"예약을 해야 하는지 몰랐습니다. 포항에서 왔거든요. 밖에 앉아 있었더니 프런트 데스크에서 잠시 원장님 시간이 빈다고 들여보내줘서……."

첫 상담에서 "아이비리그 가기 위해서 여기 왔어요"라고 밝힐 만큼 저돌적인 아이는 오랜만이었다. 나는 그 당돌함이 괜찮았다. 그러나 아이비리그는 나중 일이고 코앞의 관문은 보딩스쿨(사립 기숙학교)이었다. 시간은 촉박했고 준비는 전혀 안 되어 있는데, 목표는 아주 높았다. 어머니를 따라서 그날 난생 처음 서울에 올라왔다는 고등학교 1학년짜리 포항 토박이가 혼자 학원 근처 고시원에 머물며 유학 준비를 하겠다니, 나로서는 얼마나 의지가 굳은지도 확인해야 했다.

"불쑥 마음먹고 시작할 만큼 만만한 과정이 아니다. 유학 갈 결심은 왜 했지?"

세준이의 마음을 뒤흔들어놓은 것은 친구의 유학이었다.

"나름대로 날리는 영어 실력으로 포항을 흔들던 몇몇 친구들이 있어요. 쑥스럽지만 우리끼리는 '포항 엘리트 그룹'이라고 불렀죠. 서로 자극을 주고받으며 대학 갈 때까지 선의의 경쟁을 하리라 믿었는데⋯⋯."

그랬던 친구가 자기는 이름도 처음 들어보는 미국 보딩스쿨 입학 허가를 받아 한국을 뜬다고 했을 때 세준이는 경쟁 상대가 4차원의 세계로 빠져나가버린 듯한 황당함을 맛봤던 것이다.

"14년 살아오는 동안 전 유학과 아무런 상관이 없었죠. 갑작스러운 자극이었어요. 평소에 아버지께서도 유학을 가더라도 한국의 정서를 다 배우려면 대학까지 여기서 마치고 떠나야 한다고 말씀하시곤 했어요. 그렇지만 이미 제 마음이 크게 흔들리고 있는 걸 눈치 채고 여러 날 고민하시더니 '너도 갈 테냐?' 하고 물으셨어요. 일주일만 생각할 시간을 달라고 말씀드리고는 그 다음날 '가겠습니다' 했죠. 아버지는 '너는 지금 떠나도 이미 확실한 대한민국 사람이다, 그렇지?' 하고 다짐하시면서 유학을 허락해주셨어요."

미국 조기유학에 필요한 자격시험인 토플과 SSAT(Secondary School Admission Test)를 준비시켜주는 학원이 포항에는 없어서, 먼저 떠난 친구에게 물어서 나를 만나러 왔다고 했다. 그날로 어머니는 포항으로 돌아가셨고 세준이는 대치동의 고시원에 들어갔다. 세준이 말로 '3개월 안에 아작을 내야' 할 상황이었다. 목표로 하는 보딩스쿨들의 원서 마감까지는 3개월밖에 안 남아 있었는데 세준이는 "토플이라는 걸 한 번도 본 적이 없다"고 했다.

뚝심의 포항 청년 세준이는 "형, 그것도 몰라요?"라고 무시하는 '공부 엄청 잘하는 서울 애들' 틈에 끼여서 석 달 만에 토플 600점(CBT 환산 250점)을 달성했다. 그러나 SSAT 결과는 목표에 못 미쳤다. 12개 보딩스쿨에 지원서를 냈고 어머니와 단 둘이 가이드도 없이 초행길인 미국 여행에 나섰다. 팸플릿으로만 보았던 여러 보딩스쿨의 현지답사 겸 인터뷰를 위한 여행이었다. 그 여행은 '무식해서 용감했던 인생 최고의 여행'으로 세준이 가슴에 새겨졌다.

10개 학교에서 입학 허가서를 받았다. SSAT를 다른 친구들보다 조금 못 봤지만 결과가 기대 이상으로 좋았던 것에 대해 세준이는 인터뷰와 에세이에서 점수를 만회했을 것이라며 나름의 성공 요인을 이렇게 분석했다.

"제가 평소에 사람들과 이야기하는 것을 워낙 좋아하고 자기 자신을 포장하는 솜씨가 좀 있어요."

최종적으로 어느 학교를 택할지 선택에 필요한 객관적인 조언들은 어른들 몫이고, 아이들의 학교 고르는 기준에는 나름대로 개성이 있다. 세준이는 따뜻하고 정감어린 분위기가 느껴졌던 로렌스빌에 끌린다고 했다.

세준이는 2003년 여름에 한국을 떠나 미국 뉴저지 주에 있는 명문 보딩스쿨 '로렌스빌 스쿨' 10학년에 들어갔다.

"포항에 남아 있었다면요? 한국은 공부 좀 하는 애들한테는 죽어라고 시키니까 저도 열심히 했겠죠. 그렇지만 사는 게 사는 거 같지 않았을 거예요. 로렌스빌에서 해보니까 과학, 수학의 경우 과정에 차이는 있어도 어차피 배우는 내용이 비슷해요. 국어가 달라요. 한국에선 늘 이 시에서 이 낱말은 무엇을 의미한다고 적어놓고 외워야 했어요. 수능에 그 문제가 나온다면 바로 그 낱말이 정답이니까요. 미국에는 그런 게 없어서 좋았어요. '저는 이렇게 생각하는데 선생님은 어떠세요?' '그건 아닌데.' '제 말이 맞습니다. 왜냐면' 이렇게 한 시간 동안 줄곧 묻고 답할 수 있어요. 열려 있어요. 선생님도, 친구들도."

그러나 보딩스쿨의 토론식 수업의 맛을 제대로 느끼게 되기까지 어찌 그 과정이 순탄하기만 했을까. 그곳에도 '사는 게 사는 거 같지 않았던' 나날은 있었다. 사흘을 고생고생하며 나름대로 열심히 써서 제출한 작문 숙제가 D를 맞았을 때, 《햄릿》, 《햄릿》 주석서, 도서관 소장 《햄릿》 관련 서적을 '다 알아서 찾아 읽고' 토론할 준비를 해오라는 기절할 것 같은 숙제를 받았을 때, '멀어져가는 한국어와 다가오지 않는 영어' 사이에서 현기증을 느낄 때……. 그러다 너무 위기감이 몰려올 때는 '너희는 다 너희 언어로 보는데 나도 급하니 우선 내 언어로 보겠다' 며 알라딘US(미국 현지 지사를 가지고 있는 국내 인터넷 서점)에 셰익스피어 한국어 번역본을 주문해서 읽고 내용을 파악한 후 급한 불부터 끄고 원서를 펴들기도 했다. 내가 보기엔 이런 배짱이 세준이의 큰 재산이다. 물론 정도가 지나치면 곤란하겠지만.

세준이는 로렌스빌에 들어간 뒤로는 룸메이트 없는 싱글 룸을 한 번도 선택해본 적이 없다고 한다. 고시원 독방 생활의 고독에 지쳤기 때문이라나? 객지에서 고시원 생활을 하는 동안 라면, 자장면 따위의 면식에 신물이 난 나머지 미역국, 갈비탕을 제 손으로 끓여먹었을 만큼 토종 입맛을 고수하던 녀석인데, 로렌스빌 기숙사 카페테리아 음식에도 그럭저럭 길들여진 모양이다. 아직도 인근 캘리포니아 롤 가게나 프린스턴의 한국 식당에서 포식할 기회가 생기면 너무나 반갑다고 내 앞에서 익살을 떨지만 말이다.

세준이의 로렌스빌 생활이 어느덧 3년째에 접어들었다. 12학년, 우리로 치면 '고3 수험생' 이다.

"저는 정치학과를 지망하고 아버지는 경제학과 진학을 원하십니다. 저는 한국인이 공부 마치고 나서도 미국에 살 이유는 없다고 생각해요. 한국에 와서 정치를 하고 싶어요. 아버지는 '네가 미국 유학이 가능했다는 것 자체가 선택받은 계층이라는 것을 뜻하고, 정치를 하려면 가난한 사람들을 이해하는 게 너한테 가장 힘들 거'라고 말씀하세요. 그러나 그런 점에서 제가 어느 정도 믿을 만하니까 미국에 보내주셨을 테고, 저 스스로 교만해지지 않으면 괜찮다고 생각해요. 유학 가서 느낀 건데 미국에서 공부하는 전체 유학생 가운데 80퍼센트는 한국에 꼭 돌아가겠다는 생각이 없는 아이들인 것 같아요. 그러나 나머지 20퍼센트는 그 80퍼센트를 메우고도 남을 만큼 치열하게, 목적의식을 가지고 공부해요. 서울에서 유학 준비하면서 또래 친구들 많이 사귀었는데, 서로 미래에 대해 많은 생각을 나눌 수 있었어요. 솔직히 처음에는 포항 촌놈이 잘나가는 서울 애들 보니까 샘도 나고 '저 애들이 뉴스에서 떠들어대는 조기유학생들이로구나' 하는 시선으로 바라보기도 했지만, 진짜 진지하게 공부하는 애들이 생각보다 많았어요. 미국 각지에 흩어져서 공부하다가 방학 때 서울에서 다시 만나 공부하면서 서로 유익한 정보를 교환하죠. 그런 20퍼센트 유학생에게 제일 겁나는 것이 무엇인 줄 아세요? 바로 80퍼센트에게 쏟아지는 시선이에요."

세준이는 한 해 전부터 "2005년 12월 15일에는 하버드 조기 전형(early action)에 도전한다"고 공언했을 만큼 미래를 향해 치고 나가는 스타일의 아이다. 아이비리그에 들어가겠다던 유학 전의 각오를 다지고 다지더니 목표점을 하버드로 구체화한 것이다. 올 여름방학에는 귀국해서도 포항 고향집에 고작 일주일밖에 머물지 못했다. 우리의 '대입 수능 시험'에 해당하는 SAT(Scholastic Assessment Test) 단어 총 정리와 지원하는 대학에 제출할 에세이 준비에 몸도 마음도 바빴기 때문이다. 곧장 서울로 올라와 미국 각지 학교에서 모여든 유학생들과 학원에서 집중적으로 SAT 공부를 하는 한편, 국회와 외국인 노동자 병원 봉사 활동도 병행하며 하루 24시간을 48시간처럼 쓰다가 8월말에 로렌스빌로 돌아갔다.

세준이는 2003년 여름에 한 중견 사진작가의 중국 여행에 조수 격으로 동행하는 행운을 누렸다. 그때 어깨너머로 배워가며 백두산을 비롯한 동북 3성의 풍광을 부지런히 사진에 담은 덕분에 고등학생 수준 이상의 포트폴리오를 가지고 있다. 이번에 와서 그것을 토대로 조그마한 책자를 펴낼 준비도 했다. 그러나 스스로 그 결과물로 아이비리그 지원 서류를 장식할 의도는 아님을 강조한다.

"어차피 전 세계에서 난다 긴다 하는 녀석들만 모인 곳에서 그런 책자 하나가 큰 어드밴티지가 된다면 그게 더 이상한 이야기겠죠?"

'포항의 엘리트에서 대한민국의 엘리트로, 나아가 세계의 엘리트로!' 이것이 세준이의 모토다. 새해에 세계의 엘리트들 한가운데 우뚝 선 대학생 세준이를 만나게 될 것을 나는 기대한다.

스탠퍼드 4년이 키워준 벤처 정신, 기업가 정신

스탠퍼드 대학 경영학과 졸업을 앞두고 있는 현영이는 이미 학부에서 MBA 스쿨(경영대학원)의 경영학 수업들을 열성적으로 수강해왔다. 미국 시사주간지 《유에스 뉴스 앤 월드 리포트 *US News & World Report*》(이하 US 뉴스)가 해마다 조사해서 발표하는 대학원 평가에서 하버드와 늘 MBA 부문 수위를 다투는 스탠퍼드 경영대학원의 수업은 최소 3년 이상의 직장 경력을 갖춘 석사 과정 학생들을 위한 수업이다. 수업의 빠른 진행과 높은 난이도는 학부 과목들과 엄연히 차이가 난다. 현영이는 학부생으로는 드물게 MBA 과정에 참여하여 세계 각국의 비즈니스 엘리트들과 머리를 맞대며 토론하는 특권을 누리는 학생이다. 물론 그런 특권을 차지하기까지 현영이가 그 어떤 학부 학생보다도 남다른 노력을 기울였으리라는 것은 짐작하고도 남음이 있다.

"스탠퍼드는 대학의 학풍 자체가 실용주의와 개방성을 표방해요. 스탠퍼드 교수들은 서부의 개척 정신에 걸맞게 정통적인 학문 영역에 힘을 기울이기보다는 어떻게 하면 돈이 될까 하는 현대인의 원초적 관심사에 더욱 초점을 맞추죠. 총장이 취임사에서 '서부 개척자 정신과 과감한 기업가 정신을 배우라'고 역설할 정도로 현실주의적인 분위기예요. 스탠퍼드 MBA의 가장 큰 특징도 창업(Entrepreneur)을 지향하는 학생들이 다른 MBA 스쿨보다 압도적으로 많다는 점이에요. 그들은 거리낌 없이 억만장자의 꿈을 이야기하고, 스탠퍼드 졸업생인 야후(Yahoo)의 제리 양이나 선(SUN) 마이크로시스템의 스콧 맥닐리를 대화 주제로 삼으며 벤처 창업에 무한한 관심을 보여요. 커리큘럼 자체도 창업에 관련된 과목들이 많은데 이런 과목들의 수강 신청은 늘 정원을 초과하죠. MBA 수업에 참여하면 학교 밖에서는 말 한 번 붙여보기 힘든 각국의 성공 대열에 있는 비즈니스맨, 세계적인 기업의 간부들과 아무런 벽 없이 대화하며 친해질 수 있어요. 정말 소중한 경험이에요. 자연적으로 MBA 스쿨에는 수많은 사교성 친교 모임들이 생겨나죠. 함께 레저 활동도 즐기면서 비즈니스 세계에서의 인적 네트워크도 확실하게 다지기 위한 모임들인 셈이에요."

현영이는 대학 때 맞은 두 번의 여름방학에 이미 미국의 톱 컨설팅 회사인 브레인 앤 컴퍼니(Brain & Company)와 모니터 컴퍼니(Monitor Company)에서 실무 경험을 쌓았다. 학부 과정 중에 MBA 과정에 참여하여 인적 네트워크를 형성하는 한편으로, 지식을 직접 활용하는 현장 실무 경험까지 확실하게 챙기는 현영이의 억척은 어디서 나오는 것일까?

"미국에 온 이후 애국심이 커졌어요. 한국의 초·중·고등학생 대부분은 지금도 한국이 이웃 나라 중국이나 일본에 견줘 경제적 문화적으로 전혀 뒤지지 않는 대등한 위치에 있다고 굳게 믿을 거예요. 저도 그랬어요. 미국을 직접 겪으면서 그게 착각이라는 사실을 알게 되었죠. 그나마 삼성, 현대 같은 한국 브랜드가 알려진 덕택에 한국을 일본처럼 물건 좀 만들 줄 아는 나라로 생각하는 사람들도 있지만 삼성, 현대가 일본이나 대만 기업인 줄로 착각하는 미국인들도 아주 많은 게 현실이에요. 미국의 정치가들이 한국을 얼마나 등한시하는지, 얼마나 만만한 나라로 아는지 한국을 벗어나 미국에서 바라보고 겪지 않았다면 아직도 이 냉정한 현실을 피부로 실감하지 못했을 거예요. 칼을 뽑았다면 자기 소신껏 마음대로 휘두를 줄 아는 용기만이 진정한 호걸의 승리를 맛보게 해준다고 배웠어요. 한국의 현재 위치를 뼈아프게 느꼈다면 행동하지 않고 입으로만 이야기하는 사람이 되지 말고 적극적으로 노력해야죠. 꿈이 있어도 실천하지 않으면 그 꿈은 죽은 꿈이나 다름없죠. 기왕에 부모님 큰돈 쓰시게 하면서 미국 땅에서 공부할 바에야 21세기 한국이 선진국 대열에 서는 데에 주역이 되겠다는 생각으로 악착같이 해야죠. 우리 조기유학생들은 어린 나이에 부모와 떨어져 미국 땅에서 살아남는 자립심을 키웠고, 다양한 인종과 어깨를 맞대고 경쟁하면서 글로벌한 경쟁력을 길렀어요. 여기에 한국 사회를 객관적인 시각으로 볼 줄 아는 통찰력을 갖춰서, 공부하는 동안에 미국 땅에 뿌린 달러를 배로 되찾아 고국에 돌려줘야죠. 10년 후 내가 한국에 어떻게 기여할 것인지 고심하며 뛰는 유학생은 저말고도 많을 거예요."

현영이는 왕년의 베스트셀러 유학 성공기 《7막 7장》의 영향을 받은 조기유학 1세대다. 그 책이 장안에 화제가 되면서 저자 홍정욱 씨가 나온 '초트 로즈메리 홀(Choate Rosemary Hall)'이라는 보딩스쿨의 존재가 한국에 널리 알려졌다. 그 전에는 한국에서 유학 관계자들 외에는 그 학교를 아는 사람이 드물었다. 보딩스쿨이라면 〈죽은 시인의 사회〉라는 영화의 배경이 되었던, 전통과 권위의 이름으로 학생들을 억압하는 감옥 같은 귀족 학교의 이미지나 떠올릴 정도였다. 홍정욱 씨가 1993년 그 책을 펴낸 후 '초트'의 입학 담당자로부터 "우리 학교에 지원하는 한국인 학생이 10배 이상 증가했고 그 학생들이 하나같이 《7막 7장》이 지원 동기라고 말한다"는 이야기를 듣고 난감했었다고 토로한 것을 읽은 기억이 있다.

현영이 또한 유학 동기는 그 책에서 제공받았지만 '초트' 같은 명문 보딩스쿨을 선택하지는 않았다.

"한국에 지금은 워낙 명문 사립학교에 진학하는 아이들이 많아져서 그게 가장 보편적인 선택이라고 여겨질 수도 있지만 그렇지 않아요. 일단 조기유학을 갈 정도면 한국에서도 경제적으로 하이클래스라고 봐야겠죠. 한국에서 하이클래스니까 미국에서도 하이클래스를 유지하고 싶어하는 게 부모님들 마음인 거 같아요. 그렇지만 보딩스쿨은 미국에서도 경제력으로 상위 5퍼센트 이내에 해당하는 사람들의 관심사이지 전체가 다 보딩스쿨을 선망하는 것은 아니죠."

현영이는 필라델피아 소재의 가톨릭계 사립학교를 지원했다. 학비 부담도 줄어들고, 보딩스쿨이 요구하는 까다로운 입학 요건에 맞춰야 한다는 부담도 없어서 좋았다.

"사람들은 제가 조기유학생이고 스탠퍼드에 진학했다고 하면 명문 보딩스쿨에서 톱클래스를 달렸을 거라고 생각하지만 전혀 아닙니다. 단대부중 다닐 때부터 학구파라기보다는 음악, 운동, 춤에 관심이 많았어요. 친구들하고 놀기 좋아했고, 성적은 평소 십몇 등, 안 좋을 때는 이십몇 등까지도 해봤어요. 고등학교 때도 밴드 활동을 엄청나게 했어요. 남들 공부할 때 연주하고 돌아다니고."

현영이는 중3 1학기를 한국에서 마치고 미국으로 훌쩍 떠나서 바로 우리의 중3에 해당하는 9학년 1학기로 편입했다. 유학 준비 과정이라는 게 없었던 셈이다. 준비 과정을 생략하고 떠난 유학생의 경우 대개는 반 년 정도의 랭귀지 스쿨 과정을 거치는데, 현영이는 '학교에서 직접 부딪치고 친구 사귀면서 해결하겠다' 는 정신으로 밀고 나갔다.

현영이가 들어간 고등학교는 개교 이래 하버드에 진학한 학생이 단 한 명도 없는 학교다. 이 말은 극히 평범한 학교라는 뜻이지 형편없는 학교라는 뜻이 결코 아니다. 백인 40퍼센트에 나머지는 히스패닉, 흑인, 아시안이 차지하는 '보통 다운타운의 학교' 다. 처음에는 아는 목사님 집에 기거하다가 나중에는 작은 거처를 얻어서 통학을 했다. 게다가 면허를 따서 직접 운전도 했다. 스탠퍼드 대학에 입학한 후에는 4년 내내 기숙사 생활을 했지만, 현영이는 아직도 자유롭게 통학하던 그 시절을 그리워하는 데이스쿨(기숙사 시설이 없는 일반 사립학교) 예찬론자다.

"기숙사에만 계속 있으면 사람이 외골수가 돼요. 특히 명문 보딩스쿨들의 기숙사는 규칙도 엄격하고 나갈 때마다 허가를 받아야 하지요. 미국까지 와서 학교 울타리 안에 갇혀 사는 것, 내 방식과는 안 맞아요. 물론 미국 학생들과 24시간 함께 지내면 그만큼 얻는 게 있겠지만 제대로 미국을 알려면 좀더 많은 곳들을 돌아다녀 봐야죠. 한국에서 민사고에 칩거하면서 공부만 파느냐, 대원외고 통학하면서 자유롭게 공부하느냐 하는 문제하고도 비슷하답니다. 저는 돌아다니는 쪽이 좋아요. 한국으로 치면 면학 분위기의 특목고보다는 상대적으로 자유로운 일반고에 해당하는 학교를 선택한 것도 제 스타일이고요."

현영이는 음악, 스포츠, 봉사 활동, 클럽 활동 등에서 자기 능력을 극대화한 학창 시절을 보냈다고 자부한다. 학생회장, 클럽회장으로 리더십도 인정받았다. 그뿐인가. 상점이나 세탁소 아르바이트, 아는 사람들의 급한 문제 도와주기(이건 대가를 받기도 하고 안 받기도 했다고 한다) 등 학교 밖 '비즈니스'도 만만치 않았다. 이렇게 이리 뛰고 저리 뛰면서 '미국을 체험한' 고등학교 시절이 어떤 점에서는 스탠퍼드 4년보다 훨씬 값진 경험이었다는 게 현영이 생각이다.

"미국이라는 나라는 한국과 교육 시스템이 완전히 달라요. 인성과 가능성을 키워주는 교육이죠. 한국은 점수로만 사람을 평가하지만, 미국은 점수는 물론이고 이 학생이 그동안 무엇을 했는지까지 다 봐요. 리더십을 발휘할 줄 아는 학생인지, 특별한 관심 분야가 있다면 무엇이고 그 관심 분야를 어떻게 키워왔는지, 인간성은 어떤지. 한국에서는 성격 파탄자라도 수능 만점이면 대입에서 유리한 고지를 차지하지만 미국의 대학들, 특히나 명문 대학들은 지도자로서 미국을 이끌 5퍼센트 안에 드는 재목인지, 됨됨이가 그만큼 되는지, 그 가능성을 봐요. 지금 당장은 성적이 약간 안 좋아 보여도 열정을 가지고 일들을 해왔고 성과가 있으면 그걸 높이 평가해요. 저도 아마 그런 케이스였겠죠. 지금은 이렇게 말하지만 저도 대학 입학 지원서를 쓸 때는 저 자신이 가진 조건이 너무 들쭉날쭉하다 싶어서 원서를 낼 수 있는 곳에는 다 냈다니까요."

현영이 자신은 스탠퍼드가 자기를 선택한 것은 '다양한 경험, 특히 베이스기타로 참여한 밴드 연주 녹음테이프를 원서에 첨부한 덕분'이라고 이야기한다. 그러나 이 부분은 옆에서 현영이를 바라본 내가 객관적 사실을 바탕으로 보충 설명할 필요가 있다.

2005년 미국 대학 입학 자료를 보면 스탠퍼드 대학은 합격자의 90

퍼센트가 고등학교 성적 상위 10퍼센트 이내였고 80퍼센트 이상이 내신 성적 4.0 이상이었다. 대입 사정에서 스탠퍼드건, 아이비리그 대학들이건 이 정도 성적은 기본이다. 현영이 또한 그 기준을 만족시키는 학생이었다. 밴드 활동과 아르바이트로 동분서주했다는 고등학교 3년 동안 내신 상위 10퍼센트를 유지했고 만점에 가까운 SAT 점수를 받았다. 목표로 한 토플과 SAT 점수에 도달하기 위해 한국에서 수능 시험 준비하는 학생들 못지않은 노력을 쏟았다. 현영이는 학습에서 무서운 집중력을 보이는 학생이다. 한마디로 '놀 때 놀고 공부할 때 공부한다'는 원칙을 자기 스타일로 철저하게 지켜나갔다. 스탠퍼드 안에서만 65명이 지원했던, 해외 유학생을 지원하는 가장 든든한 장학 재단 중 하나인 '관정 이종환 장학금'의 2003년도 수혜자 5명에 들었던 사실이 현영이의 우수한 성적을 증명한다.

현영이는 지원서를 낸 대부분의 대학으로부터 합격 통지서를 받았다.

"공부는 결코 인생의 전부가 될 수 없어요. 하지만 인생의 전부도 아닌 공부 하나도 정복하지 못한다면 과연 내가 무슨 일을 할 수 있겠어요? 해야 할 땐 내가 생각해도 지독하게 공부했어요. 스스로를 너무 압박하는 나 자신이 가엾고 서러워서 운 적도 있어요. 하지만 현실에 충실하는 것이 미래에 투자하는 것이고, 학생인 나에게 현실은 바로 공부라고 확신했죠. 방학 때 한국에 와서 학원 끝나고 독서실 문이 닫히는 새벽 1시까지 한국 입시생들하고 함께 공부하면서 한 가지 깨달은 게 있어요. 성적은 내가 투자한 시간의 절대량에 비례하고, 그 노력의 대가는 이유 없이 사라지지 않는다는 것이죠. 훌륭한 학교들로부터 날아온 합격 통지서를 받아들고 이것들은 미국 땅에 발을 디딘 순간부터 앞만 보며 달려온 내가 받은 노력상이라고 생각했어요."

현영이는 동부 명문 하버드와 서부 명문 스탠퍼드 사이에서 집중적으로 고민한 끝에 스탠퍼드를 선택했다.

"동부에서 고등학교를 다녀서 그런지 한 번도 밟아보지 못한 미지의 서부 땅에 끌렸어요. 결정적으로 스탠퍼드를 택한 이유는 스탠퍼드 대학이 실리콘 밸리의 번영에 필요한 혁신적 기술, 이론적 토대, 우수한 인적 자원을 전적으로 공급하는 중심이라는 사실 때문이었어요. 그 당시 저는 학생 신분으로 소규모 인터넷 사업을 시작해 운영하면서, 온 세계에 인터넷 벤처 붐을 일으키고 세상을 바꿔버린 정보화혁명의 발상지인 실리콘 밸리를 동경하고 있었거든요. 실제로 실리콘 밸리 등지에서 스탠퍼드 컴퓨터 공학과 대학원 졸업생의 5퍼센트는 졸업과 동시에 백만장자가 되며 25퍼센트는 5년 내에 백만장자가 되고 있대요. 스탠퍼드가 21세기 정보기술 산업을 이끈다고 해도 과언이 아닐 거예요. 학교 주변에 세계의 벤처 캐피털이 진을 치고 있고, 최첨단 정보통신 업체들이 우후죽순처럼 솟아나고 있는 스탠퍼드야말로 내가 꿈꿔왔던 아메리칸 드림의 출발점이라고 생각했어요."

스탠퍼드 캠퍼스 안에서 자유분방한 삶과 학문적 몰입의 쾌감을 동시에 맛보았으며, 미래를 향해 땀 흘려 뛰면서도 콘서트 장에서 좀더 멋진 베이스기타 연주를 들려주기 위해 기타 솜씨 또한 끊임없이 갈고 닦는 현영이. 현재에 안주하지 않고 늘 익숙하지 않은 새로운 것을 찾아나서는 일에 매력을 느끼며 인생을 개척해온 현영이의 대학 졸업 이후 발걸음이 어디로 향할지 자못 궁금해진다.

노력파 광현이의 골드만삭스행

필리핀에서 고등학교를 다닌 광현이는 고등학교 1학년 때 월반을 했을 만큼 학업이 우수한 학생이다. 시카고 대학 경제학과에 진학해서 졸업할 때까지 전공과목에서 평점 4.0의 최고 점수를 유지했다.

광현이가 2학년 방학 때 귀국해서 진로를 상담해 왔다.

"선생님, 성적이 좋아서 3학년 때 조기졸업 할 수 있을 것 같아요. 조기졸업을 선택할까요, 아니면 통계학을 복수전공할까요?"

"복수전공을 해라. 조기졸업보다는 경제학과 통계학 복수전공이 장래에 더 유리할 것 같다."

"사실 지금도 힘이 드는데 복수전공을 하면 학점이 걱정돼요."

"원장님은 너라면 할 수 있다고 믿는다."

광현이는 복수전공을 결정했고 학업량이 늘어났음에도 복수전공에서 평점 4.0을 변함없이 유지해줬다.

졸업할 무렵에 희소식이 왔다. 지도교수가 광현이를 불러서 다음과 같은 뜻밖의 제안을 했다는 것이다.

"졸업하면 뭐 할래?"

"취직할 생각입니다."

"MBA 과정을 해라."

"제가요? MBA 과정에 원서를 내려면 적어도 3년 정도의 직장 경험이 필수라고 알고 있습니다. 제가 어떻게……."

"광현이처럼 우수한 학생이라면 직장 경험 없이도 입학할 수 있도록 내가 추천해줄 수 있다. MIT 슬로언 스쿨, 스탠퍼드 대학, NYU(뉴욕 대학) 스턴 스쿨 어디든 가능해. 그곳 MBA 과정 교수인 내 친구들이 너를 틀림없이 환영할 거야. 내가 도와주마."

자신이 아끼는 우수한 학생에 대한 미국 대학 교수들의 지원 역량은 이렇게 막강하다. 이는 정실에 의한 편법과는 거리가 멀다. 실력이 절차에 우선하는 미국 대학에서 어디 내놓아도 자랑스러운 제자에게 교수는 이 정도 호의를 기꺼이, 즐거운 마음으로 베푼다. 교수의 뜻에 따라 광현이는 MBA 과정에 지원서를 냈고, 광현이의 잠재력을 보장하는 교수의 각별한 추천서의 위력은 곧 현실에서 증명되었다. 세 대학에서 앞다퉈 광현이를 유치하겠다고 나섰다. 화려한 경력을 자랑하며 전 세계에서 모여든 지원자들에 견주면 광현이는 그저 평범한 학부 졸업생에 불과한데 말이다. 장학금 조건도 광현이의 눈이 휘둥그레질 정도였다. 어느 대학으로 결정하더라도 지도교수는 뛰어난 학생을 놓친 것을 애석해 하는 나머지 두 대학의 친구들에게 위로 전화를 해야 할 상황이었다.

광현이는 NYU 스턴 스쿨의 MBA 과정을 선택했다. MIT나 스탠퍼드에 대한 미련이 컸지만 모든 조건을 두루 고려할 때 광현이에게 가장 유리한 선택은 스턴 스쿨이라고 지도교수가 조언한 결과다. 스턴 스쿨 MBA 사상 최연소 합격생이었다.

2년 후 광현이가 NYU 스턴 스쿨의 MBA 과정을 마칠 때가 다가오자 이번에도 지도교수가 진로를 제시했다.

"광현이는 나이도 어리고 지금 Ph. D(박사)를 받아도 교수하기에는 너무 이르다. 이제 현장으로 나가라."

교수가 주선해준 취업 인터뷰를 거쳐 지금 광현이는 골드만삭스에서 일한다.

광현이는 고등학생 때부터 노력파였고 지금도 노력파다. 미국 땅에서 만난 한 대학 교수가 노력파 광현이의 성실함과 장래성을 알아보고 그를 점찍었던 것이다. 학생의 노력과 교수의 애정 어린 후원이 합쳐져 얼마만한 시너지 효과를 낼 수 있는지 나는 광현이를 통해 실감했다.

"유학 생활에서는 친구, 잠, 성적 중 하나는 포기하고 살아야 해요."

하버드 대학교 존 F.케네디 스쿨(행정학 대학원)에 다니는 대위는 그런 재미있는 표현을 했다. 하버드 대학촌에서 그 세 가지 중 '성적'을 포기하고 사는 학생은 드물 테고, 대개는 친구나 잠, 둘 중 하나만 선택하는 극기의 생활을 한다는 뜻이리라. 친구의 유혹도 잠의 유혹도 다 물리치는 초극기 생활을 하는 학생도 있다고 한다. '그런 아이가 상을 받는다'는 게 대위의 이야기다. 그러나 그 범주를 초월하는 아이들이 수두룩한 곳이 하버드이기도 하다.

"3분의 1의 천재와 3분의 2의 보통 학생이 공존하는 것 같아요. 평범한 학생들이 다섯 시간 노력해야 A학점을 받을 수 있는데, 30분만 공부하고도 A학점을 받으면 천재죠. 여기저기 그런 애들이 있어요. 수업 듣기도 게을리 하고 새벽부터 밤까지 잠만 자면서도 학점 관리하고 로스쿨에 들어가니까요."

조기유학생 대위는 1999년에 매사추세츠 주의 명문 보딩스쿨인 디어필드 아카데미를 졸업하고 2003년에 예일 대학 동아시아학과를 졸업했다. 그리고 하버드 대학원에 진학했으니 한국 학생들이나 부모님들이 선망하는 전형적인 엘리트 코스를 밟고 있다고 할 만하다. 의젓하고 부드러운 태도와 풍부한 인문학적 소양을 갖췄고 신앙심도 깊은, 아이비리그 대학들이 원하는 장점을 두루 갖춘 학생이다.

대위의 그 모든 장점들을 받쳐주는 것은 우등생 기질이다.

"초등학교 때는 1등 하고 싶은 욕심으로 버텼고, 중학교 때는 1등을 놓쳐서는 안 된다는 자존심으로 버텼어요. 고등학교에 가서 그 모든 것이 무참하게 깨지는 충격을 맛봤고요."

대위는 그 충격을 고등학교 때 겪고 넘어갈 수 있는 것이 보딩스쿨 출신의 강점이라고 여긴다.

"평생 1등 하다가 하버드, 예일 들어가서 첫 성적 나오면 쇼크 받고 헤매는 미국 아이들 많아요. 이럴 줄 알았으면 주립대 들어갈 걸 그랬다고 후회하기도 하고요. 나는 고등학교 때 이미 그 과정을 겪었기 때문에 우수한 아이들 틈에서 흔들리지 않고 내 식대로 나아갈 수 있었어요."

대위의 이 코멘트에 내 의견을 덧붙이자면 '깨지는 아픔'을 일찍 겪는 데에 꼭 보딩스쿨이 필요한 것은 아니라는 것이다. 한국에서 특목고나 자립형 사립고에 다니는 학생이라면 누구나 대위와 마찬가지로, 우수한 또래 집단 안에서 자기 위치를 확인하며 무너져내리는 시련기를 거친다. 그 시련으로만 말하자면 한국에서 치르는 게 더 호될지도 모른다.

대위가 디어필드 아카데미 12학년 때 보수적인 칼리지 카운슬러를 만나 한 대학에 안전 지원을 하려는 것을 내가 말렸다. 대위의 가능성은 그 이상이라고 확신했기 때문이다. 사실 대위가 특별히 보수적인 칼리지 카운슬러를 만났다기보다는 칼리지 카운슬러들은 대개 보수적이다. 그들은 직업상 보수적, 방어적이 될 수밖에 없다. 공격적 지원을 권장했다가 실패하면 학생과 학부모로부터 받게 될 항의를 감당할 수 없기 때문이다. 그들의 입장도 이해는 된다. 그러나 나 또한 그들과 비슷한 입장이지만, 나는 때에 따라 공격적이다. 상대방의 가능성에 대해 확신이 있을 때에는 안전 지원을 말리고 "내 말을 믿고 과감하게 도전해보자"고 권하게 된다.

"될 거야, 하면 돼!" 대위는 내가 그렇게 격려하면 내가 끌어올리고 싶은 지점까지 정확하게 올라와주는 그런 학생이었다. 대위는 나의 권유로 예일 대학 조기 전형(early decision: early action과 달리, 합격하면 다른 대학교에 진학하거나 신청할 수 없음)에 원서를 넣었고 예일 대학이 대위에게 입학 허가서를 쥐어주었을 때 나는 내가 예일 대학에 합격한 것처럼 기뻤다.

"예일은 인생의 풍요로운 재미를 발견하면서 살게 해주는 곳이에요. 동료 의식, 우애, 세상을 더불어 살아가는 방법도 예일에서 배웠어요. 신앙심이 깊어진 것도 예일에서고요. 무조건적인 믿음이 아니라 종교적인 토론을 통해 진짜 내 마음에 신앙의 주춧돌을 다시 세웠어요. 내 모든 학업의 바탕에는 그 주춧돌이 놓여 있어요."

대위는 개인적으로 하늘을 찌를 듯한 하버드생의 프라이드보다 자신의 인문학적·종교적 소양의 기틀을 잡아준 예일의 학부 생활에 더 애착을 갖는 듯하다. 그러나 그 기본 위에 보태지는 하버드 대학원에서의 학업 생활이기에 더 보람되고 성과가 클 것이라고 나는 믿는다. 그래서 하버드 나오고 하버드 대학원 가면 100점, 예일 나오고 하버드 대학원 가면 120점이라고들 하는 건가!

10년 후 어떻게 살래?

"10년 후에 어떤 모습으로 어떻게 살고 싶니?"

나는 상담을 시작하면서 곧잘 학생에게 이런 첫 질문을 던진다.

"생각을 못해봤는데요" 하면서 멋쩍게 웃는 아이도 있고, 우물쭈물 난처해 하는 아이도 있다. 아무튼 열에 여덟 정도는 딱히 자기 계획이랄 것이 없는 아이들이다. 충분히 이해할 수 있는 현상이다. '소년이여, 야망을 가져라' 하는 경구를 그저 영어 교재에 나오는 예문으로나 대하는 게 한국 교육의 현실이니 말이다.

열에 둘 정도가 10년 후 뭐가 되겠다는 꿈을 꾸고 있는데, 그들 또한 어렴풋한 소망일 뿐, 어떻게 해야 그 소망을 현실로 만들 수 있을지에 대해 구체적인 정보를 가지고 있지는 못한 경우가 많다. 비전이 없으면 항상 코앞의 지엽적인 문제에 매달리게 된다. 목표가 없으니까 계속 흔들린다. 계획을 세울 수도 없다.

이 책을 읽는 부모님들은 오늘 저녁에 아이에게 이 질문을 한번 던져보기 바란다.

"너는 10년 후에 어떻게 살래?"

아이가 너무 막연해 하면 거꾸로 이렇게 이야기를 풀어나가는 것도 괜찮다.

"그럼 네가 나한테 물어봐줄래? 내 계획은 뭔지?"

바로 내가 학생들에게 잘 쓰는 방법이다. 자신의 10년 후에 대해 별로 할 말이 없어 하는 학생 앞에 내 청사진을 먼저 펴 보이는 것이다.

"원장님은 말이지, 10년 후에 만일 남북통일이 된다면 북한에 좋은 기숙학교를 세울 거야. 그곳에 집안 형편이 어려운 인재들을 모아 훌륭하게 교육해서 세계적인 인물로 키워내고 싶다. 캄보디아는 우리나라보다 경제적으로 어렵고 교육 여건이 나쁘거든. 지금 캄보디아에 국제학교를 세우는 일을 돕고 있어. 우리보다 경제력이 뒤떨어지는 아시아 국가에 아시아 최고의 보딩스쿨을 세운다는 것은 원장님이 10년 전부터 품어온 꿈이다. 그것이 조금씩 구체화되어가고 있으니 그 자체로도 너무나 큰 보람을 느끼고 있지만, 이 일이 나중에 내 꿈을 이루기 위한 준비 과정이기도 하지. 이 학교가 잘 되면 북에서 뭔가 해볼 수 있는 기회가 앞당겨지지 않을까? 원장님 꿈 어때? 내가 10년 후에 그 꿈을 이룰 수 있을 것 같아?"

부모님들도 10년 후 어떻게 살 것인지, 그 목표에 다가가기 위해 올해는 무엇을 할 것이고 5년 후에는 무엇을 할 것인지, 자신의 계획을 자녀에게 들려주기 바란다. 그리고 아이가 품고 있는 소망의 싹이 무엇인지 대화를 통해 함께 찾아내고 그 싹을 키워나가기 위해 구체적으로 어떤 계획을 세워야 할지 의논 상대가 되어주기 바란다. 내 경험으로 보면 일석이조라는 말은 이 경우에 딱 들어맞는 말이다. 자식과 이런 이야기들을 나누기 위해서는 내 청사진을 우선 마련해야 하고, 그 청사진에 따라 꾸준히 준비하는 모습을 아이에게 보여야 한다. 결과적으로 부모와 자녀가 함께, 미래를 향해 열심히 준비하는 삶을 살게 되는 것이다.

평범한 듯하면서도 자기만의 색깔을 가진 아이, 성적표를 받아들 때마다 부모로 하여금 아쉬움을 느끼게 하지만 그래도 일반 고등학교에서 10등 안의 반 석차는 유지하는 아이. 그 아이가 어찌어찌하다 보면 고3 여름 지나면서 담임 선생님으로부터 '인 서울(서울에 있는 대학)'도 어렵겠다는 충격적인 소견을 듣게 되는 경우가 다반사다. 왜 그럴까? 동기 부여가 안 되었기 때문이다. 더 간단히 말하자면 왜 공부하는지 모르고 공부했기 때문이다. 그럼 어떻게 해야 동기 부여가 될까? 아이에게 바라볼 미래 목표가 있고 계획이 있어야 한다. 그들이 '인 서울'도 힘든 상황에 주저앉느냐, 방향을 설정하여 훗날에 국제 경쟁 사회에서 한몫하는 사람으로 자라느냐는 부모에게 달렸다.

그러나 부모가 자식을 자기 욕심대로 몰아가는 모양새가 되어서는 아무리 긴 시간 마주앉아 대화해봤자 별 의미가 없다. 서로 꿈을 나누고, 그 꿈을 향해 어떻게 나아가야 할지 열린 마음으로 생각을 교환하는 즐거운 시간이 되어야 한다. 마치 집앞 텃밭을 어떻게 일구고 가꿀까 머리 맞대고 궁리할 때처럼. 요즘에는 인터넷이라는 방대한 정보

창고가 집마다 구비되어 있다. 목표가 정해지면 아이와 함께 필요한 정보를 찾아내는 것은 그리 어려운 문제가 아니다.

오랜 진로 지도 상담을 통해 터득한 것은 두 가지다. 우선 사람을 설득시키려면 충분한 객관적인 정보가 필요하다는 것. 그리고 설득하고 난 다음에는 상대방이 그 방향으로 꾸준히 나아갈 수 있도록 애정과 관심을 가지고 채근해야 한다는 것이다. 그러나 일방적으로 몰아가서는 안 된다. 내가 몰아붙여서 그 방향으로 가고 있는 게 아니라 자신의 선택에 의해, 자신의 의지로 매진하고 있다는 사실을 시시때때로 확인시켜줘야 한다.

경환이는 흔히 'WRA'라는 약칭으로 불리는 웨스턴 리저브 아카데미에서 고등학교 과정을 마치고 존스홉킨스 대학에서 국제관계학을 전공했다. 이어서 시카고 대학에서 국제관계학 석사를 하고 지금은 에모리 대학 로스쿨에 재학 중이다. 경환이는 일찍이 변호사가 되겠다는 목표를 세웠고, 대학과 대학원을 선택할 때 국제관계학을 공부한 것도 그 목표로 나아가는 중간 과정이었다.

목표를 설정하면 이렇듯이 한 단계, 한 단계 다른 선배들이 해나간 길을 참고해가며 꾸준히 나아갈 수가 있다. 대학에서 평점 얼마를 유지해야 할지, 로스쿨에 가려면 LSAT(Law School Admissions Test)는 어떻게 준비해야 할지, 과외 활동은 어떤 걸 해야 좋을지, 10년 앞을 내다보는 학생과 부모는 그 모든 선택을 '맥락을 가지고' 할 수 있다. 그러나 계획이 없으면 이 사람 말에 흔들리고 저 사람 말에 흔들리게 된다. 맥락이 없으니 나중에 돌아보면 여러 가지로 애쓰긴 했는데 그것들을 한데 엮어 내 경쟁력을 강화시키기가 어렵다.

꿈은 근사한데 그 꿈을 향한 구체적인 계획이 없으면, 코앞의 현실, 당장 내가 해야 할 일은 너무 별 볼일 없고 고달프게 느껴진다. 꿈과 현실 사이 간격을 메우지 못해 좌절하기도 쉽다. 아이로 하여금 10년 앞을 내다보는 계획을 세워 발은 확실히 현실에 딛되 멀리 내다보며 걸어가게 하는 것이 그래서 중요하다.

꿈이 없는 아이는 하루에 영어 단어 백 개씩 외우라고 하면 절대 안 외운다. 그러나 꿈이 있는 아이는 한다. 외워야 할 이유가 생겼기 때문이다. 수많은 아이들의 유학 준비 과정에 함께 하면서 관찰해보면 목표가 생긴 아이는 영어 실력만 느는 게 아니라 내신 성적까지 더불어 쑥쑥 오르는 경우가 많다. 하기 싫던 학교 공부를 감수할 이유가 생겼기 때문이다.

성훈이의 예를 보자. 중학교 때 교환학생으로 1년 동안 미국 학교를 경험하고 돌아온 성훈이는 본격적으로 유학을 가겠다고 줄곧 부모를 졸랐다. 고등학교 1학년 때, 마침내 성훈이 어머니는 이게 현실 부적응증인지, 아니면 정말 더 나은 환경에서 열심히 공부하겠다는 굳은 의지인지 확인해야 할 필요성을 느끼게 되었다.

"유학에 필요한 과정을 네가 다 소화해낸다면 보내주마. 여기서도 허덕거린다면 유학 갈 생각은 하지 말아라."

성훈이에게 나는 시작 단계로 문법 총정리를 시도했다. 그때까지 한글로 된 《성문 기초 영어》도 까다롭고 싫증나서 한 번도 독파한 적이 없다는 아이에게 문법 설명 자체가 다 영어로 된 책을 꺼내어 절반 정도를 일주일 동안 다 읽고 문제 풀이를 끝내 오라고 했다. 성훈이는 다 해왔다.

11월이었다. 학교 끝나고 밥도 안 먹은 채로 학원으로 직행해야 겨우 수업 시간에 댈 수 있었다. 학원은 5시에 시작해서 10시에 끝났다. 집에 가면 다시 숙제하고 다음날 7시에 일어나서 학교에 가는 생활의 반복이었다. 숙제할 시간은 당연히 턱없이 부족했다.

"시간은 똑같은 24시간인데 할 일이 너무 많구나. 하던 것 중 뭔가 하나를 줄이는 수밖에 없다. 잠을 줄이자."

매일매일 학원이 끝나면 현관문 들어서자마자 자기 방으로 직행해서 숙제를 시작했다. 사전 찾아가며 집중해서 숙제를 마치고 나면 새벽 3시. 겨울방학이 시작되면서 조금 시간 여유가 생겼지만 그만큼 학원의 학습량이 많아져 긴장을 늦출 수가 없었다. 12월과 1월에 걸쳐서 목표했던 토플과 SSAT 점수를 달성하고 희망하는 보딩스쿨에 넣을 지원서를 작성했다. 3월에 세인트 앤드루스 스쿨의 합격 통지서를 받았다.

9월 입학에 맞춰 8월에 출국하기까지 남은 5개월 정도는 함께 토플 공부했던 친구들끼리 모여서 미국 학교에서 배우게 될 교과서들을 예습했다.

"한번 가겠다고 마음먹었으면 되든 안 되든 파고드는 게 중요해요."

성훈이가 그 시절을 돌아보며 하는 말이다.

동기 부여란 이렇듯이 막강한 힘을 발휘한다.

나는 미국에서 대학생들의 진로 지도 조교(career assistant) 생활을 오래 했다. 학부 때 아르바이트로 시작했던 일인데 취업정보실(career information office) 책임자에게 발탁되어 졸업 후에도 학교에 남아 같은 일을 하게 되었다.

취업정보실은 학생들에게 취업에 필요한 정보를 제공하고 채용을 원하는 회사와 학생 사이에 다리를 놓아주며 학생들이 진로를 잡아나가는 데에 도움을 주는 곳이다. 나는 그 일을 하면서 표피적인 정보 제공자의 역할에 머무는 것이 성에 차지 않았다. 상담을 하다 보면 나를 찾아온 학생의 개성과 적성을 제대로 파악하고 싶어졌고, 무엇보다 그 학생의 꿈을 알고 싶어졌다. 당장 졸업 후 호구지책을 찾아주는 데 급급할 일이 아니라 인생을 이야기하면서 그 학생 미래의 길잡이가 돼주고 더 나아가 '디자인' 해주고 싶은 의욕이 솟구쳤기 때문이다.

"너의 10년 후 모습을 함께 그려보자." 나는 나를 찾아온 학생과 나 사이의 대화를 그런 차원으로까지 끌어올리려고 늘 노력했다. 그러다 보면 학생들과 깊이 있는 대화가 가능해졌고, 개인에 대한 이해를 바탕으로 한 나의 적극적인 조언은 건조한 취업 정보와 견줄 수 없을 만큼 학생에게 실제적인 동기 부여가 된다는 것을 느낄 수 있었다. 미래의 목표가 설정되면 거기 다가가기 위해 지금 당장 어떤 준비를 하면 좋을지, 어떤 강의들에 주력하는 게 좋은지, 내년에는 어떤 준비를 하면 좋을지 선배로서 경험에서 나오는 조언을 해주고 적절한 계획을 세우도록 도와주었다.

미국은 철저한 데이터의 나라다. 학교의 취업정보실에는 졸업생의 정확한 자료들이 빠짐없이 축적되어 있고, 필요할 때 상담에 활용할 수 있도록 그 자료들이 파일로 잘 정리되어 있다. 이를테면 졸업하고 나서 이스턴 코닥이라는 회사에서 일하고 싶다는 희망을 이야기하는 학생이 있다고 치자. 그러면 나는 우선 졸업생 중에 이스턴 코닥에 취업한 사람의 파일을 찾는다. 그 파일 안에는 그 학생이 학년마다 누구와 어떤 상담을 했고 평점은 어땠으며 인터뷰할 때 어려웠던 점은 무엇이었는지, 재학 중 무슨 클럽 활동은 했는지까지 빼곡히 기록되어 있다. 나는 그 파일을 바탕으로 조언한다.

"네가 그토록 들어가고 싶다는 이스턴 코닥에 입사한 선배가 있더라. 근데 평점이 얼마인 줄 아니? 3.8이다. 너 3.4지? 점수 좀 올려야 네 희망을 이룰 수 있지 않겠니?"

"그 선배가 채용 인터뷰 때 곤혹스러운 질문을 받고 좀 헤맨 거 같다. 무슨 질문이냐면……."

"그 선배는 학교 때 학보사 《킬리킬리》에서 일했더구나. 사진기자였어."

"자, 이런 정보를 바탕으로 네가 학교 다니는 동안 어떻게 준비해야 이 선배 못지않은 경력을 쌓아갈 수 있을지 생각 좀 해볼까? 우선 《킬리킬리》 기자 채용에 도전해봐. 학보사에서 열심히 뛰어서 편집장까지 지내고 졸업한다면 아마 상당히 도움이 될 걸?"

그 다음부터는 훨씬 구체적으로 자극을 주었다. 성적이 안 나오면 안 좋은 과목 교수와 상담을 하라고 채근하고 과제물은 제대로 하고 있는지 내가 나서서 점검을 하기도 했다.

풍부한 데이터, 학생 한 사람 한 사람에게 정성을 쏟는 게 가능했던 학교 분위기, 그리고 '학생의 미래에 동참한다'는 나의 상담 스타일이 삼위일체가 되어 나는 재미와 보람을 만끽하며 내게 주어진 일에 최선을 다했다.

서울어학원 원장실을 상담실 삼아 학생들을 만나온 18년 동안 나는 미국에서의 경험과 노하우를 활용할 수 있어서 행복했다. 학생과의 첫 대면에서 '어느 대학 갈래?'라는 코앞의 질문보다는 '10년 후 어떻게 살래?'라는 질문을 앞세우게 된 것도 진학 지도가 학생의 큰 미래 설계도의 일부분이라는 생각에서였다. 학생의 마음속으로 들어가 그들의 '미래 디자인'에 동참하는 것에 나는 뿌듯한 보람을 느껴왔다. 내가 하는 일이 토플 점수 올려주기나 유학 알선에 머물렀다면 이 일을 이만큼 즐겁게 오래 계속하지 못했을 것이다.

진정한 의미의 유학 상담은 인생 상담이다. 유학은 인생의 목적지가 아니라 하나의 정류장이기에, 나와 인연을 맺은 학생들과의 상담도 유학을 떠나보냄으로써 종결되는 경우는 극히 드물다. 대학 졸업하고도, 대학원 졸업하고도, 학위 따고도, 취직하고도 원장실을 들락거리는 나의 자랑스러운 제자들을 위해 '서울 클럽' 같은 커뮤니티라도 결성해야겠다는 꿈을 키우고 있을 정도다.

조기유학 풍조를 걱정 어린 시선으로 보는 사람들도 많다. 내가 보기에도 걱정할 만한 조기유학 사례들이 없지 않다. 그러나 나는 우리의 뛰어난 인재들이 지금보다도 더 많이 외국으로 나가 세계의 훌륭한 학생들과 어깨를 겨루며 성장하여 국제화 시대의 재목으로 키워져야 한다고 생각한다.

지휘자 정명훈 씨가 차이코프스키 콩쿠르에서 2등을 했던 1970년대에 한국에서는 그가 귀국했을 때 카퍼레이드를 해주었다. 그런 탁월한 한국인들이 뚫어놓은 길로 이제 한국의 인재들이 약진하고 있다. 그러나 여전히 국제 사회에서 한국의 이익을 대변할 인재들은 턱없이 부족한 것이 현실이다. 그 한 예를 들어보겠다. 한국은 1955년에 국제통화기금(IMF)에 가입했으나 2004년에야 최초로 한국인이 그 기구의 상임이사로 선임되었다. 전 통계청장 오종남 박사가 바로 그 주인공이다. 그는 기회 있을 때마다 '국제 사회에 우리 묘목을 심는 일'의 중요성을 역설하곤 한다. 현재 국제통화기금에는 거시경제학 박사 과정의 한국 학생 5명이 인턴사원으로 일하고 있는데, 이 역시 IMF 사상 최초의 일이라고 한다. 이제 시작 단계인 것이다.

유학을 무조건 국부 유출로 매도하던 시대는 지났다. 앞에서도 보았듯이, 오늘날 대한민국이 좁다고 느끼고 더 큰 경쟁의 장을 찾아 해외로 나가는 탁월한 청소년들은 유학을 한국인으로서의 자아실현을 위한 하나의 과정으로 여길 뿐이다. 궁극적으로는 국제 경쟁력과 인적 네트워크를 자산으로 한국을 위해 뛰고 싶어하는 한국의 아들딸들인 것이다.

"10년 후 너는 뭐를 할래?"라는 물음은 그래서 더욱더 소중하다. 그들의 10년 계획이 대한민국의 미래를 좌우할 것이기 때문이다. 오늘날의 부모 역할은 대한민국 국민을 키우는 것에서 나아가 세계 시민을 키우는 것이다. 나는 세준이, 현영이, 광현이, 대위에게서 대한민국의 미래를 본다. 그들이야말로 국제 사회에 심은 묘목 같은 존재들이 아닌가.

2

조기유학이냐, 특목고냐

유학에는 공식이 없다

특목고나 자립형 사립고에 재학 중인 학생들 가운데 미국 아이비리그 진학을 목표로 공부하는 학생들의 비중은 해마다 눈에 띄게 늘어나고 있다. 그들 대부분은 비좁은 땅에서 경쟁하기보다는 더 너른 세상으로 나가 세계 수재들과 어깨를 겨루겠다는 의지를 불태우고 있는 학생들이다. "국내 수재들, '서울대는 싫다'"는 제목 아래 그런 추세를 진단하는 신문 기사가 별 충격으로 다가오지 않는 시대가 되었다.

한편으로 입시 경쟁이 너무 힘에 부쳐서 유학을 생각하는 학생들도 갈수록 늘어난다. 예전의 '도피 유학'과는 성격이 다르다. 한국의 경쟁에서 살아남기 위해 쏟을 노력과 경제적 비용이면 경쟁의 장을 바꾸어 재도약하겠다는 부류다.

급작스럽게 유학 대열에 끼어드는 부류도 있다. 예를 들면 이런 경우다. 수능을 치렀는데, 결과는 기대했던 것에 턱없이 못 미친다. 아이는 수능을 망쳤다고 울고 부모는 부모대로 낙심천만이다. 그 점수에 맞춰서 몇몇 대학에 지원서를 낸다. 이미 반은 자포자기한 상태다. 그중 가장 나은 대학에 합격이 되더라도 고3 초의 포부를 생각하자면 '울며 겨자 먹기'라는 심정이다. 그러나 현실은 생각보다 더 잔인해서, 그마저도 허락하지 않는다. 원하던 대학에 멋지게 입학해서 꿈꾸던 대학 생활을 즐길 친구들을 생각하면 집밖에 나서고 싶지도 않다. 집안 분위기가 엉망이 된다. 이렇게 해서 부모가 자식 손을 잡고 유학원 문을 두드리게 되는 경우다.

누렇게 시들어가던 화초가 분갈이를 해주면 살아나듯이, 한국의 열등생이 미국에 가더니 우등생으로 피어나기도 한다. 일환이의 경우를 보자.

'게으르고 단체 생활에 전혀 관심이 없음.'

일환이에 대한 담임 선생님의 평가는 그 수준이었다. 실제로 일환이는 세상 돌아가는 일에 관심이 없고 학교가 어떤 사람을 원하는지에도 관심이 없었다. 입에서 나오는 대로 너무나 직선적으로 말하는 탓에 친구들 사이에서도 따돌림을 당했다. 고등학교에 간신히 진학했는데 성적은 중학교 때보다도 더 하향 곡선을 그리기 시작했다. 이리 치이고 저리 치이며 낙오자 취급 받는 꼴을 도저히 볼 수 없었던 부모님이 어느 날 나서서 유학 보낼 결심을 했다.

한국에서도 이름만 대면 알아주는 명문 보딩스쿨이 아니면 어떠랴. 미국 보내고 얼마 만에 학교 선생님으로부터 일환이가 '잠재력이 있는, 사고방식이 독특하고 창의적인 아이'라는 평가를 받았을 때, 부모는 자신들의 선택이 옳았음을 확인했다. 한국에서 학교 보내는 동안 부모가 늘 목말라 했던 게 바로 그거였다. '누군가 일환이를 다른 관점에서 바라보고 일환이만 가진 장점을 북돋아주었으면.'

한국에서 버텼더라면 끝내 패자(loser)의 자리에 머물러야 했을지도 모르는 일환이는 중급 레벨의 이 보딩스쿨에서 비로소 자신감을 얻어 공부하기 시작해서 3년 후 아이비리그에 골인했다.

미국 이민 세관국(ICE)은 지난해 말 현재 미국에서 학생 비자(F-1)와 직업연수생 비자(M-1)를 가지고 공부하고 있는 한국인 유학생 수를 7만 3,272명으로 집계했다. 이는 전체 외국인 유학생 58만 5,739명

의 12.5퍼센트를 차지하는 숫자로, 미국에서 공부하는 234개 국가에
서 온 유학생 중에서 한국 유학생이 가장 큰 비율을 차지한다는 얘기
다. 2위가 인도이고 중국, 일본, 대만이 그 뒤를 잇는다. 이 다섯 아시
아 국가의 유학생이 미국에서 공부하는 유학생 전체의 49퍼센트를 차
지한다(《한국경제신문》 2005년 8월 12일자).

유학을 떠나는 학생들 중에는 한국에서 최상위권을 유지했지만 끝
내 아이비리그의 꿈을 이루지 못하는 아이도 있다. 그런가 하면 일환
이처럼 '학교에서 존재조차 인정받지 못했던' 평범한 아이가 조기유
학을 통해 아이비리그에 진입하기도 한다. '서울에 있는 대학에 들어
갈 꿈도 꿀 수 없었던' 성적의 아이가 이른바 '퍼블릭 아이비'라 불리
는 미국의 최상위 주립 대학군의 한 대학을 거쳐 취업이 100퍼센트 보
장되는 명문 비즈니스 스쿨에서 자신의 경쟁력을 갈고 닦기도 한다.
그런가 하면 한국에서 같으면 한 차례 두드려 맞고 반성문 쓰는 것으
로 죄 값을 충분히 치를 수 있는 흡연이나 시험 부정행위 따위로 미국
학교에서 추방당해 한국으로 되돌아오는 낙오자도 있고, 공부보다는
파티 문화에 마음을 빼앗겨 부모 모르는 사이에 유흥의 나락으로 떨
어져버리는 아이도 있다.

똑같이 떠난 유학인데 왜 누구는 성공하고 누구는 실패하는가? 보
딩스쿨은 아이비리그 진학의 가장 확실한 디딤돌인가, 아니면 특목고
유학반이 좀더 현명한 선택인가? 일찍 떠나보내야 가능성이 높아지는
가? 너무 일찍 떠나보내서 생기는 문제점은 없는가? 어학연수 한 번
가본 일 없는 순수 토종 일반고 출신은 어떻게 준비해야 유학을 갈 수
있나?

유학을 계획해서 떠나기까지, 나아가 해외에서의 학업을 보람되게
완성하기까지 각 단계마다 모두 선택이 뒤따른다. 그리고 유학에 관

한 정보는 시중에 넘쳐나지만 그 정보를 '개인화'하지 않으면 자신의 선택에 유용하게 써먹을 수가 없다. 유학의 이유와 목표, 상황이 저마다 다 다르기 때문이다. 그러면 어떤 정보를 선택해 어떻게 개인화해야 할까? 거기에 공식은 없다.

이제부터 사례 중심의 다양한 정보들을 독자에게 전할 참이다. '개인화'는 독자들 몫이다.

자, 그럼 우선 유학에 관한 가장 기본적인 질문들에서부터 가닥을 잡아보자.

우리 아이, 일찍 떠나보내도 될까?

예전에는 부모가 나서서 조기유학을 추진하는 편이었다면 요즘에는 아이가 먼저 보내달라고 조르는 추세다. 물론 여전히 부모 뜻에 따라 자의반 타의반 한국을 떠나는 아이들도 많지만 상담을 통해 추세가 바뀌고 있음을 느낀다. 어떤 경우가 되었거나, 부모로서는 멀리 떠나보내도 혼자 잘해나갈 거라는 확신이 필요하다. 그걸 어떻게 판단할까?

아이 개성에 따라 달라질 문제이지만 굵게 선을 그을 수는 있다. 학생이 엄마 힘 없이도 공부할 수 있으면 떠나보내도 된다. 아직은 부모의 힘이 꼭 미쳐야 하는 아이들도 있다. 그런 애들은 붙들고 있는 게 낫다. 부모 의존도가 높은 편이고 자기 주도적 학습 능력이 떨어지지만 환경이 바뀌면 정신 차리겠지, 하는 기대를 가지고 유학을 결정하는 부모도 있다. 물론 가능성이 아주 없지는 않고, 떠나보내고 나니 기대 이상으로 잘하는 아이도 있다. 그러나 일반적으로 부모 곁에서 안 하는 학생이 부모 없는 곳에서 열심히 해서 잘되리라는 것은 기대하기 어렵다. 미국 학교가 한국 학교보다 공부하기 더 쉽다는 안이한 생각으로 보내는 것도 금물이다. 은정이의 이야기를 들어보자.

"줏대 없는 아이들, 친구 따라 강남 가는 식인 아이들은 일찍 떠나면 안 돼요. 강남에는 방학 때 한국에 와서 노는 유학생 애들이 많아요. 그런 거 보고 그 분위기가 부러워서 유학 보내달라고 부모에게 조르는 애들도 있어요. 그런 식으로 떠나기엔 유혹이 굉장히 많아요. 부모와도 떨어져 있겠다, 전화나 편지로 말 몇 마디 잘하면 부모님 속이는 건 얼마든지 가능하거든요. 그런 점에서 유학 생활은 자기와의 싸움이죠. 다른 애들 노는 게 부러워서 별 준비도 없이 유학 가면 처음에 말이 안 되어 미국 친구 사귈 엄두가 안 나니까 한국 학생하고만 계속 어울려 놀아요. 한국 애들끼리만 뭉쳐 다니기 시작하면 미국 친구는 영영 못 사귀죠. 흑인들끼리 몰려다니면 무서워서 그 무리에 못 끼듯이, 좀 그런 분위기가 있어요. 그래서 미국 학생들하고 이야기를 나눌 기회가 줄어들면 영어가 늘 가망도 점점 없어지고 성적은 당연히 안 나오죠. 계속 나쁜 길로 빠지다가 결국은 적응에 실패하고 돌아오는 케이스도 많아요. 그렇게 시간을 허비하고 한국에 돌아오면 여기 학년에 맞춰서 학과 공부 따라가는 것은 또 어디 쉬운가요? 제 학년으로 들어가기도 어려워요."

실제로 여름방학이 되면 떠났던 유학생들 중 1,500명 정도가 다시 국내로 되돌아오는 실정이다. 은정이는 2000년에 펜실베이니아 주에 있는 주니어 보딩스쿨에 8학년으로 들어갔다. 주니어 보딩스쿨이란 우리의 중학교 1, 2학년 과정에 해당하는 사립 기숙학교다. 미국의 기본 교육은 초등 6년, 중등(secondary school) 6년, 대학(college 또는 university) 4년으로 나뉘고 이 가운데 중등 6년은 우리와 달리 중학교

2년, 고등학교 4년 과정으로 나뉜다. 중등 교육 과정 전체를 초등학교 학년 수에 통산하여 7~12학년으로 헤아리므로, 주니어 보딩스쿨은 7, 8학년, 보딩스쿨은 9~12학년의 교육 과정이다. 모든 보딩스쿨이 주니어 보딩스쿨 과정까지 함께 갖추고 있는 것은 아니다.

"한국이 되게 좁다는 생각이 들었어요. 이모가 미국 존스홉킨스 대학에 계셔서 미국 이야기, 미국의 교육 제도, 대학 분위기에 대해 자라면서 조금씩 얻어들은 영향인 것 같아요. 중1 때 미국 보내달라고 했더니 부모님이 반대하셨어요. 엄마는 '벌써 떼어 보내기 싫다'고 하셨고, 아버지는 반에서 십몇 등 하는 '수수한' 성적의 딸 입에서 유학 소리가 나오는 걸 별로 탐탁지 않게 생각하셨어요."

그러나 그로부터 1년이 지나는 사이에 은정이 어머니가 마음을 바꾸었다고 한다.

"엄마 친구 분들이 모인 자리에서 자식 대학 보내는 이야기가 나왔대요. 곧잘 하는 줄 알았던 누구 딸, 누구 아들 다 재수한다는 소리를 듣고 심란해서 돌아오셨어요. 한국에서 대학 가는 일이 얼마나 고달픈지, 그 뒷바라지는 또 얼마나 만만찮은지 처음으로 실감하신 거죠. 그 뒤에 제가 다시 유학 이야기를 꺼냈는데 '네 말대로 넓은 곳에 가서 한번 해볼 테냐?' 그러시더라고요."

부모의 허락이 떨어진 게 중학교 2학년 1학기 중간고사가 끝날 무렵이었는데 그후 두 달여 만인 기말고사 때 떠났다. 별로 준비할 시간도 없이 갑작스럽게 유학을 추진했기 때문에 미국 땅에 떨어지고 나서야 영어 문제가 현실로 닥쳤다. ESL 학급(영어가 모국어가 아닌 학생들을 대상으로 하는 학급)에 들어갔는데 남자 아이들만 많고 자기 또래 여자아이는 아무도 없었다. 긴장해서 최선을 다해 열심히 했지만 성적이 잘 안 나와서 고생해야 했다. 영어가 안 되니까 무작정 미국 친구네 자주 놀러 갔다.

그 학교는 중·고등학교가 함께 있는 보딩스쿨이었고 은정이가 처음 가던 해에 한국 학생은 남녀 합해서 스무 명쯤 되었다. 그중에는 '너무 놀아서 무서운' 선배들도 있었다. 은정이보다 네 살 위 선배들이었다. 은정이가 있던 작은 도시에서 뉴욕까지는 차로 두세 시간 거리였는데 주말이면 한국 학생들끼리 우르르 뉴욕으로 몰려갔다 돌아왔다. 술도 마시는 듯했다.

"저는 엄마, 아빠가 절대 그런 선배들 못 따라다니게 하셨어요. 주말에 외출하려면 부모 허락이 있어야 학교에서 내보내줘요. 그런데 우리 부모님은 단 한 번도 주말 외출을 허락해주시지 않았어요. 그렇지만 부모님 허락이 있었더라도 그 그룹에 휩쓸려들지는 않았을 거 같아요. 가자마자 너무나 무섭게 노는 실상을 생생하게 보았기 때문에 오히려 나는 절대 저렇게 안 되겠다고 단단히 각오를 했죠."

은정이는 올해 퍼블릭 아이비리그에서도 가장 좋은 학교로 꼽히는 위스콘신 대학에 진학한다.

"SAT 네 번 봤어요. 세 번째가 제일 잘 나왔죠. 네 번 보느라고 고생 좀 했죠. 친구들이랑 거의 연락을 끊다시피 하고 공부했으니까요. 안 그럴 수가 없어요. 계속 연락을 하다 보면 놀러가는 데 끼고 싶으니까. 대학 입학 허가서 받고 나서 한국 친구들, 미국 친구들이랑 인터넷으로 단절된 관계 회복 중이에요. 한국에 있었으면 재수했을 거 같아요. 왠지 연습할 때보다 실전에서는 훨씬 안 나오는 스타일이거든요. 한국 입시 제도에서 나 같은 스타일은 더 불리하죠. SAT처럼 재도전할 기회가 전혀 주어지지 않고 3년 고생해서 한방에 끝나니까요."

유학 첫 해인 8학년 때부터 졸업하기까지 보딩스쿨 5년 동안 은정이는 뉴욕을 딱 네 번 가보았다. 두 번은 부모님도 신뢰하는 미국 친구를 따라서 갔고, 두 번은 부모님과 함께 갔다. 그런 사실로 보나, SAT 시험 준비 스타일로 보나, 은정이의 성공적인 미국 유학 생활의 비결은 무엇보다도 뛰어난 자기 통제력이라고 말하고 싶다.

그러나 누구나 은정이처럼 어린 나이에 떠나서 부모님 간섭 없이도 불필요한 건 쳐내고 필요한 건 악착같이 챙기면서 유학 생활을 자율적으로 이끌어나갈 수 있는 것은 아니다. 그래서 일찍 떠난 아이들일수록 실패율도 높다. 시카고에 있는 주니어 보딩스쿨에 유학 간 한 학생의 경우를 보자.

공부를 게을리 해서 고등학교는 중학교보다 수준이 좀 떨어지는 학교로 진학했다. 보딩스쿨의 기숙사 규칙을 지키지 않고 제멋대로여서 학교와 마찰이 잦았다. 일요일 오후 6시까지 기숙사로 돌아와야 한다는 규칙을 어기고 밤 10시에 들어오기 일쑤인 데다가 갑자기 사라지기도 했다. 결국은 대학 진학을 위해 귀국했다. 그 당시 한국이 IMF 구제금융 시기라 해외 유학생들을 자유롭게 받아줬다. 토플 점수만 가지고 입학을 허가해준 한 대학에 들어가긴 했는데 여기서 졸업하기까지의 과정도 수월치는 않았다. 중학교까지는 한국에서 공부하는 습관을 길러서 떠났더라면 하는 아쉬움이 남는 경우다.

그런가 하면 하영이는 하버드 입학 허가서를 받고 귀국했을 때 나에게 이렇게 이야기했다.

"원장님, 제가 필립스 엑시터에 합격해서 유학 떠날 때 원장님이 뭐라 그러셨는지 기억나세요? 필립스를 놀이터로 생각하라고 그러셨어요."

필립스 엑시터 아카데미는 SSAT 점수가 상위 5퍼센트 안에 드는 아이들이나 도전해볼 수 있는 미국 최고 명문 보딩스쿨이다. 전교생이 1,000명이니 보딩스쿨로는 최대 규모지만 해마다 한국인 지원자 수만 250명을 웃돌 만큼 입학 경쟁이 치열하다. 그중 최종적으로 합격 통지서를 받아드는 한국 학생은 두어 명에 불과할 만큼 들어가기 어렵다. 들어가기 어려운 만큼 졸업하기도 어렵다. 그런 필립스를 놀이터로 생각한다? 그 말은 곧 공부를 놀이 삼아야 필립스에서 두각을 나타낼 수 있다는 당부였다.

내가 진학 지도를 했던 학생 중에는 하영이 말고도 톱클래스 보딩스쿨을 거쳐 아이비리그에 진학한 학생이 여럿 있다. 반면에 학업이 힘에 부쳐 보딩스쿨에서 같은 학년을 두 번 다닌 아이들도 있다. 그중에는 뒷바라지를 위해 어머니가 아예 미국에 상주하다시피 했던 학생도 있다. 그러나 어머니가 곁에서 돌봐준다고 해서, 또는 아이를 자주 방문한다고 해서 아이 성적이 오르는 것은 아니다. 자기 스스로 공부하는, 공부를 놀이로 알고 '끼고 산' 하영이 같은 아이가 한결같이 좋은 성적을 유지한다. 은정이 말처럼 일찍 가든 좀 늦게 가든 결국 유학은 '자기와의 싸움'인 것이다.

그런 점에서 체력 또한 조기유학의 기본 조건이다. 유명 보딩스쿨에 유학 갔다가 학업 스트레스를 이겨내지 못해 돌아오는 학생 중에는 사실 머리가 못 따라간 게 아니라 체력이 받쳐주지 못해서 실패한 경우도 있다. 나는 그래서 학생들이나 부모님들에게 "러닝머신 위에서 한 시간 뛸 수 있는 끈기와 체력이면 미국 가서 너끈히 혼자 공부할 수 있다"고 말하곤 한다. 경험적으로 보면 집중력이 떨어지는 학생은 대개 운동을 게을리 하고 컴퓨터와 친한 경향이 있다.

미국 학생들 다 잠에 곯아떨어진 늦은 밤, 한 페이지를 읽어내기 위해 상상할 수 없을 만큼 긴 시간을 쏟아부어가며 미국 역사책을 펴고 씨름해야 하는 게 '자기와의 싸움'이다. 평소에 운동으로 몸속 나쁜 기운을 뽑아내고 '내가 과연 해낼 수 있을까, 낙오되는 것은 아닌가?' 하는 쓸데없는 잡념까지 쫓아낸 사람이라면 그런 힘겨운 순간에도 고도의 집중력을 발휘할 수 있다.

일찍부터 운동으로 자기 관리를 한 체력은 대학에 진학해서 더욱더 확실하게 그 진가를 발휘하게 된다. 학업량이 폭증하는 대학에서야말로 학업의 기본은 체력이고, 자기 통제력이기 때문이다. 특히나 아이비리그를 꿈꾸는 학생이라면 즐겁게 땀 흘릴 운동 종목 한 가지 정도는 자기 것으로 삼아야 한다. 대입 지원서를 장식해줄 특별 활동으로서가 아니라 순수하게 자기 관리용으로 말이다. 미국의 보딩스쿨들은 한국 학생들이 처음 가보면 입이 떡 벌어질 만큼 훌륭하고 본격적인 운동 시설을 구비하고 있다. 그 시설들을 물 만난 고기처럼 반갑게 누릴 수 있는 아이가 그렇지 못한 아이보다 학업 면에서도 우위에 서게 될 가능성이 많다.

덧붙이자면 아무리 조기유학이 대세라 하지만 이르면 이를수록 좋은 것은 결코 아니다. 조기유학이 점차 일반화되면서 너무 어린 나이에 아무런 준비 없이 유학을 갔다가 낭패를 보는 사례도 갈수록 늘고 있다. '남들이 가니 나도 간다'는 식의 무대책 조기유학 열풍이 낳은 부작용이다. 부모와 아이 자신이 차근차근 준비를 제대로 하지 않고 소중한 우리 아이들을 해외로 내보는 것은 외화와 인재 낭비일 뿐이다. 따라서 이제 우리 사회도 조기유학을 제대로 보내는 방법에 대해 진지하게 고민해야 한다.

유학의 시기 문제를 다룰 때 다시 밝히겠지만, 나는 초등학교 때 감행하는 조기유학에 대해서는 회의적인 입장이다. 적어도 중학교 생활까지는 한국에서 어느 정도 경험하고 난 뒤에 유학을 보내야 한다는 것이 내 생각이다. 일반적인 의미의 조기유학이란 대학 진학 이전의 유학을 통칭하겠지만, 이 책에서 말하는 조기유학은 중·고등학교 때 떠나는 유학을 가리킨다. 1년 정도 머물다 돌아오는 단기 유학의 경우를 제외하고 말하자면, 초등학생의 조기유학은 일러도 너무 이른 유학이다.

아직도 랭귀지 스쿨? 영어 배우러 외국 가는 시대는 지났다

최소한 영어라도 건지겠지, 하는 기대로 아이를 '일단 떠나보내는' 부모도 있다. 이 경우야말로 정말 말리고 싶다. '영어라도 건지겠지'라는 말은 아직 현지에서 영어로 공부할 기본 준비조차 안 되어 있는 채로 보낸다는 소리인데, 위험천만인 행동이다. 그런 막연한 생각으로 미국, 캐나다, 뉴질랜드, 호주로 아이를 떠나보내는 것은 말이 좋아 유학이지 '방출'이나 다름없다.

이런 부모들을 위해 유학원에서는 이른바 '브리지 대학'을 알선해준다. 일단 그곳에 들어가서 1년만 열심히 공부하면 한국에서도 다 알아주는 좋은 대학으로 편입할 수 있다는 것이다. 그러나 이는 책임질 수 없는 소리다. 유학 가서 한 달이 지나면 깨닫게 된다. 유학원 덕분에 떠나는 것까지는 쉬웠지만 결국 유학다운 유학을 하려면 제대로 다시 시작해야 한다는 사실을. 유학원 사람들의 호언장담은 모든 짐을 유학생 어깨 위에 지워놓은 것에 불과했음을……. 이건 공항에서 아이 손잡고 "열심히 해서 1년 후 좋은 대학으로 옮기자" 다짐하며 떠나보낸 부모의 직무 유기다.

우리나라의 세계화 추세 중에 가장 앞선 게 영어 교육 시장이 아닌가 싶다. 영어학원들은 글로벌 시대에 걸맞은 영어 교육 프로그램을 경쟁적으로 제공하며 놀랄 만큼 고급화되어 있고, 웬만한 미국 메이저 학원들 또한 한국에 안 들어와 있는 게 없을 정도다.

1980~90년대에 대부분의 영어학원들은 주로 회화에 매우 치중했지만, 현재 인터넷 시대에 와서는 읽을 수 있고 나아가서 쓸 수 있어야 한다는 생각이 보편화되었다. 나는 영어에 대한 일반인의 이러한 생각의 변화가 인터넷이 가져온 또 다른 혁명이라고 생각한다. 앞으로는 대학 교육도 인터넷으로 하는 게 더 활성화될 것이고 학원도 마찬가지다.

1980년대에는 유학원 광고 기사의 80퍼센트가 '토플 없이도 유학 갈 수 있다'고 외쳤다. 그 시절부터 나는 "떠나는 것만이 능사가 아닙니다. 토플 점수가 좋으면 더 좋은 학교에 들어갈 수 있습니다"라는 말로 학부모님들을 설득했다. 그때나 지금이나 토플 없이 받아주는 학교라면 그 수준을 대략 짐작할 수 있다. 까놓고 말해 그런 대학들은 좋은 학생을 골라 받을 처지가 아닌 대학인 것이다. 그런데도 토플 없이 일단 떠나서 ESL 프로그램부터 시작하는 조건부 유학을 많이들 갔다. '랭귀지 코스'에서 본격적인 유학으로 넘어가지도 못하고 그냥 돌아오는 사람도 흔했다. 그나마 사설 기관이나 대학 부설 '랭귀지 스쿨' 수료증만으로도 회사 취직에 도움이 되던 시절이었다. 그러나 이제는 그 정도 경력은 이력서에 적어봤자 별 의미가 없는 시대가 되었다. 또 그 정도 프로그램은 국내에서도 얼마든지 가능하다.

예전처럼 국내에서 외국인 만나기 어려운 사회도 아니다. 웬만한 학원이라면 외국인 강사는 기본이다. 그러다 보니 취업 여권 아닌 여행 비자로 와서 국내 학원에 눌러앉는 외국인 무자격 강사의 폐해가 생겨날 정도로 외국인 강사가 흔하다. 사교육 시장에서만이 아니라 대학에서조차 이런 일이 벌어진다는 뉴스를 접하고 놀란 적도 있다.

청소원이 대학 교수로 둔갑했는데 대학교에서 여러 해 속고 지냈다는 것이다. 채용하는 쪽에서 미국 학교에 그 사람이 그 학교 학위 소유자가 맞는지 확인하는 절차만 밟았더라면 막을 수 있는 일이었다. 인터넷과 국제전화로 세계 어느 곳과도 정보를 교환할 수 있는 시대를 살면서도 우리는 '직접 확인'이라는 가장 확실한 방법을 잘 쓰지 않는 경향이 있다.

우리 학원에는 강사들의 출신 학교, 전공 등 기본 인적 사항들을 다 밝힌 강사 명단을 누구나 볼 수 있는 자리에 붙여놓았다. 확실한 이력의 자격 있는 강사를 쓰는 것은 학원의 의무이고, 자기 아이를 가르칠 강사가 자격을 갖춘, 실력 있고 믿을 만한 사람인지를 확인하는 것은 수업료를 치를 부모의 의무요 권리다. 이야기가 샛길로 빠졌지만, 이야기가 나온 김에 당부하자면 아이 유학을 준비하는 부모는 전 과정을 통해 모든 선택 앞에서 '믿음이 가지 않으면 직접 확인한다'는 단순한 원칙을 철칙으로 알아야 한다.

한마디로 영어 배우러 외국 가던 시대는 지났다. 영어 정도는 여기서 해결하고 떠나야 한다. 그 준비가 안 된 채 떠나면 미국 가서도 해결 못한다. 미국 가서 준비하겠다는 사람은 실패하기 쉽다. 거꾸로 요즘은 외국 학교가 ESL 프로그램을 가동하고 있음에도 불구하고 한국에서 간 학생들은 시작 단계에서 정규반으로 직행하는 경우가 많다. ESL 학급에 배정할 것인지, 정규 학급에 배정할 것인지를 결정하는 시험에서 현지인보다 나은 영어 점수를 받는 아이들이 흔해졌기 때문이다.

이쯤에서 이런 반문이 나올 법하다.

"그럼 앞에서 이야기한 은정이는 변변한 영어 준비 없이 떠났는데 어떻게 유학에 성공할 수 있었나요? 스탠퍼드에 갔다는 현영이는요?"

그 차이는 이렇다. 궁극적인 목표 지점이 어디인가다. 그들의 목표는 영어 습득이 아닌 유학 자체였다. 물론 영어는 부딪치면서 해결한다는 생각으로 무조건 떠났던 것은 모험이었다. 그러나 막연히 영어라도 건져보자며 떠난 유학과는 다르다.

끝으로 한 가지, 고등학교까지 순전히 한국에서만 영어를 배운다는 것은 영어 발음을 포기하는 일이라고 간주하는 학부모들도 있다. 원어민 수준의 영어 발음 구사를 매우 중요하게 생각하는 사람들이다. 이런 학부모들에게는 '미국에 나가서 최소한 영어라도 건진다' 는 것은 곧 미국인과 같은 수준의 영어 발음을 배우게 되는 것을 의미할 수도 있다.

영어 발음, 좋으면 좋을수록 좋다. 그러나 더 중요한 것은 앞에서도 말했지만 읽고 쓰는 능력이다. 한국의 특목고 출신들이라면 과제물을 해결하고 수업을 쫓아가는 데에는 거의 문제를 못 느낄 만큼의 영어 실력은 갖추었다고 믿어도 된다.

오히려 발음 좋은 조기유학생 중에 '외화내빈' 인 경우도 없지 않다.

"말이야 일찍 가면 일찍 간 만큼 잘하죠. 그러나 조기유학 간 애 중에는 말은 기막히게 잘하는데 쓰기 능력은 한국의 고등학생보다 떨어지는 아이들도 있어요. 실제로 대학 갈 때 토플 점수가 한국에서 고등학교 다닌 아이보다 안 나오죠. 미국의 또래 아이들이 쓰는 슬랭까지 너무나 익숙해져서 미국 친구들과 시시덕거릴 때는 안 통하는 이야기가 없지만 토플 점수는 낮아요. 생활 영어에 필요한 단어라는 건 사실 얼마 안 되거든요. 수다쟁이가 국어 점수가 잘 나오나요? 그런 건 아니라는 말이죠."

책의 서두에 소개했던 로렌스빌 스쿨의 세준이에게 "포철고 다니던 네가 10대 명문에 드는 로렌스빌에서 영어로 경쟁해서 이긴 비결이 뭐라고 생각하느냐?"고 물어본 적이 있다. 세준이는 이렇게 대답했다.

"처음부터 말 빼면 머리는 너나 나나 차이 없다는 생각을 하면서 자신감을 잃지 않았어요. 솔직히 수학, 과학은 우리가 더 잘하는 편이죠. 문제는 언어 적응인데, 부딪치다 보면 자연히 해결돼요. 언어 문제만 해결하고 나면 모두 같은 출발선에서 시작하는 거니까 그 출발선에 도달하려고 기를 썼죠."

한국에 있을 때 세준이의 발음은 거의 콩글리시였던 걸로 기억한다. 세준이가 보딩스쿨 원서를 쓰던 해에 매사추세츠 주에 있는 보딩스쿨인 콩코드 아카데미에 내가 가르친 학생 11명이 원서를 내고 인터뷰를 했다. 세준이도 그중 하나였다. 그때 인터뷰를 담당했던 드레스덴 교장 선생님은 나중에 내게 세준이를 '자기표현이 가장 정확한 학생, 가장 인상 깊은 학생'으로 꼽았다고 귀띔했다. 이런 사실로 미루어볼 때, 현지인 수준의 발음이란 어떤 점에서 현지인의 관심사라기보다는 이방인의 관심사인지도 모르겠다. '현지인'에게는 어떻게 발음하는가보다는 무슨 이야기를 하는가가 중요한 것이다.

언제 보낼까? 유학에는 세 번의 기회가 있다

조기유학 상담을 가장 많이 받는 때가 11월이 아닐까 싶다. 특목고 시험에서 떨어지고 난 직후에 아픈 가슴으로 유학이라는 대안을 떠올리는 경우가 많기 때문이다. 계획에 없던 충동 유학인 셈이다. 미국의 명문 보딩스쿨 중에는 1월 중순이면 벌써 원서 접수를 마감하는 학교들도 많다. 그 전에 토플 시험도 봐야 하고 SSAT도 봐야 하는데 시간이 너무나 부족하다.

"한 해 연기하는 게 좋겠습니다. 일단 일반 고등학교에 들여보내십시오. 1년 학교 다니면서 SSAT 준비 충실히 하면 아주 좋은 학교도 가능합니다."

"그냥 올해 보내고 싶어요. 아무 데나 가능한 곳으로 찾아봐 주십시오."

이렇듯이 부모도 본인도 그해에 유학을 꼭 떠나겠다는 뜻이 완강하다면 수준이 좀 떨어지더라도 시간적으로 지원이 가능한 학교를 선택하는 수밖에 없다. 그러나 유학에서는 첫발을 정확히 내딛는 게 중요하다. 자기 수준보다 떨어지는 학교에 들어간 아이는 정말 의지가 굳은 아이가 아니고는 그 학교에 자기 수준을 맞추게 되기 마련이다. 그래서 나중에 원래 목표로 했던 학교로 전입할 기회가 생겨도 성적이 안 되어 전입하지 못하는 경우도 많이 보았다.

이런 일을 한 번 겪은 부모님들 중에는 둘째가 특목고를 준비할 때는 유학을 보낼 가능성도 염두에 두고 양쪽으로 준비를 시키는 분도 있다. 그러나 사실 특목고 준비와 유학 준비를 병행한다는 것도 쉬운 일은 아니다. 특목고 진학 가능성은 전혀 고려하지 않고 유학 준비에만 매진하는 어머니들도 있다. 유학 전에 특목고에도 한 번 도전해서 합격한다면 선택의 폭이 넓어져서 좋겠지만, 아이의 입장에서는 양쪽을 모두 준비하는 게 큰 부담이 아닐 수 없기 때문이다.

아무튼 갑작스럽게 유학을 추진하다 보면 시간이 부족해서 차선을 택할 수밖에 없게 되고, 첫 단추를 제대로 못 끼운 여파가 꽤 길게 가기도 한다. 그런 까닭에 언제 보낼지를 선택해서 미리미리 준비하는 것이 중요하다. 유학을 생각하는 부모가 해야 할 일 중에 가장 중요한 부분은 아이를 떠나보낼 최적의 시기를 선택하는 일이라고 해도 과언이 아니다. 그렇다고 해서 기회가 마냥 있는 것도 아니다.

나는 유학에는 세 번의 기회가 있다고 생각한다. 중학교 3학년 1학기 말이 첫 번째 기회이고, 고등학교 1학년 1학기 말이 두 번째 기회다. 한국에서 고등학교를 마친 뒤가 세 번째 기회다. 언제 보낼지를 결정할 때 중점적으로 생각할 것은 두 가지다. 첫째, 국가관을 비롯한 기본 가치관이 확립되었는가. 둘째, 혼자 공부할 준비가 되었는가. 일단 중학교까지 한국에서 마친 학생이라면 두 가지 모두 걱정하지 않아도 된다.

몇 년 전부터 유행하고 있는 초등학생 유학이 학생의 장래에 바람직할지는 의문이다. 너무 어린 나이에 부모의 사랑과 보호 없이 생활하다 보면 가족에 대한 그리움, 서구화된 사고방식 등으로 가치관 형성이 어려울 수 있다. 경험적으로 볼 때 대부분 처음 2년은 행복해 보이지만, 그후에 적응하지 못할 경우 한국과 미국 양쪽에서 경쟁력이 없는 아이가 될 수도 있다.

중학교를 다 마치기 전에 유학을 보내는 경우에도 부모가 아이에 대해 특별한 확신이 있어야 한다. 혼자 공부할 만큼 의지가 여물었는지, 외국에 나가서 가치관이 흔들리거나 손상될 위험은 없는지를 신중하게 고려해야 한다. 한국인으로서의 자기 정체성이 확실히 자리잡았는지를 보라는 뜻이다. 더 쉽게 말해서 부모 입장에서 지금 이 아이를 떠나보내도 나중에 나한테 돌아올 거라는 확신을 가질 수 있는 학생이면 보내도 된다.

서두에서도 강조했듯이 언제 보내느냐의 전제 조건은 언제부터 준비했느냐이다. 중3 1학기를 마치고 떠나려면 중2 초에는 유학을 위한 준비가 시작되어야 한다. 더 빠듯한 시간표를 제시해보자. 예를 들어 2007년 9월 학기에 미국 고등학교에 입학할 생각이라면 늦어도 2006년 여름방학에는 준비를 시작해야 한다. 유학을 위한 시험공부가 끝나는 것은 2007년 1월 8일. SSAT 마지막 시험일이다. 목표로 한 토플 점수를 그 전에 먼저 받아놓고 SSAT 시험공부에 들어가서 마지막 시험일에 시험을 치르는 것이다. 중1 때 유학 준비를 시작해서 2학년 때 지원하고 3학년 1학기를 마치고 떠난다면 좀 더 마음의 여유를 가지고 일을 추진할 수 있으므로 가장 이상적이라고 할 수 있다.

한국의 중학교 생활을 충분히 경험하지 못한 이른 시기에 아이를 떠나보내는 것을 권장하지 않는 좀 더 현실적인 이유가 있다. 아이를 떠나보낼 때에는 유학 생활에 제대로 적응하지 못해 다시 돌아온다는 변수도 염두에 두어야 한다. 한국에서는 중학교 1, 2학년만 되어도 학교 마치고 학원 갔다가 돌아와 12시쯤에나 잠자리에 드는 게 보통이다. 그러나 미국의 중학생들은 대개 10시 이전에는 잠자리에 든다. 미국의 여유 있는 중학교 생활에 길든 아이를 한국으로 데려오면 갑작스레 빡빡해진 일과 때문에 힘겨워하게 된다. 유학 생활에 적응하지 못해 돌아왔는데, 떠나기 전에는 아무 문제가 없었던 한국 학교생활로 복귀하는 것마저도 어려움을 느끼게 된다면 진퇴양난이 아닐 수 없다. 한국의 중학교 생활을 전혀 경험해보지 못한 아이를 유학 보내는 것은 그런 점에서 배수진을 치는 것이나 다름없다. 다시 돌아올 가능성을 배제한 채 떠나보내는 것은 자칫 위험한 모험이 될 수도 있다는 얘기다.

다시 돌아왔을 때의 적응 문제를 떠나서도, 나는 개인적으로 중학교 2, 3학년 정도까지의 한국 학교 경험은 아이가 미국에서 혼자 공부하는 데에 상당한 밑거름이 된다고 생각한다. 우선 경쟁 사회를 한 번 거쳤다는 사실 자체가 유학 생활에서 어려운 여건을 견디는 데에 소중한 경험으로 작용하며, 공부 습관 또한 확실하게 굳혀서 갈 수 있기 때문이다. 방과후에도 이 학원 저 학원으로 바삐 옮겨 다니며 빽빽한 일과를 소화해내던 고강도 학습 환경은 그것 자체로 의미가 있다. 많은 조기유학생들이 한국에서 다져둔 수학, 과학의 기본 실력 덕을 여러 해 동안 톡톡히 보았다고 입을 모은다. 미국에서도 고등학교에 올라가면 공부 강도가 상당히 높아진다. 대학교는 말할 것도 없다. 그때 적응하는 데에도 한국에서의 경험이 도움이 된다. 너무 일찍 가면 오히려 미국에서 느슨한 중학 과정을 거치는 동안에 자세가 흐트러질 염려가 없지 않다.

여기에 덧붙여서 초등학교 5학년 때쯤 한 해 정도 미국 학교 경험을 시키면 유학의 예비 과정으로서 큰 도움이 된다. 갈수록 회사원의 해외 파견 근무나 해외 연수의 기회가 늘어나고 교환교수 제도나 안식년의 연구교수 제도를 이용해 외국으로 나가는 교수들도 많아졌다. 적극적인 부모들 중에는 이런 부모의 해외 체류 기회를 아이의 스케줄에 잘 맞춰서 함께 떠나는 경우도 많다. 이렇게 가족이 함께 외국 생활을 하는 1년 동안에 아이가 정도 이상으로 한국 학교만 그리워하고 외국 생활에 마음을 붙이지 못한다면 그것대로 소득이다. 그럴 줄 모르고 덜컥 유학 보냈다가 적응에 실패하고 되돌아오는 시행착오를 줄일 수 있으니 말이다. 흔하지는 않지만 정말 유학 체질이 아닌 아이들이 있긴 있다. 심지어는 해외 연수 가는 어머니가 딸을 데리고 가서 그곳 학교에 보냈는데 어머니의 해외 연수 기간도 다 못 채우고 딸만 혼자 먼저 한국으로 돌아온 사례도 보았다.

5학년 때 '한 해쯤 경험해보라'는 가벼운 마음으로 아이를 떠나보냈는데 1년 후 한국으로 안 돌아가겠다고 아이가 저항하는 경우도 있다. 개인적으로는 아이를 달래서 예정대로 한국 학교로 복귀시키라고 권하고 싶다. 아이를 그대로 그 나라에 눌러앉게 하기에는 아직 한국인으로서의 정체성이 확립되지 않았기 때문이다.

아이가 초등학교 6학년이라면 한 해 미국 학교 경험을 시키기에는 이미 늦었다. 대부분의 아이들이 초등학교 6학년 한 해 동안 중학교 과정을 선행학습 한다는 것을 전제로 할 때, 6학년 한 해를 미국에서 보내고 돌아오면 그러잖아도 생소한 중학교 과정을 아무런 준비 없이 시작하게 된다. 그래서 고전하는 경우를 적잖이 보았다. 처음 계획은 1년 단기 유학이었음에도 불구하고 6학년 때 떠난 아이들이 그대로 미국 주니어 보딩스쿨에 진학하여 본격적인 유학 생활로 들어가는 비율이 높은 것도 바로 이런 이유에서다. 이렇게 될 경우, 결과적으로 초등학교 5학년까지의 한국 학교 경험이 전부인 셈이 되는데, 한국인으로서의 정체성을 확고히 하기에는 너무 짧은 시간이다.

앞에서 유학에는 세 번의 기회가 있다고 했지만, 누구나 처음에 마음먹은 대로 기회를 잡을 수 있는 것은 아니다. 특목고나 자사고 입시에 실패할 수 있듯이 유학 추진 과정에서 선망하는 보딩스쿨의 입학 허가서를 못 받아낼 수도 있기 때문이다. 경수가 그랬다. 중2 때 조기유학을 결정하고 최선을 다해 준비했지만 영어 성적이 목표한 만큼 나와주지 않아서 중3 때 가고자 했던 보딩스쿨 진학에 실패했다. 경수와 그의 부모는 너무 크게 실망한 나머지 조기유학 시기를 놓친 것으로 생각했지만, 포기하지 않고 새로운 각오로 차근차근 다시 준비하기로 마음을 다잡았다. 그 결과 중학교 3학년 2학기와 고등학교 1학년 1학기 내신 관리를 잘하고 부족했던 영어 점수를 끌어올려 9월에 미국 명문 보딩스쿨인 초트 로즈마리에 입학했다.

꿈에 부풀어 유학을 추진하는 당시에는 뜻하지 않은 1년의 지체가 엄청난 상실감으로 다가오지만, 지내놓고 생각하면 그 정도 시차는 나중에 얼마든지 따라잡을 기회가 온다. 첫 단추를 잘못 끼워서 고생

하는 것보다는 경수처럼 비록 1년 늦었지만 만족할 만한 결과를 얻어 유학길에 오르는 것이 더 현명한 선택이다.

세 번의 기회라고 했지만 결과적으로 중학교 3학년 1학기 말에 떠나보내기에는 준비할 시간이 부족하거나 가치관 형성이 미비하다고 느껴질 때 한 해의 숙성 기간을 거치다 보면 고등학교 1학년 1학기 말에 떠나보내게 되는 것이라고 정리할 수도 있겠다.

조기유학 보낼까, 특목고 보낼까? 득실 대차대조표

"저는 중1 때 떠났어요. 조기유학이 좋은 점은 일찍 거기 애들이랑 부딪치면서 미국인들이 어떤 생각을 하고 사는지 알게 된다는 거죠. 고등학교 2, 3학년 때 떠나거나 졸업하고 떠나도 영어는 열심히 하면 따라갈 수 있어요. 그렇지만 그럴 경우엔 아마 미국인의 심리, 미국 문화나 전통에 대해서는 잘 모르는 채 대학 생활을 시작하게 될 거예요."

일찍 떠났기에 그들의 생리나 문화를 이해하는 데에 유리했다는 조기유학파의 이야기에도 일리는 있다. 그러나 늦게 떠났어도 나름대로 그 격차를 따라잡았다고 믿는 유학생들도 있을 것이다. 그들의 현지 적응력이나 문화 이해도를 저울에 달아 견주어볼 수는 없는 일이다.

"조기유학을 보내는 게 좋을지, 고등학교는 특목고를 보내고 대학부터 유학을 시키는 게 좋을지, 아이마다 판별하는 기준이 있습니까?"

많은 학부모들로부터 받는 질문이다. 물론 개별 상담을 할 때는 내 나름의 기준을 가지고 판단하고 조언한다. 그러나 앞에서도 말했듯이 일반적인 공식은 있을 수 없다. 차라리 득실을 낱낱이 비교해보자.

특목고 출신은 한국에서 고등학교 과정을 거치며 충분히 단련되어

떠난다는 게 강점이다. 한국의 교육이 주입식 교육이라지만, 주입식 교육에는 그 나름의 큰 의미와 가치가 있다. 한국식의 치열한 경쟁에서 살아남았다면 그 아이의 국제 경쟁력도 그만큼 강화된 것이다. 한국의 고등학교 과정 동안 몸으로 부대끼며 경쟁의 뜨거운 맛을 배운 아이는, 말하자면 모래주머니를 달고 달리기 연습을 한 마라토너에 견줄 수 있다.

반면에 조기유학생은 문화적 충격을 조기에 겪고 조정 과정을 일찍 거치기 때문에 대학에 입학할 무렵에는 문화 흡수 능력이 한국에서 고등학교를 마치고 떠난 아이들보다 뛰어나다. 명문 보딩스쿨에서 교육 받았다면 이미 리버럴 아츠 칼리지(Liberal Arts College: 교양학부 과정만 있는 4년제 단과 대학) 수준의 학문적 토대를 다지고 대학에 입학하는 셈이라, 진학 초기에 좀더 정신적으로 여유로울 수 있다. 미국도 유명 보딩스쿨들은 동급생끼리 경쟁이 상당히 치열하기 때문에 내용은 좀 다를지라도 특목고 출신에 못지않게 경쟁에 단련되어 있다고 볼 수도 있다.

특목고 출신들은 고등학교 내내 부모의 관심과 지원을 받으며 공부한다. 사랑으로 닦달하는 가족이 옆에 붙어 있으니까 아무래도 더 안정적이다. 늘 부모님의 관심권 안에서 움직이므로 흐트러지거나 곁길로 새는 시행착오 없이 착실하게 목표를 향해 매진할 수 있는 장점이 있다. 그러나 그런 만큼 노력의 결과에 대한 성취감은 상대적으로 미진할 수도 있다. 노력의 절반은 엄마 몫이고, 따라서 성취감의 절반도 엄마 차지로 간주하는 분위기 탓이다. 또 부모의 철저한 '프로그래밍'에 오랜 세월 순응해왔던 아이들 중에는 부모 품을 떠나 대학 생활을 해나가면서 자발성이나 독립심이 떨어져서 뒤늦게 고전하게 되는 경우도 생긴다.

반면에 조기유학생들은 부모와 멀리 떨어져 엄마의 힘에 기대지 않고 자발적인 의지로 공부해야 하기 때문에 한번 기우뚱하면 그 여파가 클 수도 있다. 명문 보딩스쿨에는 미국의 대단히 부유한 가정 아이들이 흔해서, 자칫 귀족적인 분위기, 사치 풍조에 휩쓸릴 위험이 있다. 한창 외모와 유행에 민감한 나이라 학급에 '명품족'이 하나 둘만 끼여 있어도 금방 주위 아이들에게 영향을 끼친다. 집 떠나 공부 스트레스에 시달릴 때라 전염성은 더 크다. 돈의 가치에 대해 혼란을 일으키고 자신이 지닌 평범한 물건들에 갑자기 불만을 표출하며, 눈앞의 욕구를 채우기 위해 바람직하지 못한 쪽으로 빠져들 수도 있다.

명문 보딩스쿨은 주말 외출 통제가 아주 엄격하지만 그보다 수준이 떨어지는 학교들 중에는 학생들이 맘만 먹으면 얼마든지 빈틈을 노릴 수 있을 만큼 규칙이 허술한 곳도 적지 않다. 주말마다 대도시의 유흥 문화를 기웃거리다가 아예 '파티족'으로 발전할 위험도 있다.

그러나 이런 위험 요소들을 스스로 차단하며 굳건히 버텨낸다면 그 성취감 또한 한국에서보다 두 배로 커질 것이다. 부모라는 보호막 안에서 단련된 아이들에 비해 유혹이나 방황에 대한 저항력이 뛰어나고 의지력도 '검증된' 셈이다.

2000년 미국 대통령 선거전에서 치열하게 맞붙었던 조지 부시는 '필립스 아카데미 앤도버' 출신이고 엘 고어는 '세인트 알반스 스쿨' 출신이다. 2004년 대통령 선거에서 조지 부시와 격돌했던 존 캐리는 '세인트 폴스 스쿨' 출신이다. 세 학교 다 미국에서 몇 손가락 안에 꼽히는 명문 보딩스쿨이다. 특히나 '필립스 아카데미 앤도버'는 조지 부시 대통령의 아버지 부시, 그 할아버지 부시까지 3대가 다닌 학교로 유명하다.

미국 주류 사회에서 명문 보딩스쿨 출신들은 아이비리그 대학 동문들 못지않은 유대감을 이어가는 것으로 알려져 있다. 훗날 정치인으로건 기업인으로건 국제 사회에서 활동하게 된다면 같은 보딩스쿨에서 만나 3, 4년의 세월을 함께 자란 친구들과의 인연이 큰 재산이 될 것이다.

대한민국의 많은 부모와 학생들이 내신의 불이익을 감수하면서도 민사고나 특목고를 선택하는 것은 실력이나 지향점이 비슷한 우수한 친구들과 경쟁하며 서로 자극받고 더 발전할 수 있다고 믿기 때문이다. 그러나 대한민국의 입시 현실은 그 경쟁을 때로는 소모적인 방향으로 치닫게 하는 것도 사실이다. 눈앞의 목표가 너무 절박하기에 멀리 내다보는 여유를 갖지 못하고 마음이 급해지고 좁아지는 것이다. 이에 견주면 조기유학생들은 같은 기간 동안에 상대적으로 여유롭고 열린 마음으로 공부 이외의 것들을 다양하게 흡수하며 성장한다. 물론 앞에서 말했듯이 보딩스쿨에도 상당한 학업 스트레스가 존재하고 친구들 사이에 고도의 경쟁 심리가 엄연히 작용한다. 그러나 커리큘럼 자체가 인문학적 기틀을 다진 전인적 인간을 길러내겠다는 의지를 반영하고 있어서, 스트레스와 경쟁의 내용이 우리와는 질적으로 많이 다르다.

이렇듯이 특목고를 택하든 조기유학을 택하든 장점을 누리는 대신에 감수해야 할 단점도 있다. 판단은 학생 자신과 부모 몫이다.

보딩스쿨에 관해서는 다음 장에서 깊이 다루기로 하고, 우선 한국에서 가장 우수한 인재들이 많이 모이는 특목고로 꼽힌다고 할 수 있는 두 외국어고등학교 교감 선생님들의 이야기에 귀기울여보자.

김일형 | 대원외고 교감

★ 대원외고에서 아이비리그까지

우리 학교의 조기유학 프로그램 SAP(Study Abroad Plan)가 출범한 것은 1998년이다. 한국 최초의 시도였다. 이 프로그램이 출범하게 된 사회적 배경이 있다. 당시 서울대를 비롯한 모든 대학에서 외고에 대한 어학계열 특혜를 폐지해서 외고의 우수한 학생들이 명문 대학에 진학할 기회가 줄어들었다. 그러자 그동안 음성적으로 어려운 조건 아래 외국 대학 진학을 준비하던 학생들에게 이제는 학교가 책임지고 해외 대학으로 이끌어주는 시스템을 갖추자는 분위기가 학교 안에 형성된 것이다.

출범 당시 20명의 학생이 이 프로그램에 참여했으나, 해외 대학 진학에 의구심을 가진 학생들이 한두 명씩 그만두기 시작하여 3학년 때에는 9명만 남게 되었다. 그 시점에서 유학 계획을 포기하고 한국 대학 진학으로 방향을 튼다는 것은 불가능했으므로 이 9명은 정말 열심히 공부해주었고, 대부분의 학생들이 SAT와 토플에서 비교적 높은 점수를 받아 미국 대학에 진학할 좋은 자격 조건을 갖추게 되었다.

문제는 미국 대학에 대원외고를 어떻게 알리느냐였다. 교장 선생님이 학생들의 성적표를 가지고 미국 대학을 방문하여 대원외고와 학생들의 우수성을 설명하는 것밖에 별다른 방법이 없다는 판단이 내려지자 그대로 실천에 옮겼다. 나중에 전해 듣기로는 차 안에서 햄버거로 식사를 때워가며 강행군하는 눈물겨운 일정이었다고 한다. 아이비리그 대학을 위시해서 미국 대학 순위 20위권에 드는 대학들, 동부뿐만 아니라 서부의 주요 대학까지 몇 차례에 걸쳐서 방문했다. 그런 정성이 아이비리그 대학들의 입학 관계자들의 마음을 움직였던 것일까? 9명의 학생이 스탠퍼드 대학을 비롯하여 미국 대학에 전원 합격했다.

2000년 4월 2일, 모든 일간지에 "대원외고, 한국 최초로 해외 대학에 9명 전원 입학"이라는 제호의 기사가 실리면서 이 사실이 전국에 알려지게 되었다. 특히 당시 경영학부 세계 1위 자리를 차지하던 유펜(U-Penn: 펜실베이니아 대학) 와튼 스쿨에 특차 합격한 오영근 학생은 미국 유학을 떠날 때 처음으로 비행기를 탔을 만큼 순수 국내파였다.

이후 아이비리그의 '빅3', 즉 하버드, 예일, 프린스턴에 우리 학생들을 진학시키기 위해 노력을 기울였다. 그러다가 그 대학들이 대원외고를 다시 보게 만드는 기회를 만났다. SAT에서 이미영 학생이 만점을 받은 것을 시작으로 해서 올해까지 해마다 만점자를 배출한 것이다. 이미영 학생은 당시 국내에서뿐만 아니라 미국에서도 화제가 되어 지도교사와 함께 LA의 한 방송국 아침프로에까지 출연했다. 그 다음부터 컬럼비아, 예일, 시카고 등 많은 우수한 대학의 입학 담당관들이 이미영 학생이 실린 기사를 들고 우리 학교를 찾아왔다. 이미영 학생은 시카고 대학에 1년에 7천만 원의 장학금을 받고 진학했다. 다음해에 하버드 3명, 예일 1명, 프린스턴 1명, 스탠퍼드 4명 등이 입학 허가서를 받았다.

2000년부터는 하버드를 비롯한 미국의 우수한 대학들이 우리 학교로 찾아와 입학설명회를 연다. 2005년 한 해 동안 하버드를 비롯한 60여 개의 미국 대학들이 대원외고를 다녀갔다. 지금까지 265명이 본교 해외유학 프로그램을 이수하고 미국 대학으로 진학하였으며 아이비리그 대학에만 100여 명이 진학하였다. 이제는 미국의 대학 순위 100위 안에 드는 모든 학교가 대원외고의 존재를 뚜렷이 인식하고 있고, 미국뿐만 아니라 유럽과 아시아권의 유명한 고등학교들이 대원외고를 경쟁자로 여기고 있으며, 그 학교들의 카운슬러들로부터 서신 교환 제안이 이어진다.

2004년부터 이 프로그램의 이름을 GLP(Global Leadership Program)로 바꾸었다. 시대의 요구에 부응하는 글로벌 리더를 양성하자는 취지에서였다. 현재 3학년 65명, 2학년 82명, 1학년 150명의 학생들이 미국 대학 진학의 꿈을 이루기 위해 열심히 공부하고 있다.

"한국의 외고가 미국의 보딩스쿨만큼 미국 명문 대학 진학 경쟁력을 갖추고 있습니까?"

우수한 자녀를 둔 많은 학부모의 예민한 관심사가 바로 그것이라고 알고 있다. 물론 교육적인 면에서 미국과 한국의 문화가 다른 것을 배제할 수는 없다. 미국 대학의 입학 체제를 알려고 노력하면 할수록 큰 대양을 만나는 느낌이 든다. 미국의 유명한 고등학교의 카운슬러들은 미국의 대학 입학사무소와 최소한 100년 이상 깊은 관계를 유지해왔다. 그 채널을 통해서 학생의 세밀한 사항까지 신뢰감을 가지고 협의한다. 입시 정책에 변화가 있을 때도 대학은 신뢰하는 고등학교에게 우선 알리고 협의한다. 이런 상황에 대해 어느 다른 학교도 불평을 할 수가 없다. 이것이 그들의 전통이고 그동안 쌓아온 신뢰이며 교육 정책이기 때문이다. 미국은 이미 실력 있고 신뢰감 있는 학교에는 자연스럽게 '어드밴티지'를 주고 있는 것이다. 이처럼 우리가 모르는 사실들이 하나하나 알려질 때마다, 우리는 그래도 한국에서 가장 입시 정책을 많이 알고, 그들과도 좋은 관계를 맺고 있다고 자부하면서도, 무력감을 느낄 수밖에 없었다.

그러나 대원외고는 미국의 우수한 고등학교 및 세계 우수 고등학교와 이미 경쟁을 시작했다. 그 여러 학교들과 각자의 교육 과정을 서로 교환하고 있으며 미국 대학의 관계자들이 직접 대원외고의 교육 과정에 참여해 교육 내용을 주문하는 정도가 되었다. 오늘의 대원외고 GLP 교육 과정은 미국의 유명 대학 관계자들과 함께 만든 체제이며, 그들이 우리 학교를 방문할 때마다 계속적으로 협의하며 개선해나가고 있다. 이는 수요자가 공급자에게 직접 주문하는 양식으로, 신뢰를 바탕으로 한 발전된 모습이다. 대원외고는 이렇게 미국 대학에 접근하면서 그 뿌리를 내리고 있다.

2006학년부터 대원외고는 미국 유학을 희망하는 학생들을 국제어과로 분류해서 따로 선발하고 있다. 미국 대학에서 요구하는 학생들로 만들기 위해 이제는 입학할 때부터 경쟁력 있는 맞춤식 교육을 적용하기로 한 것이다. 한국의 특목고 3년 과정이, 교육 내용에서 미국 최고의 사립학교와의 경쟁에서도 결코 뒤지지 않으며, 오히려 우리가 가지고 있는 교육 에너지를 최대한 발휘하게 해주는 가장 효율적인 과정임이 증명되리라고 기대하고 있다.

★ 한국형 보딩스쿨로 세계에 도전장을 내민다

박하식 | 용인외대부속외고 교감

진학할 학교를 선택하기 전에 중요한 것이 있다. 아직 구체적인 직업까지는 생각하지 못한다 하더라도 자신이 또는 우리 자녀가 살아갈 세상에 대해 전망해보고 그에 따른 꿈과 비전을 갖는 것이 필요하다. 명문 고등학교, 명문 대학교에 들어가는 것 자체가 자신과 자녀 인생의 성공을 보장해주는 것은 아니기 때문이다. 어느 학교에 들어가는 것이 중요한 것이 아니라 우선 자신과 자녀가 앞으로 살아갈 세상에서 요구하는 능력을 갖추는 것, 다시 말해서 자신만의 경쟁력을 갖추는 것이 제일 중요하다. 부모님들이 자녀의 교육을 생각할 때 '우리 아이가 살아갈 세상은 어떤 세상일까?'를 생각해보고 그 세상에서는 어떤 능력을 갖춘 사람을 인재라고 할까를 자녀와 함께 생각해보는 것이 더 중요하다는 말을 먼저 하고 싶다.

지금의 어린 학생들이 어른이 되어 살아갈 세상은 어떻게 될까? 그것은 유럽의 변화에서 쉽게 예측해볼 수 있다. 국경이 사라지고 화폐까지도 하나로 쓰게 되는 유럽의 현재의 모습은 우리 아이들이 살아갈 미래를 잘 보여주는 한 예라 생각한다. 우리나라 주식에 대해 관심 있는 사람이라면 잘 알다시피, 우리 주식 시장은 뉴욕 증시 등 외국 주식 시장의 변화에 민감하게 반응하고 있다. 따라서 앞으로 전개될 사회의 모습 역시 글로벌이라는 것은 너무나 분명하다. 글로벌이라는 도도한 트렌드는 누구도 역행할 수 없으리라 생각한다. 이젠 우리나라의 기업이나 기관도 국내 몇 위를 차지하느냐에 머물지 않고, 글로벌 톱 5, 글로벌 톱 10 등 세계를 염두에 두고 기업의 목표를 정한다. 학과 과목에 대한 학습만이 아니라 비전과 전망에 대한 관심이 우리 부모님들에게 먼저 있어야 한다고 생각한다. 글로벌 시대에 자신의 꿈을 이루어가기 위해서 어떤 능력을 갖추는 것이 필요한가를 고민하면서 찾아보면 최소한 이런 능력을 요구하는 시대가 될 것이라는 결론에 도달하게 될 것이다. 글로벌의 흐름과 함께 디지털 시대, 창의성이 요구되는 시대, 투명성과 도덕성을 요구하는 시대가 점점 되어가고 있다는 것이다. 오늘날의 부모님들은 우리 어린 학생들에게 비전을 심어주고 올바른 삶의 설계를 위한 큰 축을 제시해주는 역할을 담당해야 한다.

그 다음에 어떤 학교를 선택하는 것이 좋은가를 생각해야 한다. 본교를 선택하는 것 역시 그 꿈을 이루어가기 위한 여러 길 중 하나로 선택되었으면 한다.

용인외대부속외고 유학반만의 특징

아이비리그 진학에 대한 뚜렷한 목표 수립—정규 교육 과정의 국제화

본교는 50년간 외국어 교육의 노하우를 쌓아온 한국외국어대학교와 재정 자립도가 전국 최고 수준인 용인시가 협력하여 2005년 3월에 개교한 학교다. 본교 유학반의 가장 중요한 특징은 국내반과 함께 국제반, 즉 유

학반을 운영하는 것을 천명하고 개교했다는 점이다.

국내 대학 진학을 위해서는 내신, 수능, 논술, 심층 면접 등이 필요하다. 자신이 원하는 국내 명문 대학 진학을 위해서는 1학년 때부터 체계적인 학습을 통하여 3학년에 가서 대학 진학에 필요한 능력을 갖추게 된다.

본교 유학반(국제반) 학생들은 전원 미국의 아이비리그를 비롯한 명문 대학 진학을 목표로 하고 있다. 미국 대학 진학 역시 3년간의 체계적인 학습과 준비를 해야만 진학이 가능하다. 우리나라는 고등학교 과정이 3년이지만 미국은 대부분 9학년부터가 고등학교로, 4년간의 고등학교 과정을 통하여 대학 준비를 하게 된다. 우리나라 학생들 중에 미국 대학에 진학하려는 학생들은, 자신의 모국어를 기반으로 4년간 준비하여 대학에 진학하는 미국 본토 학생과 경쟁해야 하는 것이다. 그렇기 때문에 국내 대학 진학을 준비하면서 동시에 미국 대학 진학 준비를 한다는 것은 그야말로 초인적인 노력을 기울여야만 가능하다. 따라서 본교는 학생들로 하여금 입학 때부터 자신의 목표를 뚜렷하게 정하도록 하여 가능한 한 학교 정규 교과 안에서 미국 대학 진학에 필요한 수업을 진행하여 학생들의 이중적인 부담을 줄이도록 하고 있다.

높은 학업 성취 목표 설정—Reading Program, GAC, AP 과정의 운영

개교 첫 해에 입학한 학생들의 영어 수준이 미국 고등학교 학생들의 평균보다 높은 수준이었으므로 학교에서는 미국 고등학교 학생들의 평균 이상의 교과를 운영해도 될 것이라는 기대를 갖게 되었다. 그런 취지 아래 미국 학생들 중 최상위 학생들이 도달해야 할 학습 목표를 정하여 프로그램을 운영하기 시작하였다. 매달 학생들은 필독 도서와 추천 도서를 읽고 정기적으로 Reading Test를 치르도록 하여 충분한 배경 지식과 어휘력을 쌓아나가도록 하였고, 성취욕이 높은 학생들을 위하여 많은 AP(대학과정

선행학습) 과목을 개설하였다. 학습에 대한 남다른 열의를 가진 본교의 첫 입학생들은 1학년 5월에 많은 학생들이 AP에 응시하여 높은 학업 성취도를 달성하였다. 대부분의 학생들이 한 과목 이상의 AP에 응시하였는데, 세 과목 이상을 통과한 학생들에게 수여되는 Scholar Award를 33명이나 받았다. 한편, 미국 ACT에서 주관하는 미국 대학 준비 과정인 GAC(Global Assessment Certificate) 프로그램을 국내 고등학교로는 최초로 개설하여 운영하고 있다.

EBC(English Based Campus)를 통한 영어 사용 환경 조성

본교는 캠퍼스에서의 공용어를 영어로 하고 있다. 미국 아이비리그 진학을 목표로 하는 영어과 학생들은 정규 수업 중 국어와 국사를 제외하고는 영어로 수업을 받고 있으며, 모든 생활 장면에서 영어를 사용하도록 하여, 미국에서 공부하는 것과 같은 환경을 구현하고 있다. 전원 기숙사 생활을 하는 본교 학생들은 매일 영자 신문인 《헤럴드 트리뷴 *Herald Tribune*》을 구독하고 있으며, 영어 신문 내용을 중심으로 저녁에는 정기적으로 영어로 시사 문제를 토론하는 시간을 갖는다. 이렇게 생활 속에서 영어를 익히며 자신의 영어 능력을 끊임없이 사용할 수 있는 충분한 기회를 제공하고 있는 것이다.

이러한 영어 상용 정책이 이루어지기 위해서는 무엇보다 교사들의 영어 능력과 이 정책에 대한 소신이 뒷받침되어야 한다. 본교는 개교하면서부터 교사 선발에서 영어 구사 능력을 기본 조건으로 하고 있다. 비록 국내반을 지도하는 선생님들이라 할지라도 일상생활에서의 영어 상용이 가능한 분이어야만 본교 교사가 될 수 있다. 특히 기숙사에는 영어를 원어민 수준으로 구사하는 Resident Advisor를 배치하여 기숙사는 영어 마을과 같은 환경이 만들어져 있다.

미국 칼리지 보드와 ACT 미국 본사로부터 테스트 센터로 지정

　본교는 개교한 지 1년도 안 된 시점에서 미국 칼리지 보드로부터 PSAT, SAT, AP Test Center로 지정받았다. 그리고 국내에서는 최초로 ACT Test Center로 인증을 받았다. SAT나 AP, ACT 등의 고사에 대한 응시 준비가 되면 본교에서 그 시험에 응시할 수 있다. 테스트 센터로 지정 받으려면 미국 대학에 진학한 학생의 숫자, 학교의 프로그램 등의 내용이 담긴 리포트를 제출하여야 한다. 그들은 충분히 검토한 후에 비로소 테스트 센터로 지정해준다. 본교가 졸업생을 배출하지 않은 시점에서 테스트 센터로 지정받았다는 사실은 본교의 교육 활동을 국제적으로 인정받았다는 것을 의미한다고 할 수 있다.

용인외대부속외고와 미국 보딩스쿨과의 차이점

　미국의 명문 보딩스쿨과 비교할 때 학교의 규모와 개설되어 있는 과목, 예체능 활동을 위한 시설 면에서 본교는 아직 부족한 점이 있다. 그러나 미국이든 한국이든 기숙사 학교는 데이스쿨에서는 가질 수 없는 교육적 효과를 얻을 수 있다. 우선 학생들이 자기 관리 능력을 배우게 되며 자신이 주도하는 학습 능력을 갖출 수 있게 된다. 한편 공동체 생활을 통하여 남을 배려하고 남과 더불어 살아가는 능력, 즉 휴먼 스킬(Human Skill)도 배우게 된다. 더군다나 우리나라 학생들이 미국 대학에 진학했을 때 대부분의 학생들은 대학 내에서 기숙사 생활을 하게 되며 그때는 완전히 자율적이고 독립적인 생활을 해야 한다. 고등학교 생활 중에서 이러한 독립과 자율에 대한 훈련을 받지 않는다면 미국 대학 생활에서의 적응은 쉽지 않을 것이다.

　거기에 본교는 한국의 기숙사 학교이기 때문에 갖게 되는 특징이 더 있

다. 첫째는 가족과의 유대를 계속 유지할 수 있다는 점이다. 한 달에 한 번 의무 귀가를 통해 가족과 함께하는 시간을 갖도록 하며 필요하면 주말에 가족과 함께 할 수 있는 소중한 시간을 가질 수 있다. 둘째는 기숙사를 단순히 수면과 개인 학습을 하는 개인 생활의 공간만이 아닌, 국제적인 매너를 배울 수 있는 장으로 활용한다는 점이다. 본교는 그래서 기숙사를 'Dormitory'라고 하지 않고 'Global Manners Center'라고 칭하여 생활 교육의 장으로 활용하고 있다. 셋째는 국내 대학에 진학한 학생들과의 유대를 통해 충분한 네트워크를 형성할 수 있다는 점이다. 본교 유학반 학생들은 결국 우리나라에 들어와서 국가를 위해 큰일을 할 것이라 기대되고 있다. 국내반 학생들, 다른 전공의 학생들과 기숙사 안에서 깊은 우정을 나눔으로써, 국내에서의 활동 기반과 네트워크를 만들어갈 수 있다. 넷째는 국가관을 바르게 형성할 수 있다는 점이다. 고등학교 시절은 가치관이 형성되는 아주 중요한 시기다. 미국 학교는 미국 시민으로 학생들을 교육하고자 할 것이며, 한국 학교는 한국의 정체성을 갖는 세계인으로서 교육하고자 하는 것이 아주 분명한 차이다. 거기에다 한국 교육의 특징인 선생님의 제자에 대한 인간적인 사랑과 열정이 있다. 이런 눈에 보이지 않는 특징을 한국의 기숙사 학교는 갖고 있다.

현실적으로 볼 때, 미국 사립학교에 비해 비용이 적게 들 뿐 아니라 외화 유출을 막을 수 있다는 점도 중요하다. 미국 사립학교에 들어가는 학비를 고려하면 부모님들의 경제적 부담이 훨씬 가볍다. 상대적으로 낮은 비용을 들이고도 얼마든지 미국 사립학교에서 배운 것 이상의 효과를 낼 수 있다.

이미 미국 명문 사립 고등학교에 다니다가 역유학을 와서 아주 만족스럽게 다니고 있는 학생도 있다. 우리나라의 경제 규모나 국토의 상황이라는 한계 때문에 미국 사립 기숙사 학교에 비해 부족한 점이 있지만 한국의 기숙사 학교이기 때문에 갖는 장점이 훨씬 많다는 점을 다시 한 번 강조하고 싶다.

용인외고만의 실적과 전망 – Global Top 10 High School의 진입

본교는 개교 초기의 학교이기 때문에 대학 진학 실적을 아직 말할 단계는 아니다. 그러나 본교 학생들이 대학 진학을 할 때 미국 최고의 대학에 골고루 입학할 것이라고 확신하고 있다. 앞에서 언급한 바와 같이 높은 수준의 학업 성취를 이미 보이고 있고, 각종 경시대회에서 상급학생들을 누르고 상위권에 입상하는 학생들이 있는가 하면, SAT 모의고사에서도 아주 좋은 성적을 나타내고 있다. 게다가 방학과 휴일을 이용한 국제 체험 활동, 인턴십 제도, 봉사 활동 등을 통하여 글로벌 리더로서의 자질도 함양해나가고 있다. 본교 학생들이 졸업하여 미국 대학 진학을 하는 시점에서는 미국의 명문 대학이 탐내는 인재로 성장해 있을 것이다.

앞으로는 시험 성적의 결과보다는 학교에서 이루어지는 교육과정과 프로그램을 좀 더 발전시켜 나가는 데 최선을 다할 예정이다. 미국 명문 사립 고등학교의 교육 프로그램에 대한 연구 조사를 통해 우리 실정에 맞는 국제반 프로그램을 계속 개발해나갈 것이다. 교육 과정과 프로그램을 하나하나 국제 기준에 맞도록 구성하여 외국 명문 고등학교와의 실질적인 교육 과정 교류가 가능하도록 할 것이다. 본교의 궁극적인 목표는 'Global Top 10 High School'에 진입하는 것이다.

일반 고등학교에서 유학 준비하기

"일반 고등학교에서 혼자 유학 준비하는 게 가능할까요? 학교에서는 학과목 자체가 국내 대학 진학을 위한 입시 준비 중심인데요. 특목고의 유학반에 있는 아이들, 일찍 유학 가서 미국의 보딩스쿨에서 그곳 대학 진학을 준비하는 아이들하고 경쟁하기에는 불리한 게 아닐까요?"

일반 고등학교에 다니며 유학을 준비하는 학생과 그 부모에게서 가장 많이 받는 질문이다.

불리하지 않다. 우선 미국 대학의 입학 요강을 보면 영어 4년, 수학 4년, 외국어 3년, 과학 2년 등 각 과목별로 중·고등학교 때 이수해야 하는 단위 수를 명시하고 있는데, 한국의 교육은 중학교 1학년부터 고등학교 3학년까지 거의 전 과목을 두루 섭렵하기 때문에, 이수 과목 미달로 지원을 못하는 경우는 거의 없다고 보아야 한다.

그보다는 토플이나 SAT 준비를 얼마나 체계적으로 하는지가 더 중요하다. 이 또한 특목고 유학반에 있다면, 누구나 준비해야 하는 부분이므로 정보 교환이나 시간 할애에서 조금 유리한 측면이 있을지 모르지만 어차피 자기 공부다. 조기유학생이나 일반 고등학교 재학생이나 혼자 스케줄 짜서 차근차근 준비해나가야 한다는 점에서는 유리하냐 불리하냐를 따질 게 없다. 특히 미국 고등학교의 경우, 학교 차원의 대학 진학 지도가 전반적으로 약한 편이다. 칼리지 카운슬러는 성향에 따라 아주 적극적으로 챙겨주기도 하는데, 그런 카운슬러를 만나면 다행이지만 그 반대인 경우 지원 서류를 위한 몇 차례 면담(그 내용도 적극적으로 요청하는 학생이 아니면 최소한의 일반 점검 정도)에 그치기도 한다. 칼리지 오피스에 자주 드나들고 칼리지 카운슬러에게도 자기가 먼저 궁금한 내용을 의논하기도 하면서 스스로 챙기는 수밖에 없다. 게다가 미국 교육 기관의 사무 처리 속도는 한국 사람들에게는 하품이 나올 정도다. 발등에 불이 떨어져서야 움직이는 게 습관이 된 한국 사람들 중에는 학교 성적표나 학교 직인 받는 절차를 너무 방심 했다가 원서 마감일을 넘기는 낭패를 보는 경우도 종종 있다.

일반 고등학교에서 미국 대학으로 진학할 학생들이 토플과 SAT를 체계적으로 준비해나가는 데에 이상적인 시간표는 다음과 같다.

중학교 3학년 때 토플 공부를 시작해서 고1 정도에 목표를 230점 정 도로 잡고 토플 시험을 한 번쯤 보기를 권한다. 토플의 문제 수준은 중3, 고1 정도 영어 실력이면 충분히 이해하고 따라갈 수 있다. 목표 로 했던 230점에 근접한 점수가 나오면 그때부터 SAT 기본 단어 공부 를 시작한다. SAT 기본 단어는 SAT뿐만 아니라 토플의 Reading Section에서도 빈번히 나오므로 SAT는 물론 토플의 이해력을 증진시 키는 데에도 한몫한다. SAT 기본 단어를 끝낸 후에는 SAT 문제 풀이 를 시작한다. 꾸준히 반복적으로 풀어보는 것이 중요하므로 시간이 날 때마다 조금씩 하는 것이 좋다.

고2 때는 SAT II Subject를 한두 과목 시험 보도록 한다. 미국의 많은 명문대들이 SAT II Subject 성적을 요구하므로 이 시기에 미리 봐서 만 족할 만한 점수를 따놓으면 고3 때 겪을 수도 있는 심리적 부담감이 그 만큼 줄어든다. SAT II Subject를 어렵게만 생각하는 학생들이 많은데 붙들기도 전에 너무 떨 필요 없다. 문제의 내용이 어렵다기보다는 생소 한 용어들 때문에 문제가 낯설게 느껴지는 것이다. 따라서 Subject 시 험을 준비하는 학생들의 경우 우선 각 과목에서 쓰이는 용어들을 충분 히 배우고 암기한 다음에 문제를 풀면 뜻밖에 쉽다는 것을 느낄 것이다.

고2 때 토플 시험도 한 번 더 본다. 토플은 유효 기간이 2년이다. 그 러므로 이 시기에 만족할 만한 토플 점수를 받아서 대학 지원 때 쓰면 된다. 명문대에 원서를 쓸 사람이라면 250점 이상은 나오도록 해야 한다. 토플을 끝내고 나면 고2 2학기나 고3 1학기 정도에 SAT 시험을 본다. 목표로 했던 SAT 점수를 받아냈다면 그것으로 미국 대학 유학에 필요한 두 개의 허들 경기는 무사히 끝낸 셈이다. 그러나 명문대 진학을 목표로 하는 학생에게는 이제부터가 시작일 수도 있다.

고3 여름방학에 원서 쓰기를 시작한다. 특별활동 리스트를 작성하고 에세이 쓰기에 들어간다. 인터넷을 통해서 미리 원하는 학교의 에세이 주제를 찾아보고 초안부터 작성한 후 계속 선생님과 의논하면서 첨삭을 거듭하며 다듬어나가야 한다.

그보다 중요한 것은 내신 성적이다. 내신 성적은 지원자의 지난 3~4년 동안의 노력과 성실성을 보여주는 것이기 때문에, 지속적이거나 꾸준히 상승 곡선을 그리는 것이 좋다. 내신 성적이 나쁜 학생도 물론 유학을 갈 수 있다. 미국 대학은 성적과 함께 지원자의 전체적인 면을 보려고 노력한다. 따라서 특별활동, 선생님의 추천서, 에세이 등도 입학을 결정짓는 중요한 요소로 작용할 수 있다.

동부의 보딩스쿨 12학년에 재학 중인 영미가 나와 이메일로 진학 상담을 하면서 자기 학교 칼리지 카운슬러와 상담했던 내용을 전해주었다. 학교 성적도, PSAT(Preliminary Scholastic Assessment Test : SAT I을 준비하는 학생들이 자신의 실력을 미리 측정해볼 수 있도록 치러지는 시험)도 아주 우수한 편인 영미에게 칼리지 카운슬러는 "지금처럼만 하라"고 격려해주면서 "특별활동 쪽이 성적에 비해서 너무 약하지 않냐"는 영미의 질문에 이렇게 대답했다.

"대학 지원서는 피자파이 같은 거야. 3분의 2는 학교 성적, SAT 같은 공부와 관련된 게 차지한다. 대부분의 애들이 이 3분의 2를 다 채우기 어려운데 너는 이 부분은 거의 꽉 채울 수 있어. 그럼 나머지 3분의 1은? 그중 절반이 추천서라고 보면 돼. 그것도 문제없지. 다음이 특별활동인데, 지금 네가 하고 있는 오케스트라 활동, 태권도, 테니스로 나머지 절반의 반 정도는 채울 수 있어. 아이비리그 같은 최상위권 대학을 생각하고 있다면 아직 비어 있는 그 공백을 마저 채워줘야지. 남은 시간 동안에 성적 몇 과목 B를 받는 한이 있더라도 사회봉사 활동(social work)에 시간을 할애하는 게 좋겠다.”

미국 사립대학들의 요구 조건을 일목요연하게 잘 설명했다고 본다. 주립대학을 지원할 때는 앞의 3분의 2의 중요성이 훨씬 더 커진다.

고등학교 3학년 초에 갑작스럽게 유학을 결정하는 학생도 있다. 위와 같은 이상적인 준비 과정을 거칠 시간은 거의 다 놓친 다음이지만, 그렇다고 유학 추진 자체가 불가능한 것은 아니다. 실제로 고3 초까지도 수능 대비 학원에 다니다가 갑자기 유학으로 전환하는 학생들이 가끔 있다. 이 경우 반 년에서 일 년 정도 기간이 토플과 SAT에서 좋은 점수를 올리는 데에 필요한 시간이다. 토플 점수만 가지고 들어갈 수 있는 대학도 미국에는 많다. 그러나 토플 점수가 수준 이상이고 학교 성적도 괜찮아서 상위권 대학을 목표로 하는 학생이라면 SAT 공부도 해야 한다. 반대로, 학교 성적이 안 좋아도 돌파구를 찾기 위해서 SAT 공부를 해야 한다.

간단히 말해서 유학을 준비하는 학생에게 이제 SAT 공부는 필수라고 보면 간단하다. 또, SAT I이 되는 학생은 SAT II에도 도전해야 한다. 아이비리그를 목표로 하는 학생이라면 SAT II가 SAT I 못지않게 중요하다. 고루고루 700점 이상의 성적을 유지하도록 노력해야 한다. 그러므로 계속 중간 점검을 해가며 주어진 시간 여건 안에서 학생의 능력과 목표에 따라 ‘도전 범위’를 확장시키도록 유도하는 게 부모님이나 선생님이 할 일이다.

꿈을 크게 갖는 것도 중요하지만 현실성 있는 판단도 중요하다. 일반 주립대 중에는 SAT II를 요구하는 학교가 극히 일부이고 나머지는 SAT I만을 요구한다. 그러므로 목표를 정확히 하지 않으면 결과적으로 할 필요도 없는 SAT II까지 준비하느라 아까운 시간 헛고생을 하게 된다. 거기 들일 시간과 노력을 SAT I에 쏟을 걸 그랬다고 나중에 후회해봤자 늦었다. 토플과 학교 성적으로 자신의 위치가 어디인지 냉정하게 짚어보고 결정할 일이다.

비슷한 시간 각자 최선을 다해서 공부하지만 그렇다고 해서 모두가 다 자기가 꿈꿨던 학교 입학의 꿈을 성취하는 것은 아니다. 학원 입장에서도 하나같이 다 좋은 학교로 보낼 수는 없다. 다만 주어진 기간 동안 학생을 '극대화시킬' 수는 있다. 그리고 극대화 작업에서 가장 중요한 것은 학생 자신이다. 학생 자신이 공부하는 것이다. 또, 노력한다고 해서 무한정 학생이 뻗어나가는 것도 아니다. 개인마다 극대화할 수 있는 능력의 최대치가 있다. 내가 원하는 것은 학생이 자기 능력의 최대치를 남김없이 발휘한 결과로서의 토플 점수, SAT 점수다.

SAT와 ACT

이미 자주 등장했던 SAT라는 시험에 대해 이쯤에서 제대로 알아보고 넘어가자. 우선 유학에 관심이 있는 학생과 학부모들이 가장 많이 궁금해 하는 사항들에 대해 정리해본다.

SAT란 무엇인가?

SAT는 Scholastic Assessment Test의 약자로 간단히 말해 우리나

라의 대학 수학 능력 시험에 해당하는 미국의 대학 입학 자격고사다. 시험은 매년 일곱 번 출제되며 일반 시험인 SAT I Reasoning Test와 과목별 시험인 SAT II Subject Test가 있다. SAT I Reasoning Test는 미국 대학에 진학하려는 모든 학생이 치러야 하고 SAT II Subject Test는 선택이다. 하지만 몇몇 학교는 특정 과목에 대한 SAT II Subject Test를 요구하기도 한다.

어느 기관에서 출제하나?

SAT의 출제 관리는 Educational Testing Service 산하의 칼리지보드에서 관리한다. 실질적인 문제 출제는 각 분야의 고등학교 선생님들과 대학 입학 담당 교수들이 대학에 진학하기 위해 필요하다고 판단한 난이도의 문제를 출제한다.

SAT의 내용은?

SAT I은 쓰기(Writing), 수학(Mathematics), 그리고 독해(Critical Reading) 섹션에서 8가지 유형의 문제가 있다. 독해 섹션에는 문장 완성시키기(Sentence Completion)와 독해(Critical Reading) 문제가 있고 25분 섹션 두 개와 20분 섹션 하나로 구성되어 있다. 쓰기 섹션에는 문장의 오류를 찾는 문제(Identifying Sentence Errors), 문장 다듬기(Improving Sentences), 그리고 문단 다듬기(Improving Paragraphs) 문제가 있으며 또한 25분 길이의 에세이 쓰기(Essay Writing)가 있다. 이 섹션은 25분 섹션 두 개와 10분 섹션 하나로 구성되어 있다. 수학은 객관식 문제(Multiple Choice)와 주관식 문제(Student-produced Response)가 있으며 두 개의 25분 섹션과 하나의 20분 섹션으로 구성되어 있다.

SAT II 시험 점수를 요구하는 대학들

	과목 수
하버드 대학	3
예일 대학	3
프린스턴 대학	3
유펜	3
컬럼비아 대학	2
다트머스 대학	2
코넬 대학	2
브라운 대학	2
MIT	3
스탠퍼드 대학	3
듀크 대학	2
캘리포니아 공과대학(칼텍)	2
워싱턴 대학	추천사항
노스웨스트 대학	2 또는 3
존스홉킨스 대학	3
시카고 대학	추천사항
에모리(Emory) 대학	추천사항
UC 버클리	2
터프츠(Tufts) 대학	2
뉴욕 대학(NYU)	추천사항
보스턴 칼리지	2
보스턴 대학	2

새로운 SAT에서 달라진 점은?

새로운 SAT는 2005년 3월 처음 실시되었는데 이전 SAT와 약간 다르다. 먼저 난이도가 대학 입학에 더욱 알맞도록 약간 상향 조정되었고 수학 섹션(Math Section)의 비교문제(Quantitative Comparison)들이 없어졌다. 이전의 어휘(Verbal) 섹션이 독해 섹션으로 바뀌면서 단어 유추 문제(Analogies)가 사라지고 대신 짧은 독해(Passage-based Reading) 문제들이 추가되었다. 또한 쓰기 섹션(Writing Section)이 새로 추가되어 모든 학생들은 25분 내에 주어진 토픽에 대해 에세이를 써야 한다. 쓰기 섹션의 문제들은 각 학생이 교정과 수정의 과정을 반복하면서 언어를 어떻게 더욱 효율적으로 사용하는지 평가한다.

점수는 어떻게 매기나?

객관식 문제의 경우 맞은 문제마다 1점이 부여된다. 하지만 틀린 경우 4분의 1점이 감점된다. 답을 적지 않은 경우는 아무 감점이 없다. 주관식 문제의 경우 감점이 없다. 에세이는 2~12점의 점수를 받는다. 하지만 에세이를 쓰지 않았거나, 주제에 맞지 않은 글을 쓰거나, 또한 여러 차례 시도했음에도 불구하고 판독이 불가능할 때는 0점을 받는다. 각 섹션 점수는 200~800점이며 이는 상대평가에 의해 정해진다. 또한 점수와 같이 섹션별로 백분율 평가가 나온다. 예를 들어 53퍼센트라면 같이 배정된 그룹의 학생들 100명 가운데 53명보다 잘했다는 평가이며 1~99퍼센트로 나뉜다.

시험을 보려면 어디에 신청하나?

SAT 신청은 주관처인 칼리지 보드의 웹사이트(http://www.collegeboard.com/)에서 신청할 수 있다. 대신 결제는 미국에서 사용 가능한 신용카드로 해야 한다. 또한 점수는 시험을 본 후 약 2~3주 후에 인터넷으로 확인할 수 있다.

SAT는 각 섹션별 주어진 문제들을 주어진 시간 안에 풀어야 하므로 시간 조절이 아주 중요하다. 각 문제는 난이도와는 상관없이 맞는 문제마다 1점을 받기 때문에 어려운 문제를 푸느라 시간을 낭비하지 않아야 한다. 또한 경험적 유추(Educated Guess)를 사용하면 아주 유용하다. 객관식 문제에서 많은 보기를 걸러낼수록 맞을 확률은 올라가므로 이럴 경우 답에 가까울 것 같은 보기를 골라 점수를 얻을 수 있다.

각 섹션별 구성과 목적

• 비판적 독해(Critical Reading Section) : 학생들이 어휘와 복잡한 문장구조를 얼마나 이해하는지 평가하기 위한 문장 완성시키기(Sentence Completion) 19문제와 문단 독해문제(Passage-based Reading) 48문제가 있다. 글을 읽고 이해하는 능력은 대학 생활에 큰 영향을 미치기 때문에 대학에서는 이 섹션의 점수를 아주 중요하게 여긴다. 많은 독서를 통해 다양한 분야의 어휘를 터득해야 높은 점수를 받을 수 있다.

• 작문(Writing Section) : 학생이 자신의 생각과 의견을 얼마나 논리적이며 명백하게 표현하는지를 본다. 에세이 쓰기(Essay Writing)와 문장의 오류를 찾는 문제(Identifying Sentence Errors), 문장 다듬기(Improving Sentences), 그리고 문단 다듬기(Improving Paragraphs)로 이루어진다. 자신의 생각을 논리적으로 전개하는 능력을 기르며 이를 받쳐줄 많은 어휘를 공부해두어야 높은 점수를 받을 수 있다.

• 수학(Math Section) : 수학 문제들을 통해 학생들의 사고능력을 평가한다. 문제들은 일반 수학(Number and Operations), 대수

(Algebra)와 함수(Functions), 기하(Geometry), 자료 분석(Data Analysis), 통계(Statistics), 확률(Probability) 분야에 걸쳐 나온다. 이 문제들은 학생들의 수학 능력을 평가하는 것보다는 사고능력을 평가하는 것이 목적이기 때문에 수학적 난이도는 그다지 높지 않으며 길고 복잡한 계산 문제는 없다. 이 섹션의 주관식 문제(Student-produced Response)는 SAT에서 틀려도 감점이 없는 유일한 문제들이다. 계산기의 사용이 권장된다.

SAT는 평상시에 각자 자기 호흡대로 입시를 준비할 수 있는 좋은 제도다. 위에서 보았듯이 한 해에 시험 기회가 일곱 번 있어서 여러 차례 도전해서 점수를 끌어올릴 수 있다. 응시 횟수에 제한이 있다는 둥, 세 번까지만 볼 수 있고 네 번 보면 감점 당한다는 둥, 네 번 이상 응시하면 매회 받은 점수의 평균 점수를 응시자의 점수로 간주한다는 둥 확인되지 않은 정보들이 많이 나도는데, 다 잘못된 정보다. 내가 칼리지 보드에 직접 문의한 바로는 "네 번 보는 것 물론 OK입니다. 얼마든지 보십시오. 경험이 중요합니다"가 그들의 답이다. 경험이 쌓일수록 아무래도 좋은 점수를 받기 유리할 것이다. SAT는 응시료도 토플보다 저렴한 편이다. 여러 번 봤을 경우 비판적 독해와 수학 각각의 점수에서 가장 높은 점수를 자기 점수로 인정받는다. SAT II 역시 같은 과목을 여러 번 응시해도 무방하다. 2학년 때 만족할 만한 SAT I 점수를 받아놓는다면 3학년 때에 여유 있는 진학 전략을 짤 수 있다.

SAT 문제 출제는 앞에서 보았듯이 칼리지 보드라는 민간 기관에서 관장한다. 모의고사를 통해서 난이도 측정이 끝난 많은 문제를 문제 은행식으로 축적해놓았다가 그때그때 적절하게 배합해서 쓴다. 그럼에도 시험을 치르고 나면 수험생들이 이번 시험은 쉬웠다는 때가 있고 어려웠다는 때가 있다. 그러나 점수는 백분율로 따져서 나가고, 한 번의 기회에 목숨을 거는 식이 아니므로 난이도 문제로 나라가 들끓는 일은 있을 수 없다. 합리적인 시험이다. 기본 틀은 꾸준히 유지하면서 그때그때 필요에 따라 잔가지 정도를 수정해나가는 게 미국의 대학 입시 제도이며 SAT만 봐도 그렇다. 교육은 백년대계라는데 올해 다르고 내년 다르게 뜯어고치는 일에 부심하는 우리나라 교육 관료들이 배워야 할 점이 아닌가 한다. SAT처럼 한 해에 세 번 수능을 치르게 한다든가, 고등학교 3년 동안 자기가 선택한 시기에 세 번 치르게 하는 개선책이 필요하다고 본다.

칼리지 보드에서는 이와 더불어 해마다 PSAT를 실시한다. 우리의 '모의 수능'에 해당하는 시험으로 10학년, 11학년 학생들이 자신의 실력을 측정해보고, 이 점수를 근거로 SAT 점수를 예측해볼 수 있는 공식적인 기회다.

최근에 한국에는 또 다른 미국 공인 대학 입학시험이라고 할 수 있는 ACT(American College Test)의 공식 채널이 도입되어서, 유학을 준비하는 학생들이 국내에서 SAT 시험처럼 치를 수 있게 되었다. 학업 적성 사고력 측정을 목적으로 하는 SAT에 비해 ACT는 대학 적응 수준의 학업 성취도를 평가하는 잣대라는 것이 관계자들의 설명이다. 영어, 수학, 읽기, 과학 네 과목의 객관식 시험이다. ACT 관계자들은 미국 대부분의 대학이 ACT 점수를 인정하며, 점수 따기에도 감점이 없는 ACT가 유리하다고 주장하지만, 아직은 SAT가 대세다. SAT II를 요구하는 대학에 지원서를 낼 경우에는 ACT를 선택한 학생이라도 SAT II를 추가로 준비해야 한다. 좋은 점수를 받으려는 욕심에 SAT와 ACT를 다 치르는 학생들도 있나본데, 우물을 파도 한 우물을 파라는 말이 있듯이, 별로 권장하고 싶지는 않은 방법이다.

천리 길도 단어 공부부터

2005년 3월부터 시행된 새로운 SAT에는 예전 SAT의 어휘(Verbal) 섹션이 빠져 있기 때문에 단어 공부를 조금 소홀히 해도 괜찮지 않을까 생각하는 사람들이 있다. 하지만 단어 공부는 정말로 중요하다. 사실, SAT나 토플이나 단어를 많이 알고 있으면 그만큼 독해가 쉬워지고 문법을 잘 몰라도 문장을 읽다 보면 자연스레 해석이 되기 때문에 문장의 어색한 곳이 그만큼 잘 보이게 된다.

부활절 방학 때 한국에 들어와서 상담하는 학생들에게 그래서 나는 이렇게 이야기한다.

"여름에 여기 와서 SAT 공부하려면 이번에 돌아가서 단어 공부부터 확실하게 해라. 단어 공부 제대로 해오면 올 여름을 즐겁게 지낼 수 있고 안 해오면 의미 없는 시간이 될 거야."

나는 보통 SAT 공부에 들어가기 전에 한국에 있는 아이들에게 하루 40~50개씩 단어 외우기를 시킨다. 그러나 책의 후반부 단어를 외울 때면 앞에서 외운 단어는 다 까먹는 식으로 하면 백날 해봐야 소용 없다. 누적 암기가 중요하다. SAT 기본 800단어를 누적으로 완벽하게 외우고 나면 기본적인 문제가 해결된다.

토플 공부도, SAT 공부도 기본은 단어 공부다. 유학 생활, 미국에서의 일상생활을 잘 영위하기 위한 가장 기본이 되는 무기도 단어다.

새로운 SAT의 비판적 독해는 책을 많이 읽어야 점수를 올릴 수 있다. "왜 아무리 책을 많이 읽어도 점수가 안 오르죠?" 이렇게 푸념하는 학생들이 있다. 원인은 단어에 있다. 책을 읽으면서 그때그때 모르는 단어를 찾아서 자기 것으로 만들지 않고 대충 넘어갔기 때문이다. 그래서 나는 SAT 공부에 들어가면 3500단어를 강제로 무조건 외우게 한다. 천자문 떼어야 한문을 아는 것과 마찬가지다.

단어 공부를 소홀히 하는 학생에게 이렇게 강조하고 싶다. 최종 목표가 대학 입학인가? 아니다. 미국 대학에 입학했다면, 미국 아이들과 경쟁해서 살아남아야 한다. 입학하면 1학년 한 해 동안 1만 페이지의 영문 서적을 읽어내야 한다고 생각하면 간단하다. 이를 위한 기본을 기왕이면 SAT 공부하면서 확실히 다지자는 것이다. 책은 다른 사람보다 몇 배의 시간이 걸리더라도 사전 찾아가며 읽는다고 치자. 그렇다면 토론은? 토론의 기본도 단어다. 필요한 단어가 떠오르지 않아서 침 몇 번 삼키고 나면 이미 토론은 다음 장면으로 넘어가 있다. 그렇게 한 번, 두 번 기회를 놓치다 보면 수업 시간 내내 벙어리로 앉아 있는 자기 자신을 발견하게 될 것이다. 그때 가서 후회해도 소용없다. 단어 공부의 적기는 고등학교 때다.

해외 선교를 위해 갑자기 영어 공부를 해야 하는 선교사님, 목사님들이 가끔 내게 SOS를 치신다.

"그쪽 선교사 훈련 학교에서 CBT 213점은 받아서 오라고 합니다. 영어 기초가 워낙 없어서 토플 문제집 들여다보면 까마득하고 마음이 무너져내립니다. 원장님, 가능할까요?"

"목사님, 걱정 마십시오. 의지만 있으시다면 지금 수준에 상관없이 앞으로 6개월 안에 모두 해결됩니다. 목사님들은 워낙 성경 암송 기본 실력이 있으셔서 그 실력이 토플 준비에도 아주 도움이 됩니다. 토플의 기본은 단어 암기거든요. 단어 안 외우면 토플 백날 봐야 소용없고 강의 백날 들어야 의미 없습니다. 단어 공부부터 하십시다."

단어 공부를 하려고 책을 펼치면 모르는 단어만 가득 차 있으니 머리가 아파지면서 용기를 잃게 된다. 토플 단어 책에는 2천 개의 단어가 나온다. 뒤쪽 외우다 보면 앞쪽 까먹고 앞쪽 외우다 보면 뒤쪽 까먹는다. 이 현상이 되풀이되면 포기하게 된다. 그러나 단어 안 외우면 토플 점수는 절대로 나올 수가 없다. 단어 안 외우면 아무리 유명한 학원을 아무리 오래 다녀도 토플 점수는 절대 안 오른다. 단어를 외우지 않고는 도저히 넘을 수 없는 점수 선에 영원히 머물게 된다. 그래서 아무리 머리가 좋아도 의지가 없으면 몇 년을 해도 안 되는 게 영어 공부인 것이다.

토플 단어 책은 네 단원으로 나뉘어 있다. 첫 번째가 핵심 단어. 가장 쉬운 450단어로 토플 공부하는 사람이 모르면 안 되는 단어들이다. 당연히 달달 외우면 통과할 수 있는 단어다. 그러나 자꾸 까먹는다. 처음에는 이것도 어렵다. 만만찮다. 둘째 고개는 더 어렵다. 그런데 첫 고개 잘 넘은 사람들은 둘째 고개 넘기가 쉽다. 웬일인지 좀 더 쉽게 외워진다. 셋째 고개는 더 어려운데 둘째 고개보다 더 쉽게 넘어가게 된다. 마지막 고개는 정말 쉽다. 이렇게 등산하듯이 헉헉거리며 올라가고 상쾌하게 내려오는 게 토플 단어 공부의 전 과정이다. 이것만 하면 토플에 나오는 단어는 거의 다 잡게 된다.

첫 고개 450단어를 일주일 동안 영어로 외우는 것이 의지력 테스트다. 시험 통과로 의지가 확인되면 다음 공부를 어떻게 해야 할지 계획을 세워줄 수 있다.

다시 강조하지만 단어 기초가 없는 토플 공부는 별 의미가 없다. 강의를 듣는 것은 남이 씹어서 우리 입에 넣어주는 것이다. 삼킬 줄 모르면 아무 소용이 없다. 단어가 들어와야 강의를 내 스스로 꼭꼭 씹어 삼킬 수가 있다. 나는 토플 준비 시작하는 목사님들에게 이렇게 이야기한다.

"성경 공부하고 논리가 똑같다고 보시면 됩니다. 맨날 목사님 설교만 듣는 교인은 자신이 직접 교리를 설명하지 못하지 않습니까? 자기가 직접 성경을 읽고 묵상하는 '큐티'를 해봐야 그게 가능해지지요."

영어와 담 쌓고 살던 목사님들도 복음을 전할 기본 도구로서 영어가 필요해지면 굳게 마음먹고 넘는 단어 고개를 학습 적령기의 유학 준비생이 못 넘겠는가.

토플 어떻게 달라지나?

"새로 바뀌는 토플에서는 문법(Structure & Written Expression)이 없어지고 말하기(Speaking)가 추가된다는데 더 어려워지는 것 아닌가요?"

현재 시행하고 있는 CBT(Computer-Based TOEFL) 방식 토플이 2005년 10월에 미국에서부터 전면 개정돼, 새로운 방식이 도입된다. 새로운 토플은 전 세계에서 순차적으로 도입돼 2006년부터 우리나라에서도 토플 시험을 새로운 방식으로 치르게 될 것으로 예상된다. 이에 따라 새로운 시험의 난이도와 준비 방법에 대해서 학부모들과 학생들은 촉각을 곤두세우고 있다. 인터넷에서도 새로운 시험에 대해서 어렵다, 별 차이가 없다는 등 의견이 분분하다.

이번에 도입되는 IBT(Internet-Based TOEFL)는 영어를 모국어로 하지 않는 외국인들의 의사소통 능력을 네 가지 부분(Listening, Speaking, Reading, Writing)에서 종합적으로 평가하는 시험이다. CBT 방식 토플의 문법 영역이 없어지고 말하기 영역이 추가된 것이 특징이다. 토플을 주관하는 ETS는 IBT 도입 배경에 대해 (미국) 대학교들이 장래 신입생들의 영어 구사 능력을 더 효율적으로 측정하기 위해 변경한다고 말했다. 한마디로 대학교에 와서 제대로 수업을 듣고 발표하고 토론

할 수 있는지를 판단하겠다는 뜻이다.

그렇다면 새로 바뀐 IBT TOEFL은 기존 CBT TOEFL과 비교해서 더 어려워졌을까. 아니면 크게 차이가 없을까? 이를 알아보기 위해서 현재 시행되고 있는 IBT 토플 모의고사를 여러 차례 치러봤는데, 시험 방식이 변했을 뿐 난이도나 접근성의 차이는 별로 느낄 수 없었다.

토플이 IBT 방식으로 바뀌면서 새로 추가된 말하기 영역(Speaking Section)은 응시자들이 가장 당황스럽게 여길 부분이다. 듣기, 말하기, 쓰기 능력을 각각 측정하는 단일형 문제(Independent Task)와 이 능력들을 통합적으로 측정하는 복합형 문제(Integrated Task)로 구성된다. 3~5분 동안 하나의 강의를 듣고 15~20초 동안 생각한 뒤에 45~60초 동안 대답해야 한다. 문제 유형은 네 가지 정도로, 해당 주제에 대해서 자기주장을 펼치는 부분이 가장 난이도가 높을 것으로 예상된다.

듣기 영역(Listening Section)은 우선 기존 시험보다 음질이 확실히 좋아졌다. 기존 시험의 최대 단점이었던 '웅웅' 거리는 소리를 완전히 잡아 음질 때문에 못 듣는 일은 없을 것이다. 대화를 들으면서 노트에 필기를 할 수 있는 점도 응시자들에게는 도움이 될 것으로 보인다. 또 듣기 지문의 진행 상태를 바(bar)로 표시해줘서 끝나는 시점을 알 수 있는 것도 응시자들이 시험 보기 편해진 부분이다. 지문 한 개에서는 영국이나 호주의 억양을 사용해, 예전보다 다양한 영어 억양을 만날 수 있게 한 점도 흥미롭다. 다만 지문의 길이가 길어졌으며 주제 (topic)도 다소 어려워졌고 전문 용어가 많아져서 이에 대한 대비가 필요할 것으로 예상된다.

읽기 영역(Reading Section)도 지문의 길이가 길어졌고 어휘도 약간 어려워졌다. 중요한 변화는 2, 3번 문제는 첫째 단락에서, 4, 5번 문제는 둘째 단락에서 나오는 식이었던 것이 무작위 출제로 바뀐 점이다.

이제 몇 번 문제는 지문의 어느 부분에 연관된 것이라고 속단할 수 없게 되었다. 따라서 지문을 읽고 정보를 재빠르게 분류, 요약하는 능력을 길러야 할 것이다. 응시자들이 편하게 받아들일 부분도 없지 않다. 우선 지문이 왼쪽에서 오른쪽으로 바뀌었고 글씨체의 가독성이 높아져서 눈이 덜 피로해진다.

쓰기 영역(Writing Section)은 예단하기는 이르지만 전반적으로 주제가 어려워졌다. 말하기 영역에서처럼 단일형 문제에 복합형 문제가 추가되면서 새로운 채점 기준이 적용된다. 이에 따라 CBT보다는 더욱 논리적인 사고가 요구된다고 볼 수 있다. 지문이 다소 짧아졌다는 것은 위로할 만한 점이다.

이처럼 IBT 토플은 새 영역이 추가되고 기존 영역에서도 지문의 길이와 문제 출제 방식, 단어 수준 등에 변화가 있다. 내가 직접 모의고사를 치러보면서, 토플이 올바른 방향으로 진화하고 있다는 느낌이 들었다. 새 방식으로 토플을 치르게 될 학생들은 우선 변화에 대한 두려움을 떨쳐버리는 게 좋겠다. 앞에서 말했듯이 난이도에서는 큰 차이가 없으므로 새로운 방식에 적응하면서 꾸준히 준비한다면 영어 구사 능력과 테스트 점수 올리기라는 두 마리 토끼를 충분히 잡을 수 있다. 새 방식은 우리에게만 낯선 것이 아니다. 모든 나라의 응시자들에게 똑같은 조건이다.

PBT(Paper Based Toefl) : 지필고사 방식의 토플. 677점 만점.
CBT(Computer Based Toefl) : 컴퓨터 활용 출제 방식의 토플. 300점 만점.
IBT(Internet Based Toefl) : 인터넷 활용 출제 방식의 토플. 120점 만점. 국제 영어교육평가 기관인 ETS에서는 9월 24일에 미국 전역에서 IBT 방식의 토플을 처음으로 실시했다. 우리나라에서는 2006년 5월부터 적용된다. 시험 시간이 3시간 30분에서 4시간으로 늘어났으며 수험료도 130달러에서 140달러로 인상되었다.

교환학생, 그 이후까지 생각하며 보내라

'유학 자금이 한 해 5천만 원이라면 꿈도 못 꾸지만 2천만 원 정도라면 생각해보겠다' 는 것이 유학 문제를 대하는 학부모님들의 일반적 정서인 듯하다. 한국에서의 사교육비 지출을 생각하면 거기까지는 어떻게든 감당해보겠다는 계산이다. 교환학생 프로그램을 통해 공립 중·고등학교에서 1년 공부하게 될 경우 한 해 체재비 1,200만 원쯤의 유학 경비가 필요하니 그런 학부모님들의 예산에 적합하다. 그러나 사립 중·고등학교 교환학생 프로그램에 지원하게 되면 비교적 학비가 싼 가톨릭 학교의 경우 2천만 원에서 2,500만 원 정도가 들고 일반적인 사립은 5천만 원이 든다.

많은 학부모님들이 미국에 보낼 생각으로 알아보다가 캐나다, 호주, 뉴질랜드 어학연수, 교환학생 프로그램을 선택하게 되는 것도 그쪽이 예산에 큰 무리가 따르지 않을 차선책이라고 받아들이기 때문이다. 그러나 영연방국가에 1년 정도 어학연수를 보낼 비용이라면 그 비용으로 미국 정부 주관의 공립학교 교환학생 프로그램을 택하는 게 낫다는 것이 내 개인적인 판단이다. 미국인 가정에 머무르며 생생한 미국을 가장 적은 비용으로 느낄 수 있는 기회가 될 것이다. 앞에서도 말했듯이 흔히 이 1년의 체험이 본격적인 유학으로 이어질 가능성이 높다. 그때는 되도록 저렴한 사립학교에 홈스테이 형식으로 보낼지, 아니면 아예 보딩스쿨에 넣을지 양자택일하는 수밖에 없다(보딩스쿨에 드는 학비는 기숙사 없는 사립학교의 두 배 정도라고 보면 된다).

"어느 지역으로 가야 하나요?"

교환교수로 미국에 한두 해 살게 된 부모, 안식년을 맞아 방문 교수 자격으로 미국 대학에 1년 정도 체류할 계획을 세우는 부모들에게서 종종 받는 질문이다. 나는 그런 질문을 받으면 우선 부모님이 가실 대학을 정하고 나서 그 근처에 교환학생 프로그램으로 갈 수 있는 어떤 공립학교들이 있는지 알아보는 게 순서라고 답한다. 학교들에 대한 정보는 웹 사이트를 통해 충분히 얻을 수 있다.

공립학교 교환학생 프로그램은 미국 국무부가 관장하며, 구체적으로 프로그램을 운영하는 미국 내 10여 개의 비영리법인과 연계된 국내 기관이 맡아서 진행하고 있다. 1년 학비가 800~900만 원쯤 든다. 미국 중상류층 자원봉사자 가정이 '호스트 패밀리'가 되어 무료 숙식 제공을 하기 때문에 학비 외에는 다른 큰 비용이 들지 않을뿐더러, 미국 중상류층 가정의 삶을 체험할 수 있다. 사립 교환학생의 경우 적어도 그 곱절이 든다는 점을 생각할 때 가장 저렴한 비용으로 아이의 세계관을 확장시켜줄 수 있는 좋은 기회다.

교환학생 제도를 이용해 미국에 아이를 내보낼 때, 보내기까지의 과정보다 더 중요한 것은 그 과정을 마친 다음의 아이 진로다.

특목고 중에는 교환학생으로 외국에서 이수한 1년 과정을 인정하지 않는 학교도 있다. 특목고 1학년에 입학하고 나서 아버지가 미국 대학에 교환교수로 가게 되었을 때, 용우와 그의 부모가 고민에 빠졌던 것도 그 때문이다. 용우는 당연히 부모를 따라가고 싶어 했고, 부모도 모두 함께 가는 쪽으로 결론을 냈다. 용우는 미국 고등학교 생활에 너무나 잘 적응했고 1년은 눈 깜짝할 사이에 흘러 2학년 진학을 앞두게 되었지만 이미 용우네 가족은 돌아갈 짐을 싸야 할 시간이었다. 용우의 부모는 1년 전과 똑같은 고민을 하고 있는 자신을 발견했다. '두고 가야 하나, 데리고 가야 하나?'

무엇보다도 한국으로 돌아가면 시간을 거꾸로 돌려 다시 특목고 1학년에서 시작해야 한다는 사실을 용우가 속상해 하고 힘겨워했다.

그러나 이번에도 '함께 간다'가 용우 부모님의 결론이었다. 돌아가기 싫다는 아이를 설득하는 과정이 만만치 않았다. "너희 학교는 2학년에 대학 동일계 조기 입학이라는 길이 열려 있으니, 돌아가서 그것을 목표로 삼아 잘해보자"고 달랬다.

용우는 돌아와서 1학년으로 복학했고, 2학년 때 카이스트 조기 입학 허가서를 받아냈다. 그와 동시에 컬럼비아 대학으로부터도 입학 허가서가 날아들었다. 교환학생으로 미국에서 공부한 1년 때문에 계속해서 친구들보다 1년 늦어질 줄만 알았는데 결과적으로는 같은 해에 한국과 미국의 희망하던 대학 입학 허가서를 동시에 손에 쥐었고, 컬럼비아 대학 진학을 선택하였다.

그럼 용우의 경우와 달리 교환학생으로 갔다가 한국에 돌아오지 않고 계속 미국에서 공부하고 싶어지면 어떻게 해야 할까?

교환학생으로 가려면 슬렙(SLEP ; Secondary Language Evaluation Program)이라는 시험을 봐야 한다. 영어로 공부할 능력이 되는지를 측정하는 시험이다. 그러나 조기유학생이면 누구나 봐야 하는 고등학교 수학 능력 시험이라고 할 수 있는 SSAT와 토플은 요구되지 않는다. 나중에 한국에 안 돌아오고 미국에서 계속 공부하기로 결정했을 때 여기에서 문제가 발생한다.

9월 학기에 맞춰 교환학생 프로그램을 시작한 학생이라면 이듬해 6월에 과정이 끝난다. 한국 학교로 복귀하지 않고 미국 고등학교에 편입하려면 그해 12월에 희망하는 학교들에 지원서를 쓰기 시작해야 한다. 한 해 미국 학교생활을 무사히 마치고 본격적인 유학까지 마음먹고 있는 학생 자신도, 그 부모도, '미국에서 그동안 공부를 열심히 했으니 토플이나 SSAT나 9월에서 12월 정도의 시간 여유면 무리 없이 해낼 수 있을 것'이라고 막연히 낙관한다.

그러나 계획한 대로 일이 차질 없이 진행되면 좋겠지만 그렇지 못한 경우가 더 많다. 목표로 한 보딩스쿨에 지원하기에 충분한 토플 점수와 SSAT 점수를 받기 위해 지체하다 보면 지원 시기를 놓치기 십상이다. 이런 경우 진퇴양난이다. 이제는 한국으로 되돌아와 복학할 수도 없고, 원하는 보딩스쿨에 들어가기 위해 미국에서 학교에 적을 두지 않은 상태로 한 해를 허비할 수도 없다. 이런 경우 토플과 SSAT 점수를 요구하지 않는 가톨릭계 사립학교, 크리스천 보딩스쿨 등에 진학하는 대안이 있다. 이것도 괜찮은 선택이지만, 성적이 뛰어난 아이들의 경우, 시간에 쫓겨 최선의 선택을 하지 못했다는 후회는 계속 남는다.

교환학생 프로그램에 지원하는 학생과 그 부모는 위와 같은 상황이 벌어지지 않도록 미리미리 확실하게 계획을 세울 필요가 있다. 교환학생 프로그램에 지원하기 이전부터 토플과 SSAT에도 관심을 기울이고 대비를 해둔다면 유비무환일 것이다.

용우는 한국으로 돌아와 꿋꿋하게 자신의 진로를 개척했지만, 부모의 결정에 따라 한국 학교에 복학했다가 결국은 다시 미국 유학길에 오르는 학생들도 많다. 성훈이의 경우가 그랬다.

역시 교환교수로 미국에 가시는 아버지를 따라 떠났던 성훈이는 중학교 한 해를 미국 공립학교에서 교환학생으로 지냈는데 가족이 귀국할 때 안 돌아오겠다고 버텼다. 한 해 전 떠날 때는 혼자만 안 가겠다고 버텼는데 그 사이에 여유 있는 미국 학교생활에 너무나도 적응이 잘 되어버린 것이다. ESL 클래스에 있었기 때문에 영어 스트레스도 크게 받지 않았고 2시면 학교 일과가 끝나는 생활이었다. 한국으로 돌아가 학교 끝나면 학원에 매이는 일과를 다시 해야 하는 게 싫었다.

"부모님이 그 많은 여가 시간을 내가 어떻게 쓸지 불안해서 도저히 미국에 혼자 두지는 못하시겠다고 한국으로 데려오셨어요. ESL 클래스는 정규 수업이 한 학기에 서너 과목밖에 되지 않았는데 한국은 열댓 과목을 한꺼번에 배우잖아요. 특히 한문 외우는 게 힘들었고 힘들 때마다 자꾸 미국 생각만 났어요. 그때가 사춘기였는지 하지 말라는 거 하고 싶고 하라는 거 안하고 싶고……. 게다가 나는 돌아왔는데 주변에 친구들은 하나, 둘 본격적으로 준비해서 유학을 떠나더라고요. 차라리 오지 말 걸 그랬다고 후회를 많이 했죠. 그러다가 이렇게 적응 못해서 헤매는 것보다는 다시 유학 준비해서 미국으로 가겠다고 어머니께 졸랐어요."

성훈이는 결국 자퇴하고 몇 달 동안 집중적으로 SSAT와 토플 공부에 매달린 끝에 명문 보딩스쿨에 합격했고, 소망했던 유학길에 올랐다.

직접 가보라

코네티컷 주에 있는 보딩스쿨 서필드 아카데미에 지원하는 아이들을 데리고 인터뷰 여행을 할 때의 일이다. 인터뷰가 있던 날 안개가 자욱하게 낀 길을 차를 몰아 학교에 도착했다. 외국인 학생을 인터뷰할 때는 흔히 "여행이 어땠습니까?" 하는 질문으로 말문을 열게 된다. 이 날도 한 친구에게 그런 질문이 던져졌다.

"여기 오기 전에 인근 파밍턴에도 들렀습니다. 《파밍턴 뉴스》라는 지역 신문에서 안개 끼는 날 귀신이 나타나곤 했다는 동네 전설을 읽었어요. 그런데 오늘 안개 낀 서필드를 차로 달리면서 귀신이 나올 것 같이 음산하다기보다는 평안한 느낌이 들었어요."

인터뷰 여행에서 숙소에 들어가면 아이들을 방에 들여보내면서 지역 신문을 읽어보라고 한 부씩 넣어주곤 하는 버릇이 있다. 그 지역의 역사와 특징, 그리고 지금 현재 일어나고 있는 일들을 눈여겨봐두면 인터뷰에 도움이 되지 않을까 하는 생각에서다. 서로 모르는 사람끼리의 서먹서먹한 첫 대면이라는 점에서 인터뷰도 다른 첫 만남과 별다를 게 없다. 그럴 때 뭔가 공통의 화제가 있으면 서먹서먹한 분위기를 친근한 분위기로 바꾸는 데에 상당히 도움이 된다. 지역 신문은 그런 점에서 인터뷰를 준비하는 사람에게 부담 없고도 쓸모 있는 읽을거리를 다양하게 제공해준다. 다들 눕자마자 잠에 곯아떨어지는 여행지에서 기특하게도 내가 건네준 신문을 챙겨 읽고 거기서 얻은 마을에 관한 화제를 즉석에서 자연스럽게 써먹는 그 재치. 나는 그 자리에서 그 학생의 머리를 쓰다듬으며 칭찬해주고 싶을 정도로 마음이 흐뭇했다.

캠퍼스 방문과 인터뷰는 지원한 학교가 필수로 요구하는 절차이기도 하지만(전화 인터뷰를 허락하지 않는 학교가 많이 있다. 그러나 방문 인터뷰가 어려운 사람을 위해 학부모 회장이 위임하는 사람이 지원자의 나라에서 인터뷰를 하는 게 가능한 학교도 있다.) 어린 나이에 낯선 곳으로 떠나가 공부해야 하는 학생들에게는 여러 모로 꼭 필요한 절차이기도 하다.

현지에 가면 운전은 내가 하지만 아이들에게 지도책을 넘겨주고 길잡이를 시킨다. 아침에 일어나야 할 시간만 정해주고 자기들 스스로 프런트 데스크에 '웨이크 업 콜'을 부탁해서 시간 맞춰 준비하고 나오게 한다. 공중 세탁기에 동전 넣어 빨래하는 것도 시켜보고 20달러 전화카드로 국제전화도 걸어보게 한다. 이렇게 아이들이 여러 날 동안 미국에서 먹고, 자고, 생활하는 것을 옆에서 지켜보다 보면 정말 미국에 혼자 남겨둬도 잘 적응하고 발전할 거라는 확신이 서는 아이가 있는가 하면 이 아이가 과연 미국에서 공부할 의지가 확실하게 있는 아이인지 회의를 느끼게 되는 아이도 있다.

함께 온 아이들이 서로 지원하는 학교가 다르니까 좋은 보딩스쿨들이 많이 모여 있는 뉴햄프셔 주, 코네티컷 주, 매사추세츠 주 등지를 두루 함께 돌아보는 보딩스쿨 순례가 되는 셈인데, 그 과정에서 마음이 바뀌는 아이도 생긴다. 한번은 펜실베이니아 주의 힐 스쿨에 지원한 학생을 데리고 멀서스버그 아카데미를 지나치게 되었는데 그 학생은 규모는 작지만 아주 인상적인 멀서스버그의 분위기에 매료되어 지원 학교를 아예 멀서스버그로 바꾸겠다고 했다. 결국 부모님 동의 아래, 그 아이가 현지에서 내린 결정을 존중해 지망 학교를 바꾸어주었다.

보딩스쿨도 학교 규모와 캠퍼스 분위기에 저마다 특징이 있어서 자기 취향이 분명한 요즘 학생들에게는 직접 보고 선택할 기회를 주어야 적응 과정에서 불만을 줄일 수 있다. 생각지 못한 어려움이 닥쳤을 때 '내가 선택한 학교인데!' 하는 마음이 역경을 극복하는 데 큰 역할을 하는 것이다. 그래서 정말 조기유학에 열의가 있고 시간 형편이 허락하는 부모님이라면 지원할 학교를 정하기 전에 직접 아이들을 데리고 몇몇 후보 학교들을 둘러보는 것이 가장 이상적일 거라고 생각한다.

학생을 보면 그 학교를 안다는 말은 결코 거짓이 아니다. 학교 브로슈어에 실린 학생 얼굴만 봐도 학교의 분위기를 어느 정도는 짐작할 수 있다. 부모가 자식의 손을 이끌고 직접 캠퍼스에서 뛰노는 학생들을 둘러본다면 가장 정확하게 학교 분위기를 파악할 수 있다. 하와이 관광 가느니 학교 방문 여행을 고려해볼 것을 학부모께 권한다.

둘러볼 학교 후보를 확정하고 나면 꼭 미리 학교 측에 캠퍼스 방문을 알리고 입학 담당자와 약속을 하는 게 좋다. 미국은 약속 문화가 철저한 나라다. 느닷없이 방문해서 입학사무소를 노크하면 당황스러울 만큼 썰렁하게 맞이한다. 그러나 미리 약속하고 가면 더할 나위 없이 친절한 안내를 받을 수 있다. 워낙 땅덩어리가 큰 미국에서는 보스턴에 출장 가는 아버지가 고등학생 딸을 동행하여 하버드 대학 캠퍼스 투어를 하는 게 흔한 일이다. 미국 출장이 잦은 아버지가 자식의 조기유학을 염두에 두고 있다면 출장 스케줄과 학교 방문 스케줄을 맞춰보는 것도 좋을 것이다.

"학교가 당신을 선택하는 것이 아니라 당신이 학교를 선택하는 것입니다."

하버드 대학교 입학사무소에서 학교 투어의 중요성을 강조하며 하는 이야기다.

"아버지 친구 분이 알아봐서 학교를 정해주셨어요. 그분 말씀으로는 한국 학생들이 별로 없기 때문에 영어 금방 늘 거라고 하셨어요. 그런데 막상 가보니 학생 350명에 30명이 한국 학생이었어요. 또 ESL 프로그램도 생각보다 너무 빈약했고 대부분이 한국 학생이었어요. 당연히 한국 학생들끼리 다니게 되었죠. 그러니 쓰던 한국말 계속 쓰게 되고. 그 점 말고도 막상 가보니까 학교 측에서 아버지 친구 분께 설명했다는 것과 실상은 너무 달랐어요."

목표가 특목고이든 해외 유학이든 부모와 자식이 온 힘을 다해 목표점에 도달하기 위해 노력하는 것만은 분명하다. 그러나 그 과정에 한 가지가 빠져 있는 경우가 흔하다. 막상 '들어간 다음 상황'에 대해서는 부모도 자식도 별로 아는 게 없고 알 생각도 안하는 것이다. 어떻게 보면 이것은 부모의 직무 유기다. 내 아들딸을 보낼 학교가 어떤 학교인지 알고 보내야 한다. 이는 너무나 당연한 이야기인데도 불구하고 아이를 유학 보내고 나서 "그런 학교인 줄 몰랐다. 나는 정말 모르고 보냈다"고 뒤늦게 후회하는 부모들이 있다.

아이를 유학 보내려면 목표로 삼은 학교에 대해 최소한의 정보는 가지고 있어야 한다. 무조건 책임진다는 유학원이 제공한 잘못된 정보를 믿고 아이를 보내서는 안 된다. 막상 아이를 집어넣고 보니 한국인이 너무나 많이 모여 있는 학교라 현지 적응이나 영어 실력 향상은 기대하기 어려운 경우가 비일비재하다. 인터넷 사이트에 직접 들어가 정확한 정보를 확인해야 한다.

강남에는 '명품 유학'을 내세우는 유학원도 있다고 들었다. 최고의 학생에게 최고의 컨설팅을 통해 최고 명문 대학에 이르는 길을 안내해준다는 것이다. 물론 컨설팅료도 최고일 것이다. 그러나 진정한 명품 유학은 진지한 미래 설계와 성실한 준비에서 나오고, 그 중심은 가정이다. 지금은 인터넷을 통해 온 세계 대학의 신입생 선발 경향, 지원 요강을 집에 앉아서 파악할 수 있는 시대다. 다양한 경험과 데이터를 축적해온 유학원이 그 정보들을 취사선택하고, 지원 전략을 세우는 면에서 요긴한 도움을 줄 수 있다. 어쩌면 결정적인 도움을 줄 수도 있다. 그러나 '명품 유학'이라는 마케팅 전략에 혹했다가 자칫 결과는 '짝퉁 유학'이 될 위험도 있어 보인다.

자료로 판단하는 것보다 더 확실한 것은 앞에 말했듯이 눈으로 직접 확인하는 방법이다. 부모가 직접 아이를 데리고 보딩스쿨 인터뷰를 위한 학교 방문 여행을 떠나는 것이 가장 권장할 만한 방법이다. 그 여행은 다른 어떤 여행보다 보람되고 추억어린 여행이 될 것이다. 나의 권유로 아이를 데리고 떠났던 많은 부모님들은 지도 펼쳐놓고 헤매가면서 학교들을 찾아다니는 짧지 않은 여정 동안 아이와 처음으로 진솔하게 대화할 수 있는 정말 값진 기회를 가졌다고 입을 모은다. 부모 대신 아이를 맡아줄 학교가 어떤 학교인지 세세히 확인하고 '우리 아이가 어떤 아이인지도 재발견하는' 소중한 시간이 될 것임을 장담한다. 어쩌면 부모 품을 떠나는 아이와 함께 하는 마지막 여행이 될지도 모른다.

여유가 있는 부모라면 인터뷰 같은 현안이 닥치기 전에 유학을 계획하는 자녀 가슴에 일찍부터 '드림 칼리지'의 캠퍼스 이미지를 심어주는 것도 좋다. 자녀가 하버드를 목표로 열심히 공부하기를 바란다면 '인 앳 하버드(The Inn at Harvard)'나 '찰스 호텔' 같은 하버드 캠퍼스 안의 숙박 시설에서 아이와 멋진 하룻밤을 보내는 것도 좋겠다. 아침에 일어나 동그란 창을 열고 고색창연한 하버드의 교정, 활기차게 오가는 학생들을 한눈에 내려다보는 것도 의미 있는 경험이 될 것이다. 재학생 자원봉사자가 안내하는 캠퍼스 투어도 하고 영화 〈러브 스토리〉의 그 유명한 그린하우스에서 '브런치'도 하면서 하룻동안 하버드의 정서에 흠뻑 젖어보자. 고1 겨울방학쯤이 어떨까. 목표 의식이 훨씬 뚜렷해질 것이다.

3

보딩스쿨은 아이비리그의 지름길인가

IVY LEAGUE

왜 보딩스쿨인가?

이미 보딩스쿨 이야기가 많이 나와 새삼스럽지만 보딩스쿨은 어떤 학교인가? 말 그대로 '기숙학교'다. 미국의 사립학교는 기숙사가 딸린 보딩스쿨과 기숙사 시설 없이 전교생이 통학하는 학교인 '데이(day)스쿨'로 나뉜다. 그러나 명문 보딩스쿨일수록 전원이 기숙사 생활을 하는 '올(all) 보딩' 체제를 유지하던 예전과는 달리 요즈음은 데이스쿨과의 구분이 좀 모호해졌다.

대개 명문 보딩스쿨들은 웬만한 대학 캠퍼스보다도 너른 터에 다양한 시설들을 갖추고 있기 때문에 한적한 도시 외곽에 자리 잡고 있다. 따라서 미국인 학생이라도 집에서 통학 거리가 멀어서 기숙사를 이용하는 경우가 많고, 갈수록 늘어나는 외국인 학생들이야 당연히 외출과 방학을 제외하고는 주말까지 전적으로 기숙사에 머문다. 그러나 미국인의 경우 과거에 기숙사를 선호했으나 요즈음은 아예 가정에서 통학하거나 적어도 주말을 가정에서 보내는 학생도 상당수 있다. 그러므로 기숙사가 없이 전교생이 통학을 하는 데이스쿨과 대별되는 개념이 보딩스쿨이기는 하지만 사실은 100퍼센트 기숙학교는 드물어졌다.

보딩스쿨을 '프렙 스쿨'이라고도 부른다. 대학 진학을 준비하는 학교(College Preparatory School)라는 뜻이다.

미국의 공립 고등학교는 4년제 대학에 진학할 학생, 2년제 커뮤니티 칼리지 정도를 바라보는 학생, 졸업 후 바로 사회에 나갈 학생들을 두루 아우르는 준성인 교육의 장이라고 할 수 있다. 따라서 명문 대학 진학이라는 문제가 다수의 관심사가 아니며 나랏돈으로 운영하면서 진학 교육에 치중한다는 것 자체가 현실적으로 불가능하다.

물론 지역에 따라서 공립임에도 불구하고 학부모의 교육열이 높고, 성적이 우수한 학생들이 많이 모여 있는 고등학교가 있다. 이런 학교에서 내신 관리를 잘하고 리더로서 활약하는 것이 명문 대학 진학에 유리한 한 방법이긴 하다. 그러나 이런 학교라도 학교 교육 자체가 명문대 진학에 필요한 모든 준비를 해결해주지는 못한다. 우리나라로 치자면 강남의 일반고에서 명문대에 가는 경우와 특목고에서 명문대에 가는 경우의 득실에 견줄 수 있는 이야기다.

이에 비해 보딩스쿨은 까다로운 입학 사정을 통해 우수한 학생들만 뽑아서 양질의 입시 대비 체제로 아이비리그를 비롯한 명문 대학에 해마다 상당수의 학생을 진학시킨다고 해서 '프렙 스쿨'이라고 부르게 되었다. 그러나 보딩스쿨들은 이 명칭으로 불리는 것을 별로 탐탁하게 생각하지 않는다. 오히려 그런 별칭이 자신들의 아이덴티티를 왜곡한다고 여기는 듯하다.

뒤에 나오는 학교 관계자들의 인터뷰 내용을 통해서도 알 수 있겠지만, 그들의 학교 설립 이념은 풍부한 인문적 소양과 지도자에게 필요한 덕목을 갖춘 전인적 인간을 양성하는 것이며, 그렇게 길러낸 아이들 하나하나가 아이비리그를 비롯한 명문 대학들이 지원자에게 요구하는 조건에 좀 더 부합하기 때문에 많은 합격생을 내게 되는 것이지, 학교 자체가 명문 대학 입학 사관학교는 결코 아니라는 것이다. 실제로 보딩스쿨 커리큘럼을 충실히 소화한 학생이라면 웬만한 학부 교양 과정에 맞먹는 지식을 쌓고 대학에 진학한다.

한국에서 조기유학이라고 하면 곧 명문 '보딩스쿨' 진학을 의미하게 된 것은 바로 '프렙 스쿨'로서의 그들의 명성 때문이다. 학생의 세세한 부분에까지 신경을 써주어 집에 둔 것만큼 안심되는 안전한 기숙사 시설이며, 수준 이상의 아이들을 뽑아 개인의 능력이 최대한 발휘되도록 이끌어주는 수월성 교육이며, 학과 공부는 말할 것도 없고 미국의 명문 대학들이 요구하는 다방면의 재능과 특기까지 개인의 특성에 맞춰 관리해주는 주도면밀한 커리큘럼 모두가 그런 요건을 만족시킨다. 들어가기가 어려워서 그렇지 입학만 해준다면, '고민 끝, 행복 시작'이라고 여기는 부모들이 많아졌다.

명문 보딩스쿨에 들어가기 위한 기본 요건

그럼 들어가기는 얼마나 어려운가? 내가 처음 학생들의 조기유학을 도와 보딩스쿨에 들여보내던 1980년대 후반에는 토플 550점(PBT)이면 SSAT 점수 없이도 손꼽히는 명문인 '디어필드'나 '허치키스'에 들여보낼 수 있었다. 그때는 그 학교에 지원하는 한국 학생이 그만큼 드물었기 때문이다. 명문 보딩스쿨들은 아이비리그가 그렇듯이 자기들도 장래의 지도자를 키운다는 사명감을 가지고 있으며 그 때문에 자국 학생에게 다양한 구성원들과의 경험을 제공하는 것을 중요하게 여긴다. 그래야 어떤 문화도 소화할 수 있는 역량을 길러줄 수 있으며 지도자가 되었을 때의 인맥 형성에도 도움이 된다고 생각한다. 말하자면 '구색'을 갖춰주는 것이다.

지금 캄보디아의 중학생이 그 학교들에 지원서를 넣는다고 하면 아마 1980년대의 한국 중학생만큼 수월하게 입학할 수 있을 것이다. 반면에 한국 학생들은 앞에 하영이가 들어간 필립스 앤도버의 사례를 잠깐 언급했듯이, 이미 그들끼리만 몇백 대 1의 경쟁을 할 만큼 미국의 명문 보딩스쿨 문전에 몰려들고 있다. 심지어 그들의 SSAT 평균점수가 자국 학생들의 평균점을 웃돌고 있다. 미국 학생들보다 시험 점수가 높지 않으면 입학하기 어려워진 현실인 것이다.

한마디로 명문 보딩스쿨 입학 허가서를 받기까지의 과정은 고등학생이 아이비리그 대학교에 입학하는 과정에 견주어도 될 만큼 힘들어졌다.

우선, 중학교 성적이 가장 중요하다. 유학을 준비하기 위해서 내신을 소홀히 하고 영어 공부에만 매달리는 것은 결과적으로 좋은 학교에 들어가는 확률을 낮추게 된다. 지금까지 학생들을 지도해본 결과, 중학교 내신이 평균 90점 이상이 돼야 명문 사립 고등학교에 입학할 수 있었다.

명문 20위권 내에 들어가는 명문 사립 고등학교에 가려면 최소한 토플 성적이 CBT 250점(PBT 600점) 수준 이상이어야 한다. 미국 입학고사인 SSAT에서는 2250점(2400점 만점) 이상의 성적을 받는 것이 일반적이다. SSAT는 토플보다는 어휘력 등 여러 면에서 난이도가 훨씬 높다. 따라서 토플 230점(PBT 580점) 이하인 학생은 토플부터 준비하는 것이 효과적이다.

또 대부분의 학교에서 인터뷰를 요청하므로 평소에 회화 공부를 꾸준히 해두는 것도 잊지 말아야 한다. 인터뷰에서는 언어 구사능력을 측정하는 것뿐만 아니라, 자신의 생각과 의견을 정확히 표현하는지 여부와 가정교육을 포함한 인성도 보므로 이에 대해서도 주의를 기울여야 한다. 에세이와 인터뷰 준비 요령에 대해서 더 소상하게 알아보자.

보딩스쿨 에세이는 대학 에세이와 다르다

보딩스쿨은 대학처럼 기승전결의 구조가 잘 짜여져 있고 깊은 사고와 창의성을 갖춘 에세이를 요구하지는 않는다. 아직 영어 수준도, 논리적 사고 수준도 덜 여문 단계라는 것을 읽는 쪽에서도 전제로 하므로, 너무 잘 쓰려고 노력하기보다는 자기 목소리를 분명히 내는 데에 힘을 쏟는 게 좋다. 입학 사정관은 짜임새는 좀 허술하더라도 솔직하고 싱싱한 아이의 목소리를 듣고 싶어 한다.

학교에 제출하기 전에 어른의 검토를 거치더라도 아이의 생각을 더 그럴듯하게 '완성하려는' 의도로 많이 개입하는 것은 바람직하지 않다. 눈에 띄는 잘못된 문장, 틀린 문법만 정확히 바로잡아주는 선에서 그쳐야 한다.

SSAT 시험의 에세이 답안은 학생이 지원한 학교로 전달된다. 그러므로 학교에 제출한 에세이와 SSAT 에세이 답안이 너무 실력 차이를 보이면 아무리 잘 쓴 에세이라도 인정받기 어렵다. 또, 인터뷰를 통해서도 에세이를 자기 실력으로 썼는지를 금세 판별해낸다.

우선 영어 실력이 에세이에서와 너무 차이가 나면 의심을 한다. 그러나 미국 보딩스쿨의 입학 사정관들은 한국인 지원자의 경우 '말 실력과 글 실력이 일치하지 않을 수 있다. 말은 잘 못해도 문법 실력과 읽기, 쓰기 능력은 뛰어난 학생이 더러 있다'는 사실을 경험으로 인지하고 있으므로 여기 해당하는 학생이라면 너무 염려하지 않아도 된다. 오히려 말은 잘하는데 별로 '머리에 든 게 없는' 학생이 문제다. 사실 일상 회화는 되는데 사용 어휘가 지극히 한정적이고 자기 생각을 펼치는 능력이 달리는 학생들이 적지 않다. 이런 경우 '생각하는 게 이 정도인데 그렇게 훌륭한 에세이를?' 하고 의심하게 된다.

이런 점을 고려해서 인터뷰 후에 그 자리에서 주제를 제시하고 에세이를 써내게 하는 학교들도 있다. 미들섹스, 세인트 앤드루스, 세인트 제임스 같은 보딩스쿨들이 그런 학교들이다.

대학이 포괄적인 에세이 주제를 제시하는 것에 비해 보딩스쿨은 좀 더 구체적인 질문을 제시하는 편이다. 그러나 그 질문이 "당신한테 5만 달러가 생긴다면 무엇을 하겠습니까?", "당신이 생각하는 훌륭한 고등학교의 조건 네 가지와 그 이유를 밝히세요"와 같이 전혀 예기치 못했던 기발한 질문일 때가 많다.

자신이 주제를 선택해서 에세이를 쓰게 하는 학교들도 많다. 주제를 선택할 때는 평소에 자기가 늘 관심을 기울여왔던 것, 그래서 누가 물어보면 신나고 자신있게 이야기할 수 있는 것 중에서 선택하는 것이 좋다. 부모는 자기 생각을 강요하지 말고 아이가 그것을 찾아내도록 도와주는 역할만 하는 게 현명하다.

영어는 잘하는데 문학적 소질은 별로 없는 아이들이 많다. 그런 아이들로 하여금 손에 잡히지 않는 주제를 붙들고 '사색' 하게 해봐야 좋은 에세이가 나오지 않는다. 역사나 과학에 흥미가 있는 학생이라면 그 분야에서 자신의 관심 분야와 자질을 가장 잘 드러내보일 만한 주제를 선택해보는 것도 방법이다. 책의 서두에 언급했던 세준이가 로렌스빌에 입학할 때 쓴 에세이 주제가 특이했다.

세준이는 배추를 가을에 수확하면 겨울 김장철까지 왜 신문지에 싸서 저장해두는지 어릴 적부터 궁금했다고 한다. 그래서 마침내 과학 선생님의 지도를 받아가며 실험을 했다. 배추를 신문지 이외에 비닐, 알루미늄 호일 등 여러 재질의 포장지에 싸서 어느 것이 가장 보존성이 좋은지를 몇 달에 걸쳐 관찰한 것이다. 이 실험을 통해 진공성이 유지될 경우 비닐이 가장 완벽한 포장재이지만 공기가 들어갈 경우

신문지가 가장 안정성 있는 포장재라는 결론을 내렸고 세준이는 이 실험으로 도내 과학경진대회에서 상을 받았다.

"자질구레한 생활의 단면을 이야기하면서 나한테는 이게 소중했다, 라고 쓰는 에세이 패턴이 있어요. 좋고 나쁘고를 떠나서 나한테는 그런 방법이 안 맞는다고 생각했어요. '배추를 신문지로 싸는 까닭이 뭘까?' 이것은 실제로 내가 궁금증을 못 이겨서 여러 달 매달렸던 주제이니까 그 이야기를 쓰기로 한 거죠. 배추를 주제로 에세이를 썼다고 나중에 학교 안에서 유명해졌어요."

9·11 사태 이후에 외국인의 경우 너무 튀는 에세이, 문제의식이 날카로운 에세이보다는 부드럽고 원만한 에세이를 쓴 지원자를 선호하는 경향이 있다. 인터뷰 때도 주로 '자기 학교에 잘 어울릴 수더분한 아이'를 찾는 편이다. 실제로 SSAT 87퍼센트에 학교 성적도 최상위권은 벗어나 있는 학생이라도 뽑아가는 경우가 있다. 대개는 정말 성격이 좋은 아이들이다. 보딩스쿨 입학 사정관들은 에세이와 인터뷰를 통해 그런 아이들을 가려내는 재주가 있다.

민사고의 교감 선생님으로부터 "너무나 우수한 학생들이 많이 지원해서 연못의 물을 그냥 한 바가지 푼다는 마음으로 뽑아도 충분히 좋은 아이들을 확보할 수 있다는 생각이 들 정도"라는 이야기를 들은 적이 있다. 그만큼 기준 이상의 우수한 학생들이 많이 지원한다는 뜻이고, 그만큼 그중에서도 더 좋은 학생을 가려내기 위해 고민한다는 뜻이다. 학생 입장에서 보자면, 평소에 모든 면에서 우수하다는 평가를 받는 학생이라고 해도 떨어질 수 있다는 의미이기도 하다. 세계 각국의 인재가 겨루는 보딩스쿨의 상황은 그 이상이라고 보면 되겠다.

인터뷰는 영어 실력보다 생각 실력이 중요하다

초등학생의 일기장을 보면 비슷한 하루를 보내고도 색다른 기록을 남기는 아이가 있다. 다들 그날 한 일을 대충 나열하다가 '참 재미있었다'로 끝맺음을 하는 평범한 일기로 공책을 채우기 바쁜데, 그 아이는 그날의 가장 인상적인 장면에 대해 아주 소상하게 묘사하고 자기 느낌을 적는다. 구체적으로 사고하고 묘사하는 능력, 하루치 일기를 쓰더라도 평범한 기록을 자기만의 이야기로 '메이크 업'하는 능력이 있는 아이다. 조기유학을 준비하기에 유리한 아이들이 바로 이런 능력이 있는 아이들이다.

이런 능력은 조기유학을 결정했다고 해서 단시일에 키워지는 것이 아니다. 부모가 할 수 있는 일은 어릴 적부터 책을 가까이 하게 하고 글 쓰는 훈련을 시키는 것밖에 없다.

"너희 나라 정치에 대해서 너는 어떻게 생각하니?"

인터뷰에서 이런 질문을 받고 너무 당황해서 대답을 제대로 못하고 울고 나오는 아이도 있다. 그러나 에세이와 마찬가지로 인터뷰에서도 그들이 원하는 것은 중학생 수준의 자기주장일 뿐이지 대단한 답변을 요구하는 것이 아니다. 그럼에도 불구하고 화제 자체가 자신의 평소 대화와 엄청 동떨어져 있으면 아이들은 당황해서 입이 얼어붙어버린다. 부모님들께 평소에 아이들이 집에 있을 때는 드라마 그만 보고 시사 토론이나 다큐멘터리 프로그램에 채널을 고정시켜달라고 부탁하는 이유가 여기 있다. 비록 한 귀로 듣고 한 귀로 흘릴망정 그런 프로그램을 통해 자신의 일상생활에서 만날 수 없는 다양한 세상의 화제들에 조금은 익숙해질 수 있다.

"인류 역사를 발전시키는 것은 과학일까, 인문학일까?"

이 역시 입 얼어붙게 하는 질문이다. 지금은 명문 보딩스쿨을 졸업하고 대학생이 된 윤수는 역사 과목을 가장 좋아하고 문학을 사랑하는 아이였다. 인터뷰 장에서 이 질문을 던진 선생님은 과학이 인류 역사를 발전시킨다는 쪽으로 화제를 몰아갔는데 윤수는 과감하게 "저는 그렇게 생각하지 않습니다. 문학이 인류의 양식입니다"라고 대답했고, 50분 동안 인터뷰가 아니라 과학이다, 문학이다, 하는 논쟁을 벌이다가 나왔다고 한다. 중학생의 실력으로 벌였을 논쟁 수준이 대단한 것은 아니었겠지만 상당히 이례적인 경우였음은 사실이다.

나중에 그 질문을 했던 선생님으로부터 다음과 같은 코멘트를 들었다.

"자기주장이 있는 학생이기에 일부러 반대 주장을 하면서 자꾸 이야기를 시켜봤어요. 우리가 원하는 건 생각하는 학생이지 가만히 앉아서 받아 적는 학생이 아니니까요. 아주 훌륭한 인터뷰 태도였어요. 50분 동안 나와 마주앉아 자기 생각을 충분히 펼쳤다는 것만으로도 그 학생의 인문과학적 역량을 보여주었다고 생각해요. 우리는 '역사는 재밌어'라고 말하면서도 '왜 좋아?'라고 물으면 고개만 갸우뚱거리고 별 대답을 못하는 그런 학생을 원하지 않아요."

"영어만 개들처럼 잘한다면 나도 개들만큼 떠들 수 있어요."

보딩스쿨에 입학한 후 토론식 수업에 적응하지 못해 힘들어 하는 조기유학생들에게서 종종 듣는 이야기다. 그러나 사실은 영어의 문제라기보다는 생각의 문제인 경우가 많다. 영어만 잘한다고 풀리는 문제가 아니다. 우리말 토론이었다고 해도 할 이야기가 없어 입을 다물었을 아이들이 많다.

생각은 있는데 그 생각을 글로 조리 있게 표현할 줄 모르는 아이에게 글 쓰는 요령을 가르치는 것은 단기간에 가능하다. 그러나 글에 담을 '생각'을 가르치는 데에는 단기 완성 코스가 있을 수 없다. 말도 마찬가지다. 생각은 있는데 이야기는 잘 못하는 아이에게 좀더 유창한 영어로 말하도록 훈련시키는 것은 단기간에 된다. 그러나 인터뷰 장이나 토론 수업에서 그때그때 '무슨 말'을 해야 할지는 아무도 가르쳐줄 수 없다. 꾸준한 독서와 글쓰기 훈련에 대해서는 정말 아무리 강조해도 지나침이 없다.

끝으로 한 가지, 지원한 학교에 대한 일편단심이 입학 사정관의 마음을 크게 움직이는 경우도 보았다. 한 학생이 인터뷰 자리에서 "저는 로렌스빌 아니면 다른 학교는 안 갈 생각입니다. 저를 뽑아주시면 옳은 선택이었음을 꼭 보여드리겠습니다"라고 발언했다. 그 발언을 인상적으로 들은 교사가 다른 사정관들이 다 회의적임에도 불구하고 "1년만 지켜보자"며 우겨서 그 학생을 뽑았고 1년 후에는 "다들 뽑지 않으려고 했던 저 학생이 얼마나 훌륭하게 학교생활을 하고 있는지 보세요, 내 주장이 틀리지 않았죠?"라며 흐뭇해 했다는 후일담을 들은 적이 있다. 물론 이 학생은 행운아다. 진심이 통했던 것이니, 인터뷰 전략상 '저는 이 학교가 아니면'을 남발하라는 뜻은 아니다.

미국 양대 명문 보딩스쿨 입학처장은 말한다

미국 보딩스쿨 중에서도 조기유학을 꿈꾸는 아이들에게 '드림 스쿨'에 해당하는 필립스 엑시터 아카데미와 세인트 폴스 스쿨의 입학처장을 지난봄에 학교로 직접 찾아가 인터뷰했다. 그들의 교육 이념, 교육 내용, 그리고 그들이 어떤 학생을 원하는지, 학부모가 궁금해 하는 주요 사항에 관해 값진 정보를 직접 얻을 수 있었다. 꼭 명문 보딩

스쿨을 목표로 하는 학생이나 학부모가 아니더라도 한국인 조기유학
생들과 학부모에 대한 그들의 평가와 조언은 귀 기울일 만한 가치가
있다고 여겨져서 여기 공개한다.

★ 필립스 엑시터 아카데미(Phillips Exeter Academy)

필립스 엑시터식 교육의 장점은 무엇인가?

토론 위주의 학습이다. 그리고 그 교육 철학의 상징이 하크니스 테이블(Harkness Table)이다. 엑시터의 모든 교실 한가운데에는 타원형의 하크니스 테이블이 자리 잡고 있으며 열두 명의 학생이 교사과 함께 그 테이블에 둘러앉아 수업을 한다. 교사의 역할은 강의를 하는 게 아니라 학생들의 토론에 참여하고 토론을 자연스럽게 이끌어주는 것이다. 하크니스 테이블에 앉은 학생은 누구나 토론 문화를 익히고 즐기게 된다.

미국에서도 아직 많은 중·고등학교들이 강의식 교실 수업을 한다. 물론 강의 위주에 토론을 곁들이는 식이지만, 소극적인 학생들은 별다른 참여의 기회 없이 강의 중심으로 가르침을 받게 된다. 그런 학교에 가면 받아 적고 암기하는 식으로 공부하게 될 것이다.

이를테면 강의식 수학 수업에서 교사는 칠판에 문제를 풀며 가르친다. 이미 그 문제를 푸는 방법을 알고 있는 학생은 그냥 그것을 일방적으로 바라본다. 그러나 하크니스 테이블에서는 친구들끼리 서로 묻고 답하면서 푸는 방법을 다양하게 생각해내고 답을 찾아간다. 토론 과정에 모든 학생이 참여하면서 각자 새로운 아이디어를 얻게 된다. 역사 시간에도 학생들이 연구하고 조사한 결과는 다 다르다. 그러나 누구 말이 맞고 틀리는지가 중요한 게 아니다. 이때에는 서로 상대방의 관점을 관찰하고 판단하는 능력을 기르는 것이 필요하다. 역사 시간에 학생에게 요구되는 것은 바로 역사를 자기만의 관점에서 보는 것이다. 영어 시간에도 책을 읽고 나서 하크니스 테이블에 둘러앉아 토론에 들어간다. 교사가 요청하면 학생은 반드시 이야기해야 한다. 주어진 '정답'을 이야기하는 게 아니라 책을 읽고 나서 무엇을 얻었는지 자기 생각을 이야기해야 한다. 보딩스쿨에서는 학생이 교사의 생각을 듣는 게 아니라 교사가 학생의 생각을 알고 싶어 한다. 학생들은 하크니스 테이블을 통해 생각하는 법을 배우고 자기 관점에 자신감을 기르며 친구의 주장에 동의하든 안하든 귀 기울이고 존중하는 법을 배운다.

대답하기 어려운 질문이다. 해마다 다르다. 한 가지 말할 수 있는 것은 아이비리그 학교들이 지원자에게 요구하는 점과 우리가 엑시터에 지원하는 학생에게 요구하는 점이 일치한다는 사실이다. 즉 학문적 호기심, 열정, 뛰어나게 잘하는 분야가 있고 그 능력을 꾸준히 발전시켜온 경력. 이런 것들이다. 그러나 누구나 원한다고 하버드, 예일, 프린스턴에 가는 것은 아니다. 그 이유는 그 학교들이 그렇게 많은 학생을 뽑지 않는 데에 있다. 우리가 보기에 아주 훌륭한 학생들이라도 그 학교들에 지원서조차 내지 않는 경우도 아주 많다. 이는, 학교 리더로 활약했고 성적표가 '올 A'인 학생이라도 엑시터 입학에 실패할 수 있는 것과 마찬가지 이야기다.

진학 지도에서 가장 힘든 문제가 오로지 아이비리그에 가기 위해 엑시터를 선택한 학생들이다. 한국 부모님들은 명문 대학에 들어가는 것을 아주 중요하게 생각하고 자신의 아이를 명문 대학에 넣으려는 욕구가 너무나 크다. 대학의 이름값이나 지명도도 지나치게 따진다. 또 학생들은 자신의 선택보다 부모의 기대를 충족시키는 문제를 더 중요하게 생각한다.

사과와 바나나를 비교하려면 일정한 기준이 필요하다. 그런 기준이 SSAT이다. 그러나 모든 학생을 같은 기준에서 비교해볼 수 있는 좋은 수단일 뿐 그 이상은 아니다. 성공 잠재력이 SSAT 점수에서 나오는 것은 아니다. SSAT 점수는 높지만 엑시터에서 공부할 준비가 안 되어 있는 학생도 있고 준비는 잘 되어 있는데 SSAT 점수는 그리 좋지 못한 학생도 있다. 한국 학생 지원자 중에 SSAT 점수가 우수한 학생은 너무나 많다. 99퍼센트짜리도 드물지 않다. 한국 어머니들은 "우리 아이가 이렇게 성적이 훌륭한데 왜 이 학교에서 안 받아주냐?"고 불만을 표시하지만 한국 학생의 경우 다른 학생의 성적도 다 그 수준이라는 점을 명심하기 바란다.

인터뷰나 에세이에서 주로 어떤 점을 보나?

우리가 에세이를 요구하고 인터뷰를 하는 것은 어떤 개성과 재능을 가진 학생인지를 자세히 알고 싶기 때문이다. 그런데 지원 서류를 읽다 보면 개성이 느껴지지 않는 서류가 많다. 특히 일시적으로 한국에서 유행한 책이 있으면 에세이 주제로 그 책에 대해 이야기한 에세이가 너무 많이 나온다. 유행은 개성과는 거리가 멀다. 우리는 개인적인 성향을 보여주길 바란다. 또 어떤 학생은 인터뷰하면서 "내가 엑시터에 오고 싶어하는 것은 하버드에 가기 위해서"라고 밝히는데, 그런 이야기는 아무 도움이 되지 않는다. 이런 좋은 환경, 좋은 시설, 좋은 교육 시스템을 오로지 학생을 명문대학에 들여보내주는 도구로 쓴다는 것은 그다지 보람있는 일이 못 된다. 우리는 학생들이 이곳에 와서 자기를 확장하고 새롭게 발견하기를 바란다. 내가 장래에 어느 대학에 가서 무엇을 공부해서 어떤 사람이 될지, 이곳에서 모색하고 찾아내는 것이다. 엑시터에 오는 학생은 누구나 야망을 가진 학생들이다. 그러나 엑시터에서는 나를 재발견해나가는 과정에 대한 열정, 학문에 대한 열정이 야망보다 더 중요하다.

필립스 엑시터에 오면 대학이 요구하는 다양한 과외 활동(extracurricular activities)은 자연스럽게 충족시킬 수 있는가?

엑시터만큼 다양한 과외 활동이 가능한 학교는 별로 없다. 외국의 부모들이 비용의 부담에도 불구하고 아이를 이곳에 보내는 이유는 그런 다양한 경험의 가치를 알기 때문이다. 호기심에 충만한 아이에게 이런 환경에 노출될 기회를 준다는 것은 가치 있는 일이다. 그러나 한국 학생들 중에는 과외 활동의 경험을 잘 즐기지 못하는 학생들이 많다. 부모의 기대와 공부 압박 때문이 아닌가 싶다. 클럽에 참여하다 보면 공부할 시간을 많이 빼앗기게 될까 봐 지나치게 걱정하는 경향이 있다. 그러나 오로지 공부만을 위해 미국에 오는 것이 과연 가치 있는 선택일까? 그건 아니다.

한국 학생들의 장점과 단점은?

한국 학생들은 공부를 열심히 해야 한다는 강박관념이나 의무감이 강하다. 태국, 한국, 중국 학생들이 가장 열심히 공부한다. 동양 사회가 더 심한 경쟁 사회라 외국에 나와서도 정말 비장하게 공부하는 것 같다. 어른들이 열심히 일하는 것만이 성공의 지름길이라고 강조하니까 자식들도 공부를 열심히 할 수밖에 없는 듯하다. 아무튼 학업에 대한 강한 열의와 승부욕은 장점이라고 할 수 있다. 반면에 학교 이름에 너무 집착하고 감사하는 마음이 부족하다. 뛰어난 재능과 능력을 가진 학생들은 많은데 이 재능과 능력을 남에게 나눠주지 못한다. 이 또한 너무나 공부에 집착하기 때문이다.

보딩스쿨의 좋은 점은 아카데믹한 환경에서 24시간 생활한다는 것이다. 기숙사 생활을 통해 세계 각국에서 온 학생들과 어울리면서 문화의 다양성을 체험적으로 배울 수 있다. 엑시터에서 일하는 선생님들은 일주일 내내 캠퍼스에서 산다. 24시간 학생과 접촉하며 봉사하는 자세로 생활한다. 이런 교사들을 보면서 학생들의 어른에 대한 생각이 바뀐다. 어른을 친밀하고 친구 같은 존재로 여기게 된다. 교사와 학생이 이런 친밀한 관계에 놓여 있기 때문에 학습에 대한 것에서부터 어떤 학생에게 어떤 클럽 활동이 어울리는지에 이르기까지 세밀하게 조언하는 게 가능하다. 이런 교육 환경이란 그리 흔한 것이 아니다. 보딩스쿨의 다양한 경험들이 학생을 글로벌한 존재로 만들어줄 것이다. 또한 기숙사마다 자치권이 부여된다. 이를테면 밤 10시 30분이 되면 기숙사 불을 끄기로 정해져 있는데 그 시간을 연장할 권한을 학생들에게 준다. 얼마만큼 공부해야 하는지는 학생 자신이 가장 잘 알고 있고 얼마나 자야 할지도 학생 자신이 가장 잘 알기 때문이다.

학부모 행사는 언제 있는지?

10월에 학부모 주간이 있다. 이 주간에 부모님이 오면 수업을 참관할 수 있다. 다른 학교는 이 주간에 학생 성적표를 놓고 성적 상담도 하는 것으로 알고 있다. 그러나 우리는 성적 상담이 학부모 주간의 의미라고 생각하지 않기 때문에 성적 상담은 하지 않는다. 부모가 행사 참관을 마치고 돌아가고 나면 학생의 집으로 성적표를 보낸다. 학생이 11학년이 되면 3, 4, 5월에 칼리지 카운슬러를 만나 대학 진학 과정에 대해 상담할 수 있는 '스프링 위켄드'라는 기회를 마련한다. 또 이런 특정한 기간이 아니더라도 언제든지 부모님이 찾아오면 기꺼이 맞을 준비가 되어 있다.

엑시터에는 토요일에도 수업이 있을 때가 많다. 수업이 없는 날은 모처럼 늦잠도 좀 자고, 함께 어울려 영화도 보러 가고, 기숙사에서 수다 떨며 모여 놀기도 하고 댄스파티도 하고, 게스트를 초정해서 강의를 듣기도 한다. 우리 학교가 '보딩 스튜던트'(기숙하는 학생)의 수효를 최대한 유지하려고 하는 이유가 바로 그래서다. 보딩스쿨 중에서 '데이 스튜던트'(매일 통학하는 학생)가 너무 많은 학교를 '수트케이스 스쿨'이라고 부른다. 주말마다 학교 전체가 수트케이스에 짐 싸들고 뿔뿔이 흩어져 집으로 돌아가는 분위기가 되면 곤란하다. 기숙사에서 주말을 보내는 학생들이 다수여야 우리처럼 그들을 위한 다양한 행사를 기획할 수가 있다.

아이에게 정말 좋은 선택이 어떤 것인지를 한 번 더 생각해주기를 바란다. 학생에게 너무 많은 부담을 주지 않았으면 한다. 내가 가까이 접해본 한국 학생들의 부모님들을 보면 아이들에게 물질적 환경적 지원은 많이 해주는 반면, 아이들이 '릴렉스'할 수 있도록 도와주는 부모님은 별로 없었다. 조금 편안하게 해주면 좋겠다. 재학생의 성공 여부를 떠나 한국의 자녀들은 세계적으로 가장 도전적인 환경에 놓여 있고, 잘하려고 무척 노력하고 있으니, 부모가 그 사실을 잘 이해해주기 바란다.

★ 세인트 폴스 스쿨(St. Paul's School)

해마다 평균 200명 정도의 한국 학생이 우리 학교에 지원한다. 2005년에는 180명 정도가 지원했다. 그중 6명의 학생이 9월 학기에 세인트 폴의 학생이 되었다. 경쟁률이 매우 높다고 하겠다. 훌륭한 한국 학생들, 총명하고 동기 부여가 잘 되어 있는 학생들이 우리 학교에 지원한다. 우리가 결정 내리기 쉽지 않아 심사하기가 어렵다. 세인트 폴에는 다른 보딩스쿨에 비해 한국 학생이 적은데 이 점이 한국 부모와 학생에게는 매력적으로 비치는 듯하다. 그러나 우리 학교는 합격률이 21~22퍼센트밖에 안 된다. 그러므로 한국 학생에게만 특별히 입학이 어려운 학교는 아니다. 한국뿐만 아니라 세계 각국에서 최고의 학생들이 우리 학교에 오는 것에 우리는 자부심을 갖는다. 우리는 가장 훌륭한 학생들을 뽑을 뿐, 지역 안배는 없다. 인종이나 민족에 따른 비율 안배도 없다. 75명이 뉴욕에서 온 적도 있다. "올해에는 뉴욕에서 많이 왔구나" 할 뿐이다. 따라서 한국인의 경우도 일정한 비율을 유지하기 위해 훌륭한 학생이 많은데도 많이 뽑지 않는다거나, 상대적으로 훌륭한 학생이 적은데도 정해진 숫자만큼 뽑는 일은 없다. 1979년에 첫 한국 졸업생을 배출했다. 그 학생은 예일 대학에 진학했고 지금도 세인트 폴의 경험을 소중히 여기며 학교를 후원하고 있다.

훌륭한 학생을 어떻게 가려내나?

여기 와서 능력을 발휘할 만한 자질을 얼마나 가지고 있는지를 심사하는 것이다. 달리 말하자면 학생들이 이 학교를 얼마나 잘 이용할 수 있는지를 본다. 얼마만큼 훌륭한 학생인가를 본다기보다는 음악, 스포츠, 지역 봉사 등 다방면에서 얼마나 참여할 수 있는지를 본다.

명문 보딩스쿨들 사이에는 지원자에 대한 정보 교류가 있나?

앤도버, 세인트 폴, 엑시터는 서로 잘 안다. 그러나 지원 학생들에 관한 정보는 서로 교류하지 않는다. 한 지원자를 놓고 서로 상의하는 일도 없다. 그러나 전반적인 지원 경향에 대한 이야기는 나눌 수 있다.

세인트 폴 교육 철학의 특징은?

하크니스 테이블을 만든 존 하크니스가 세인트 폴 졸업생이다. 하크니스 테이블은 협동 정신을 상징하는 테이블이고 그 테이블이 세인트 폴 교육 철학의 큰 부분을 차지한다. 하지만 우리는 하크니스 테이블에서의 자유로운 토론 수업을 모든 과목에 적용하지는 않는다. 테이블에서 민주적으로 이루어지는 토론식 학습 방식이 모든 과목에 맞아떨어지는 것은 아니기 때문이다. 이를테면 물리학 수업은 지식에 기초한다. 한 학생이 다른 학생보다 훨씬 많은 지식, 훨씬 많은 경험을 가지고 있을 수 있다. 반면에 문학은 누가 어떻게 해석하든지 저마다의 해석에 동등한 자격을 갖는다. 하크니스 테이블은 서로 대등하게 자기의 시각, 해석을 교환하는 수업에 알맞다. 협동 정신에서는 둥글게 둘러앉아 이야기하는 게 도움이 되지만 중력에 대해 이야기할 때 테이블에서 토론만 할 필요는 없다. 그래서 우리 학교에서는 하크니스 테이블 수업만을 고집하지 않으며 다른 다양한 수업 방법을 채택하고 있다. 어떤 과목이냐에 따라 필요한 것이 달라진다. 서로 생각을 주고받는 게 필요한 수업이 있는가 하면, 수업을 이끄는 교사의 정확한 답이나 암기가 필요한 수업도 있다. 가르치는 방법도 그에 따라 다르다.

한국 학생과 학부모님들의 특징은?

일반화하기는 어렵다. 최고의 교육을 받는 것에 학생이나 부모님이나 굉장한 관심을 기울인다. 그러므로 공부도 매우 열심히 한다. 학교생활에 다양한 방면에서 기여하고 있다. 미술, 음악, 운동 등의 분야에서 못하는 학생은 없다고 생각한다. 우리는 학생 수가 많지 않아서 한국인 학생이 학교 커뮤니티의 큰 부분을 차지한다. 전체 학생에 한국 학생이 자연스럽게 흡수되어 있다. 한국 애들끼리만 밥 먹는 것도 보기 힘들다. 여러 활동에 많이 참여하고 학교생활도 잘한다. 한국 부모님들의 교육열에 대해서는 여기에서도 많이 알려져 있다. 얼마 전에 지역신문에 아홉 살짜리 한국 학생들이 미국으로 영어 배우러 왔다는 뉴스가 실린 걸 읽었다. 로컬 퍼블릭 스쿨에 입학했다는 것이다. 미국인들은 이런 기사를 접하면 "와우, 한국 부모가 교육을 이렇게 심각하게 시키는구나" 하고 놀란다.

지원서에서 SSAT, 추천서, 에세이의 중요성은?

다 중요하다. SSAT는 학력 평가의 한 기준점이다. 우리 학교 입학생의 평균 SSAT 점수는 90퍼센트다. 그러나 이것은 심사의 한 부분이다. 한국 학생은 영어가 모국어가 아니므로 아주 잘하기를 기대하지는 않는다. SSAT Verbal 파트에서 좋은 점수를 못 냈어도 충분히 이해한다. 해마다 세인트 폴에서 한국 투어를 할 때도 30~40명 정도 되는 한국 학생의 인터뷰를 하고 돌아온다. 인터뷰는 가장 중요한 평가 방법에 든다. 이를 통해서 학생의 재능과 가능성을 잘 알아낼 수 있다. 인터뷰 때 직접 학교로 와 본다면 지원자가 학교에 대해 더 잘 알아볼 수 있다. 방문을 권장한다. 그러나 전화 인터뷰도 가능하다. 직접 학교로 오지 않고 인터뷰를 전화로 하거나 한국에서 했다고 해서 평가에 불리한 점은 없다. 인터뷰에서는 일정한 관심 분야를 깊이 발전시켜온 학생들이 높이 평가받는다. 물론 깊이는 얕아도 다양한 분야에 대해 두루 관심을 가지고 있는 학생들을 선택할 때도 있다. 그러나 미국 사회와 문화는 일찍부터 한 분야 재능을 발견하여 꾸준히 개발하는 학생을 더 선호하는 것이 사실이다. 인터뷰에서는 학문적인 자질도 보지만 좋은 룸메이트가 될 성품을 갖추었는지도 중요하게 고려한다. 학교생활에 적극적으로 참여하고 기여할 학생인지도 본다. 성

격이 외향적이고 활달한 학생들이 유리하다. 캠퍼스를 돌아보면서 만나는
학생 누구에게든지 학교에 대해 이야기를 걸어보라. 아이들이 편안한 태
도로 행복하고 자신 있게 이야기할 것이다. 우리가 선택하는 애들은 그런
애들이다.

한국의 중학교, 고등학교 과정에는 영어 작문 능력을 길러주는 적극적인
프로그램이 없어서 영어 점수는 높지만 쓰기, 말하기가 약한 학생도 많은데
잘 적응할 수 있는지?

내가 보기에도 그런 문제가 있다. 우리는 작문 능력을 향상시키는 ESL
프로그램을 제공하지 않는다. 영어로 글을 쓸 때 자기 생각을 충분히 담을
능력이 안 되는 학생이 여기 오면 고생 좀 해야 한다. 그러나 일단 세인트
폴 학생이 되면 동기 부여가 많이 되고 자기에게 부족한 부분을 메우기 위
해 시간을 스스로 조절할 수 있다. 그러므로 우리는 조금 위험 부담은 있
지만 영어 커뮤니케이션 능력이 부족한 학생의 도전 기회도 열어둔다. 충
분히 발전할 수 있는 아이들을 받아들이는 데에는 영어가 결정적인 장애
가 되지는 않는다. 그러나 ESL 프로그램이 마련되어 있는 학교에 가는 게
더 좋을 학생도 많다. 학교가 이를 판단한다.

미국 보딩스쿨 졸업생은 한국의 특목고 졸업생에 견주어 아이비리그 진출
에 유리한가?

특목고에서 아주 뛰어난 학생들은 미국 보딩스쿨 졸업생과 똑같은 기
회를 얻는 것 같고, 아주 뛰어난 학생이 아닌 경우 미국 보딩스쿨 출신보
다 조금 어려운 듯하다. 과학고 슈퍼스타들도 아이비리그에 진학할 강력
한 후보들이라고 할 수 있다. 내 개인적 의견으로는 단지 아이비리그에
잘 들어가기 위해서 보딩스쿨을 선택하기를 바라지 않는다. 보딩스쿨은

그 자체로 3, 4년의 과정 동안 그들의 재능을 발전시킬 수 있는 의미 있는 장소다.

규모가 크든 작든 보딩스쿨은 어린 아이들이 어른과 가깝게 관계를 발전시킬 수 있는 장소다. 여기에서는 일단 적응에 성공하고 나면 방향 감각을 잃고 갈팡질팡하는 아이들이 없다. 어른과의 관계 정립에 문제가 없기 때문이다. 조언자가 기숙사에 함께 살면서 학생과 아주 가깝게 교류하고 학생들을 잘 돌본다. 내가 세인트 폴에서 12년 동안 가르치고 일했는데 한국 학교에서 이곳으로 유학 와서 이곳 시스템에 적응하는 데에 어려움을 겪는 학생은 본 적이 없다. 우리가 뽑는 학생들은 자신감 넘치는 아이들이고, 이미 새로운 환경에 적응할 준비가 된 아이들이다.

작문, 문학, 종교학 프로그램이 특별히 좋다. 과학이나 수학도 뛰어나다. 엑시터는 과학 시설 면에서 우리보다 유리하다. 좋은 사이언스 빌딩을 가지고 있다. 그러나 이러한 학문적인 면 이외에도 우리는 진실한 커뮤니티라는 느낌을 소중하게 생각한다. 대부분의 교사가 기숙사 생활을 하며 학생들과 날마다 아침 예배 시간에 만나서 도덕적으로 올바른 삶에 대한 자극을 주고받는다. 이런 정신 수양이야말로 다른 학교와 우리 학교를 구별 짓는 가장 큰 특징이다. 보딩스쿨에서 공부할 정도의 아이들이라면 똑똑한 건 당연하다. 그보다 더 중요한 건 윤리적인 인간이 되는 것이다. 우리는 그 교육을 중요하게 생각한다. 이 학교의 교육 목표는 학생 하나하나가 봉사하는 인간으로 살아가도록 만드는 것이다. 그런 사람이 되어 졸업하게 만드는 것이다.

그렇지만 진학 지도도 분명히 중요한 부분일 것이다. 진학 지도는 어떻게 하나?

대학 진학 지도는 세인트 폴에 입학한 순간부터 이미 시작된다고 할 수 있다. 학생 각자가 희망하는 방향에 맞춰서 적절한 코스를 듣도록 교사들이 조언한다. 적절한 코스를 선택해서 듣는 것은 자기에게 가장 적절한 학교를 찾는 데에도 도움이 된다. 본격적인 진학 지도는 11학년 겨울에 시작한다. 칼리지 카운슬러와 1대 1로 상담하면서 가고 싶은 학교 리스트를 만든다. 칼리지 카운슬러는 안전 지향의 선택을 권유하는 편이다. 상담은 원할 때마다 할 수 있다. 세인트 폴의 경우, 칼리지 카운슬러 한 사람이 39명 정도 학생의 진학 상담을 담당한다.

어느 대학에 지원서를 넣느냐의 문제에서 부모와 상담 선생님 사이에 갈등이 생기지는 않나?

학부모의 기대와 학생이 처한 현실이 다른 경우가 많다. 갈등은 주로 거기에서 비롯된다. 칼리지 카운슬러 입장에서는 학생에게 여러 다양한 선택이 있음을 부모에게 인식시켜야 할 책임이 있다. 또 상담에서 "이 학교는 네가 지원할 만한 학교가 아니야, 말도 꺼내지 마!"라고는 이야기하지 않는다. "좋은 아이디어야, 괜찮아"라고 격려하면서 다른 선택에 대해서도 많은 정보를 주려고 한다. 한 해에 한두 학생 정도는 부모가 학교의 진학 지도에 실망하거나 결과에 불만을 표시하기도 한다. 그러나 대개는 갈등의 고비를 넘기면서 현실을 인정하고 학교의 판단에 따른다. 부탁하고 싶은 것은 세인트 폴을 아이비리그로 가는 길로 삼지 말아달라는 것이다. 그런 오해를 했던 부모일수록 아이가 아이비리그에 원서조차 내지 않는다는 사실에 "내가 해마다 3만 5천 달러나 지불했는데 도대체 우리 애 꼴이 뭐람?" 하고 반발하게 된다.

실제로 세인트 폴에서는 해마다 많은 학생들을 아이비리그에 진학시키고 있지 않은가?

세인트 폴 재학생의 40퍼센트 정도가 아이비리그에 지원하고, 실제 진학은 35퍼센트 정도가 한다. 스탠퍼드와 MIT는 아이비리그 대학이 아니므로 포함되지 않은 수치다. 물론 놀라운 수치다. 그러나 세인트 폴에서 생활하면서 많은 학생들이 아이비리그 대학이 원하는 자질들을 갖추게 되는 것일 뿐, 우리 학교가 마술을 부려서 학생들을 아이비리그에 그렇게 많이 집어넣는 것은 아니다. 한국 사회에는 미국 내에서 경쟁률이 치열한 대학에 아이를 합격시키려는 부모의 욕구가 매우 큰 것 같다. 내가 세인트 폴 졸업생이고 입학사무소에서 오래 일한 사람으로서 말하자면 세인트 폴 졸업하면 하버드, 예일, 프린스턴에 갈 수 있다는 이야기는 우습다. 세인트 폴만이 아니라 미국의 유명 보딩스쿨은 다 뛰어난 학교이고 저마다 자질이 뛰어난 최고의 아이들이 모여 있는 곳이다. 원하는 좋은 학교를 가는 것만이 목표라면 굳이 세인트 폴에 안 와도 된다고 우리는 늘 이야기한다. 한국 어머니들한테는 오해가 있다. '세인트 폴 다니면 아이비리그 들어간다'는 것은 전설이다. 우리가 아이비리그 입학의 결정적 열쇠를 쥐고 있는 것이 아니다. 우리 아이가 세인트 폴 갔으니까 분명히 자동적으로 아이비리그에 진학할 수 있을 거라고 단정적으로 생각하지 말았으면 한다.

그렇다면 하버드에 가겠다는 학생에게 다른 학교를 지원하도록 권하기도 하는가?

아까도 말했지만 들어가기 어려운 학생이라도 "너는 하버드 가면 안 된다"고 단언하지는 않는다. 지난해의 자료를 보여주며 스스로 판단하도록 도와준다. 반대로 정말 하버드에 가기 충분한 실력을 가진 학생이 단과 대학인 윌리엄스나 웨슬리언에 지원하겠다는 경우도 없지 않다. 시카고 대학을 선택할 수도 있다. 그러한 선택이 흔한 것은 아니지만 점수가 잘 나왔으니 무조건 서울대에 가라는 식으로 지도하지는 않는다. 학생이 원하는 대학에 진학하는 게 중요하다. 한국의 부모들도 이제 고등학교건 대학교건 '여기가 아니면 안 된다'는 맹신을 버리고 자식들이 진정 무엇을 원하는지, 그 내용에 더 관심을 기울이기를 바란다. 오로지 공부밖에 모르던 모범생 자녀들은 세인트 폴에서 3, 4년을 지내면서 다양한 관심사를 지닌 폭넓은 인간으로 바뀐다. 어머니들도 바뀌어야 한다.

세인트 폴에서 학문의 바탕을 다진 학생은 대학에 들어가서 공부하는 데에 유리한가?

세인트 폴에는 각 대학의 입학사무소 담당자들이 해마다 방문한다. 그들로부터 우리는 "세인트 폴 졸업생이 좋다. 수업을 활발하게 이끌고 동료들을 자극하는 적극적인 학생들 중에는 세인트 폴 출신이 많다"는 말을 자주 듣는다. 세인트 폴 안에서의 사회생활은 대학에 진학한 후 교수들과의 관계에도 좋은 영향을 미치는 것 같다. 또 세인트 폴은 다른 보딩스쿨에 비해 규율보다는 학생 자율에 맡기는 부분이 많다. 스터디 홀에는 항상 불을 켜두어 밤에도 학생 각자 공부하고 싶은 만큼 하고 자고 싶은 만큼 자게 한다. 다만, 인터넷은 자정이 되면 자동으로 끊기게 되어 있다. 음란 사이트는 방화벽이 철저해서 자동으로 차단되지만 실제로 세인트 폴에서 인터넷에 낭비할 시간은 없다.

명문 보딩스쿨만이 최선은 아니다

현재 미국 듀크 대학교에 다니는 준석이는 중3 때 미국 노스캐롤라이나 주의 사립 데이스쿨로 조기유학을 갔다. 준석이와 그의 부모는 고등학교를 선택할 때 처음부터 보딩스쿨이 아닌 통학이 가능한 데이스쿨로 정했다. 학비도 상대적으로 저렴하고 경쟁률도 높지 않아 고등학교 진학 준비에 진을 뺄 필요가 없었기 때문이다. 지금도 당시 부모님과 자신의 결정을 잘했다고 생각한다.

책의 서두에 소개했던 스탠퍼드 대학의 현영이도 평범한 가톨릭계 데이스쿨을 택한 경우였다.

"대학보다 더 비싼 학비를 주고 보딩스쿨에 갈 필요가 없다고 생각했어요. 물론 학비를 대주실 부모님 경제 사정도 고려한 선택이었죠. '꼭 그렇게 비싼 대가를 치러야만 명문대에 들어갈 수 있는 것은 아니다, 평범한 학교에서 명문대에 진학하는 결과를 보여주자'는 생각도 없진 않았죠."

현영이 말에 따르면, 자신이 다녔던 가톨릭계 학교가 '완전 바닥은 아니지만 아이들 교육에 투자할 형편은 안 되는 집안의 학생들이 대부분인 학교'였다.

"좋은 학교를 거쳐서 미국 상류 사회에 끼어드는 것도 좋겠지만 한 사람의 인생을 길게 봤을 때 다양한 계층의 사회를 두루 체험하는 것은 배우는 시기에 돈 주고도 못 살 경험이라고 생각해요. 대치동에서 중학교 다녔고, 부모님이 큰 부자는 아니셨지만 가난이 뭔지 모르고 자랐어요. 경제 형편이 아주 어렵거나 빠듯하게 살아가는 이웃들, 학교 친구들과 섞여서 여러 해 지내고 나니 두 세상을 살아보았다는 느낌이 들고 생각의 폭도 넓어진 거 같아요."

사실 가장의 월급으로 빠듯하게 살아가면서도 높은 교육열로 자식의 유학을 감행하고자 하는 한국의 평범한 중산층에게 명문 보딩스쿨의 학비 부담은 입시 문턱 못지않게 드높다. 미국 사립 고등학교 입학에 드는 비용은 크게 학비, 기숙사비 혹은 홈스테이 비용, 생활비 등으로 나뉜다.

초트 로즈메리 홀의 경우 2005년 기준으로 학비와 기숙사비를 합쳐 약 3만 5,360달러(3,600만 원)가 든다. 이보다 비싼 경우 많게는 약 5만 달러가 필요한 학교도 있다. 웬만한 대학 학자금을 훨씬 웃도는 금액이다. 게다가 대학교는 공부를 열심히 하면 장학금 혜택이 주어질 희망이라도 있지만 보딩스쿨의 경우 외국인이 장학금을 기대하는 것은 거의 어렵다. 정말 심사숙고하고 예산을 잘 세우지 않으면 덜컥 들여보내놓고는 뒷심이 부족해서 허덕이게 될 수도 있다. 반면 가톨릭계 데이스쿨인 와일드우드(Wildwood Catholic High School)의 경우 학비 4,990달러에 홈스테이 비용 1만 1,450달러를 합쳐 약 1만 6,440달러(1,700만 원) 정도가 든다. 10년 전 현영이 부모님이 부담했던 한 학기 학비는 4천 달러(400만 원) 정도였다. 현영이의 경우 자취를 하였으므로 홈스테이 비용보다는 저렴한 수준의 주거비, 생활비가 추가되었을 것이다.

자식의 조기유학을 구상하는 학부모들은 대개 처음에는 동부 명문 보딩스쿨의 꿈을 안고 상담을 시작한다. 그랬다가 생각보다 너무나 큰돈이 들고, 입학의 벽이 높다는 사실을 알고 나면 낙담하는 경우가 많다. 그러나 현실을 직시하고 동부 명문 보딩스쿨에 대한 집착을 버리면 선택의 폭은 상당히 넓어진다.

"꿈을 가지고 도전하면 되지 않겠나 싶었는데 내가 너무 몰랐습니다. 유학에 대한 피상적인 생각을 버리고 나니 무조건 도전해서 될 일도 아니고, 그렇다고 절망할 일도 아니더군요. 경제적 현실, 아이 수준을 정확히 판단하면서 목표를 새로 정해 현명한 대안들을 찾기로 했습니다."

학부모가 이 정도 마음을 열기 시작하면 활발한 상담을 통해 학생의 학업 능력과 학부모의 경제 능력에 적합한 학교를 찾는 일이 쉬워진다.

크리스천 데이스쿨에 유학하는 데에 드는 비용은 앞에서 보았듯이 대개 홈스테이 비용을 합해도 명문 보딩스쿨의 절반 정도밖에 안 된다. 기독교나 가톨릭 계통의 보딩스쿨 중에도 비교적 비용이 저렴한 학교들이 많다. 명문 보딩스쿨에 대한 환상만 가지고 계속 밀어붙이다가 결국 비용도 턱없이 많이 들고 교육 수준이나 학생 수준도 그리 좋지 못한 중급 이하 보딩스쿨을 선택하는 것보다는 이쪽이 훨씬 현명한 선택이다.

유학 비용 이야기가 나온 김에 생뚱맞은 추억 하나를 꺼내본다. 오래 전, SAT 작문 클래스를 가르칠 때였다. 자기 생각을 조리 있게 펼쳐놓는 본격적인 에세이를 쓰려면 그 전에 일상적인 작문 기초를 훈련시키는 일이 필요하다. 가장 손쉬운 소재 중 하나가 '자기 방 설명하기'이다. 그래서 작문 클래스에 들어온 학생들에게는 으레 자기 방을 자세히 묘사해보라는 과제물이 주어진다. 포이동에서 조그맣게 학원을 열어 학생들을 가르치던 시절이었는데 한 학생이 이 숙제를 해오지 않았다. 숙제를 제대로 해오지 않는다는 것은 그때나 지금이나 서울어학원 학생으로서는 대단한 도발 행위다.

"어떻게 된 거야, 너 작문 숙제 진짜 한 줄도 안 써온 거야?"

"예."

"강의 안 듣고 싶은 거지?"

"아닙니다."

"그럼 뭐야?"

"방이 없어서……."

"?"

"제 방이 없어서요."

아버지 사업이 기울어 강남의 집을 팔아 인천으로 이사를 했고, 방한 칸에 온 가족이 함께 생활하고 있는 딱한 처지라는 걸 나중에야 알게 되었다. 지금도 생각난다. 그날 학원 건물 옥상에 올라가서 한숨을 쉬던 장면이. 지금은 뉴저지 서울어학원에서 아이들을 가르치고 있는 최종규 선생이 그 시절 슈퍼바이저로 학원에 드나들고 있었다. 최 선생이 따라 올라와 내 옆에 섰다.

"우리 사회에서는 아직도 유학이라면 일부 한정된 계층, 특별히 혜택 받은 그룹의 아이들에게만 해당되는 이야기야. 좋은 환경을 제대로 이용해서 큰 뜻을 펴는 발판으로 삼는 아이도 있고 환경은 좋은데 곁길로 새서 오렌지족 소리 들으며 유학생들 도매금으로 욕 먹이는 아이들도 있고……. 아무튼 성공을 향해 달리고 있든 그렇지 못하든 유학이라는 목표점을 향해 거품처럼 몰려 있지. 그 외 그룹의 아이들은 진입할 방법이 없어. 내가 이 일을 계속하면서 하고 싶은 일 중 하나는 평범한 가정의 공부 잘하는 아이들도 그 거품을 뚫고 유학생 사회로 진입해 들어갈 수 있도록 도와주는 거야. 그런 일을 하고 싶어."

현재 한국에서는 관정 이종환 장학금과 삼성 이건희 장학금이 해외 유학생을 지원하는 가장 든든한 재원이다. 그밖에 국가 기관에서 주는 몇 종류의 장학금이 있지만 모두 대학 이상의 과정에 주어질 뿐, 조기유학생이 장학금 혜택을 받을 수 있는 길은 아직 없다. 극히 드물게 아주 재능있고 우수한 학생이 에세이를 통해 가정 형편이 드러나 명문 보딩스쿨의 합격 통지서와 함께 장학 증서를 손에 쥐게 된 사례들이 있기는 하지만 거의 기적 같은 일이다.

조기유학 자체를 사치로 생각하는 사람들에게는 나의 이런 안타까움이 크게 공감을 얻지 못할지도 모르겠다. 그러나 유학을 준비하거나 유학 중인 학생이라고 해서 무조건 상류층, 부유층이 아니며 경제적 어려움으로 학업을 중도에 포기하게 되는 상황도 없지 않다. 이른 시기에 너른 세상으로 나아가 세계 여러 나라의 학생들과 어깨를 나란히 하고 경쟁하는 것이 세계 시민 시대 교육의 한 양상이라는 것을 전제로 할 때, 이제 그 수혜층을 좀 더 넓혀나가는 일에도 관심을 기울일 때가 되었다.

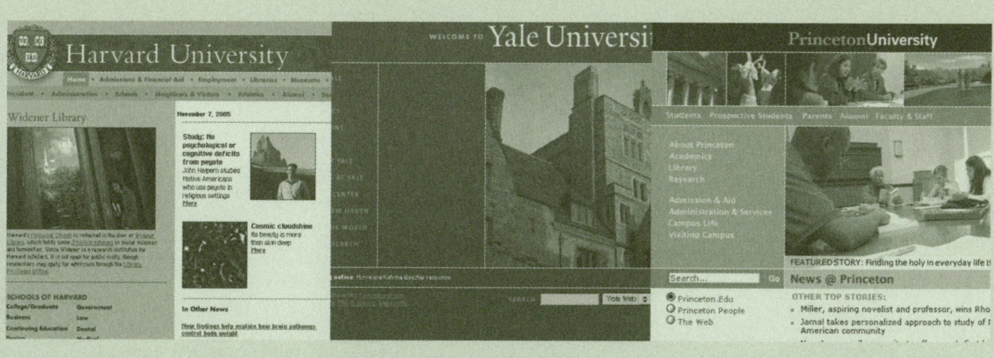

4

평범한 우리 아이 아이비리그 보내기

갈수록 비좁아지는 아이비리그로 가는 길

지난 10년간 미국 대학교 입학은 정말 어려워졌다. 10여 년 전만 해도 유명 주립대와 사립대들의 상당수는 토플 점수만으로 한국 학생들을 뽑기도 했다. 따로 한국 학생 입학을 위한 프로그램까지 만들었을 정도다. 하지만 이제 상황은 달라졌다. 대부분의 학교에서 SAT I을 요구하며 SAT II를 요구하는 주립대도 늘어났다. 특히 아이비리그 진학은 그야말로 '낙타가 바늘구멍 들어가기' 만큼 어려워졌다. 2005년에 아이비리그 대학들에 지원한 미국 고등학생들은 역사상 가장 좁은 바늘구멍을 통과해야 했다.

아이비리그 학교들의 지난 10년을 비교하면 잘 알 수 있다. 하버드는 지난 1995년 모두 1만 7,852명이 지원해서 2,150명이 합격했다. 합격률은 12퍼센트. 하지만 2005년에는 2만 2,796명의 지원자 중 2,102명만이 입학 허가서를 받아 합격률은 역대 최저인 9.2퍼센트였다. 입학 정원은 큰 차이가 없는데 지원자가 엄청나게 늘어난 탓이다. 다른 아이비리그 대학들도 사정은 마찬가지이다. 지원자가 적게는 2천 명에서 많게는 7천 명까지 증가했고, 따라서 합격률은 4~12퍼센트 정도 뚝 떨어졌다.

예일은 하버드보다 더 치열해졌다. 지난 1995년 1만 2,620명이 지원해 2,522명이 합격, 20퍼센트의 합격률로 매우 좋은 수치였다. 하지만 2005년에는 합격자 수가 1,880명으로 줄고 지원자는 1만 9,448명으로

7천 명 가까이 늘어나, 합격률이 9.7퍼센트로 그야말로 반 토막이 났다.

프린스턴은 큰 차이가 없지만 1995년 2,013명이 합격해 합격률 14.1퍼센트였고 올해 1,826명이 합격해 11.0퍼센트로 3.1퍼센트 줄어들었다.

아이비리그에서 합격률이 크게 줄어든 학교를 보면 컬럼비아가 27.1퍼센트에서 12.4퍼센트로(합격생 2,725명에서 2,250명으로), 유펜이

미국 주요 대학의 2005년과 1995년 합격률 비교

	입학년도	지원자 수(명)	입학자 수(명)	입학률(%)
하버드 대학	2005	22769	2102	9.2
	1995	17852	2150	12.0
예일 대학	2005	19448	1880	9.7
	1995	12620	2522	20.2
프린스턴 대학	2005	16529	1826	11.0
	1995	14311	2013	14.1
유펜	2005	18800	3912	20.8
	1995	15074	4981	33.0
컬럼비아 대학	2005	18120	2250	12.4
	1995	10064	2725	27.1
다트머스 대학	2005	12615	2149	17.0
	1995	10006	2281	22.8
코넬 대학	2005	24444	6384	26.1
	1995	20603	7050	34.2
브라운 대학	2005	16911	2587	15.3
	1995	13904	2952	21.2
MIT	2005	10439	1495	14.3
	1995	7958	2113	26.5

33퍼센트에서 20.8퍼센트(합격생 4,981명에서 3,912명으로), MIT도 26.5퍼센트에서 14.3퍼센트로(합격생 2,113명에서 1,495명으로) 급락했다.

또 다트머스, 브라운, 코넬 등도 각각 5.8퍼센트, 5.9퍼센트, 8.1퍼센트 가량 합격률이 떨어졌다.

아이비리그 대학의 입학 담당관들은 이런 전례 없는 입학난이 적어도 2008년 정도까지는 지속될 것이라고 내다본다. 그 이유는 무엇일까?

첫째, 대학에 진학할 학생 수요 자체가 증가했다. 1944~55년에 출생한 미국 베이비 붐 세대의 자녀들이 대학에 들어갈 때가 되었기 때문이다. 게다가 베이비 붐 세대 부모는 자녀 교육열 또한 높다. 어릴 때부터 아이비리그를 목표로 매진해온 아이들이 많다는 이야기다.

둘째, 미국에서도 이제 4년제 대학 졸업장이 더 이상 장래를 보장해주지 않는다. 취업 경쟁에서 고소득과 명예가 보장되는 자리를 차지하려면 좀 더 지명도 있는 대학 학위가 필요해졌다. 이러한 사회적 분위기가 아이비리그 선호도를 높였다.

셋째, 학비 보조 프로그램의 수혜자 확대로 그동안 비싼 학비 때문에 진학을 망설였던 저소득층 학생들의 지원이 증가했다. 예를 들면 하버드 대학이 새롭게 도입한 학비 보조 프로그램은 연소득 4만 달러 이하 가정의 자녀들에게 학비 전액을 지원해주기로 했다. 이와 유사한 제도를 예일 대학에서도 도입했다. 프린스턴 대학의 경우는 이제까지 졸업 후 갚아야 하는 융자 성격으로 지급하던 학자금을 갚지 않아도 되는 보조금 성격으로 바꿈으로써 학생과 학부모들로부터 큰 호응을 얻고 있다.

넷째, 외국인 지원자 수가 증가했다. 아시아 국가들의 경제 발전으로 글로벌 리더를 꿈꾸는 한국, 중국, 인도 학생들의 지원이 해마다 증가하고 있다.

우리가 주목해야 할 것은 아이비리그 입학이 이렇게 갈수록 어려워지는 상황에도 불구하고 한국 유학생들의 아이비리그 진학률은 해마다 증가한다는 사실이다. 10여 년 전에 시작한 조기유학 붐으로 미국 내 명문 사립 고등학교에 진학한 한국 유학생들과 국내 특목고 유학반 학생들의 아이비리그 진출 성과가 눈부시며, 앞으로도 그러할 것이다.

한국 학생들의 아이비리그 진학은 최근 5년간 가장 급격하게 늘었다. 2004년 가을 학기 예일 대학의 외국인 재학생 수(캐나다 제외)를 보면 한국이 31명으로 1위를 차지했다. 그 뒤를 중국(30명), 인도(23명), 터키(20명)가 바짝 쫓고 있다. 일본은 고작 7명에 불과하다. 특히 중국과 인도의 인구 수와 학생 수를 감안하면 이는 엄청난 수치가 아닐 수 없다.

이는 한국인들 특유의 '나도 하면 된다'는 식의 근성이 작용했기 때문이라고 본다. 야구에서 메이저 리그에 박찬호가 나가자 봉중근, 김선우, 김병현, 서재응, 최희섭, 구대성 등 수많은 선수들이 전에는 꿈도 못 꾸던 메이저 리그로 잇달아 진출해 활약하고 있다. 골프에서도 LPGA에서 박세리가 양말 벗고 우승하자, 너도나도 양말 벗겠다고 미국으로 떠났다. 그 결과 여자 프로 골프에서는 우리나라 선수들이 미국 선수들보다 10위권에 더 많이 포진해 있다.

아이비리그 대학도 마찬가지다. 약 5년 전부터 대원외고에서 토종 국내파 학생들을 아이비리그 대학교에 보내기 시작하자, 다른 학교들도 '우리도 한다'며 적극적으로 나서기 시작했다. 그 결과 국내 외고 유학반 학생들의 30~40퍼센트가 아이비리그에 진학한다. 명문 보딩 스쿨인 세인트 폴의 아이비리그 진학률이 40퍼센트대인 것과 비교하면 정말 대단한 성과다.

예일 대학 학부 외국인 학생들의 출신 지역(2004년 가을)

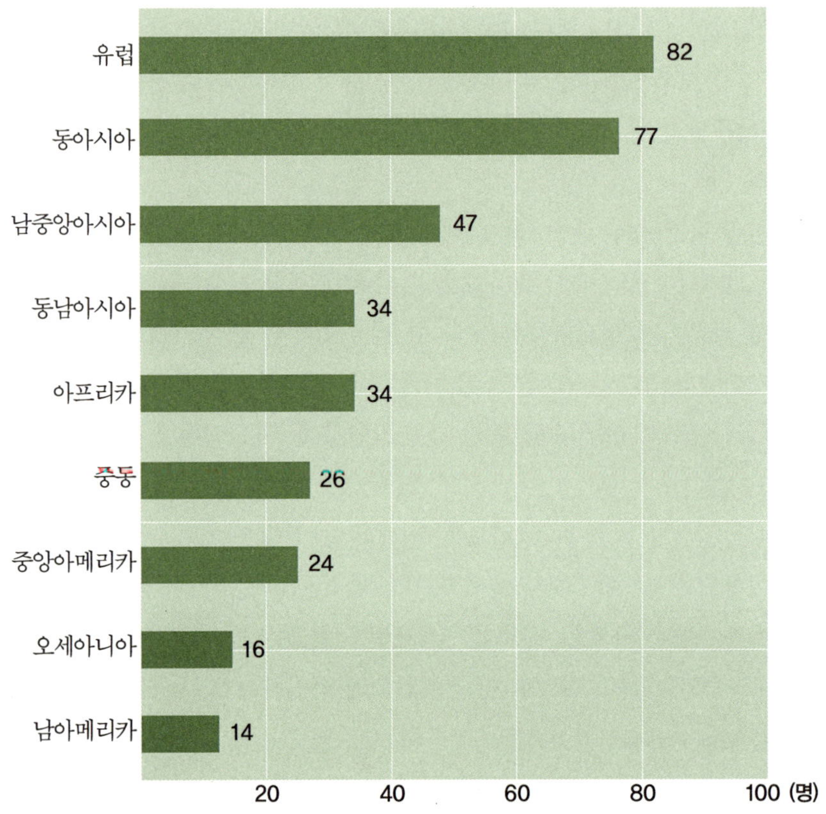

　나는 올해 명지외고 유학반을 맡아서 진학지도와 수업을 책임지고 있다. 서울어학원 상담이 끝나면 밤 10시라도 시간을 내서 학교에 찾아간다. 그곳에 도착하면 보통 밤 11시가 넘는데, 방학 중이라도 도서관 4층의 불이 꺼지지 않고 있다. 이런 한국 학생들의 노력이 바탕이 돼서 한국 학생들이 중국이나 인도, 일본 학생들보다 더 강한 경쟁력

예일 대학 학부 외국인 학생들의 출신 국가(2004년 가을)

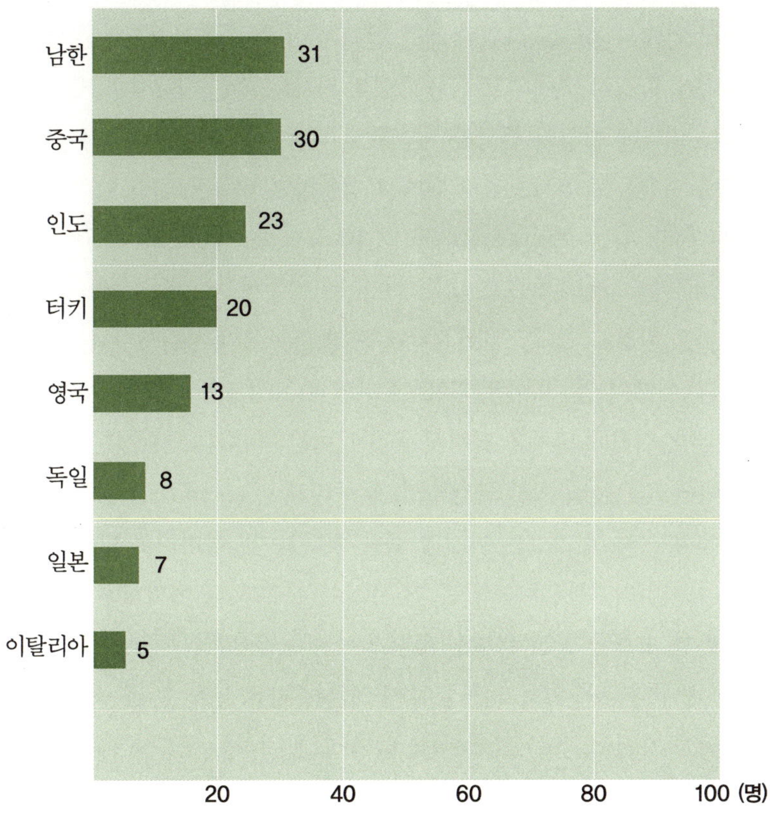

을 갖추게 될 것이라고 믿는다. 앞으로 5년이나 10년 후에는 아이비리그 대학 출신들의 동문회가 국내 명문대 동문회에 수적으로나 질적으로 전혀 뒤지지 않을 것이라고 확신하게 된다.

한국을 비롯한 아시아 국가 조기유학생들의 아이비리그 진학이 계속 늘어나면서 이전에는 그들의 진학에 유리하게 작용하던 소수계에 대한

'적극적 우대 정책(affirmative action)'이 오히려 아시아 학생의 발목을 잡는 현상도 벌어지고 있다. 성적이 우수한 아시아 학생들끼리 제한된 쿼터 안에서 자리를 다퉈야 하는 일이 빚어지니, 결과적으로 우수한 아시아계 학생이 떨어지고 상대적으로 뒤지는 흑인, 히스패닉계 학생은 그들 쿼터에 힘입어 합격하는 경우도 생겨났다. 이런 사례들은 적극적 우대 정책을 공식적으로 채택해서 명문화된 비율을 대학 입학 사정에 적용하고 있는 주립대학들에서 더 많이 발생한다. 그러나 아이비리그를 비롯한 사립대학들도 내부적으로는 인종별 비율을 안배하고 있는 것으로 알려져 있다. 그러다 보니 특별 활동이나 사회봉사 활동, 수상 경력, 에세이 등 '비학문 지표'에서 얼마나 경쟁력을 갖추느냐가 앞으로 더 강력하게 당락을 결정짓게 될 것이라는 분석도 나온다.

이와 같은 상황에서 과연 어떻게 준비해야 아이비리그에 들어갈 수 있을까? 아이비리그는 어떤 학생을 원하는가? 한마디로 말해 특별해야 아이비리그를 갈 수 있는 건 사실이다. 그러나 여기서 특별함이란 특별한 코스를 밟은 특별한 부류의 아이들을 말하는 것은 결코 아니다. 누구나 아이비리그를 꿈꿀 수 있다. 지금 부모 눈에, 교사 눈에, 그리고 자기 스스로 '특별할 게 없다'고 생각하는 무수한 아이들 안에 이미 '특별함'이 잠재해 있다. 그것을 발견하고 자극해주는 게 교사와 부모의 할 일이 아닌가 싶다.

SAT 100점 차이는 아무것도 아니다
-그들이 주목하는 것은 '지적 가능성'

아이비리그 입학 사정관들도 알아주는 한국의 명문 특목고에서 유학을 준비 중인 두 학생이 있다. SAT 점수가 한 학생은 1400점, 또 한 학생은 1500점이 나왔다. 두 학생이 아이비리그의 같은 대학을 지망하고 있다. 같은 고등학교에서 지원한 두 사람을 그 대학이 나란히 선택해줄 가능성은 매우 낮다. 하나가 되면 하나는 떨어질 것이 뻔하다. 누가 포기할 것인가? 대개는 100점 낮은 쪽이 포기하는 게 당연하다고 여긴다. 우리는 점수로 서열화하는 풍토에 너무나 익숙해져 있기 때문이다.

그러나 미국 대학의 문을 두드리는 수많은 아이들과 학부모들을 18년 동안 상담하면서 함께 고민하고 갈등하고, 때로는 해결사 역할을, 때로는 승부사 역할을 자임해온 나의 생각은 다르다. SAT 점수 100점 더 나왔다고 웃지 말고, 100점 덜 나왔다고 울지 말자. SAT 100점 차이는 아무 것도 아니다. 아이비리그에 지원하는 SAT 고득점자라면 더욱더 100점에 자만하지 말아야 하고, 100점에 주저앉지도 말아야 한다.

용우의 예를 들어보자. 용우는 100점 덜 나온 쪽이었다. "용우는 넣어봤자다", "분명히 용우가 떨어진다", "1530점짜리가 넣었는데 어떻게 1410점짜리가 붙나?", "둘이 학교 성적도 비슷하니까 용우가 당연히 불리하다. 불리한 사람이 생각을 바꿔야지." 다들 안 된다는 쪽이었다. 내가 나섰다. "넣어라. 가능성은 반반이다. 두고 봐라, 너는 인터뷰를 아주 잘할 수 있어."

용우는 호감이 가는 인상에 보기 드물게 용모 단정한 학생이었다. 어려서부터 꾸준히 다양한 독서를 해온 덕에 또래에 견주어 깊이 있는 사고를 했고, 자기 생각을 논리적이고 설득력 있게 펼칠 줄 알았다. 가정에서 예절 교육이 잘 되어 있어서 어른 앞에서 보이는 태도도 나무랄 데 없이 정중하고 공손했다. 고등학교 1학년 때 미국 대학에 교환 교수로 가는 아버지를 따라가서 1년 동안 미국 학교를 다녀본 경험도 있었다. 용우보다 100점 높은 SAT 점수로 유리한 입장에 놓인 아이도 아주 공부 잘하는 모범생이었지만 인터뷰 대응력의 면에서는 상대적으로 약한 편이었다.

용우는 주위의 만류에도 불구하고 컬럼비아 대학 조기 전형에 지원서를 냈다. 그리고 본격적인 인터뷰 준비에 들어갔다. 구슬이 서 말이라도 꿰어야 보배라는 말이 있다. 풍부한 독서 지식과 언변을 갖추었더라도 면접자의 마음을 움직이려면 그 시점의 세상 돌아가는 현상에 초점을 맞추어 서 말 구슬을 제대로 꿰는 훈련이 반드시 필요하다.

결과적으로 컬럼비아 대학은 용우를 선택했다. 나는 용우가 인터뷰에서 보여준 지적인 가능성이 합격에 크게 영향을 미쳤을 것이라고 생각한다. 지적인 가능성이라니? 용우의 합격 비결을 알고 싶어하는 독자들에게는 막연하기 짝이 없을, 꼭 집어 표현할 수 없는 상당히 모호한 성공 요인이다.

한국의 톱클래스 특목고 교장 선생님들과 만나서 학생들의 진학 지도에 대해 의견을 나누다 보면 이구동성으로 하게 되는 이야기가 있다. 바로 "그들은 정말 자기 대학이 원하는 학생들을 잘 골라낸다", "기가 막히게 좋은 아이만 데려간다"는 것이다. 하버드, 예일, MIT, 스탠퍼드, 컬럼비아 그들은 각각 자기들만의 노하우로 학생들을 골라낸다. 우수한 학생을 자기 학교로 유치하기 위한 대학 간 경쟁과 견제도 치열하지만, 각기 조금씩 다른 기준점에서 지원자를 평가하며, 자기들만의 평가 기준이나 안목에 대한 자부심도 강하다. 그렇기 때문에 명문 대학을 목표로 할수록 개인 인터뷰라는 관문의 중요성은 아주 높다.

용우는 아이비리그 입학을 목표로 특별 활동이며 봉사 활동 등에서 계획 있게 준비해온 학생에 속하지 않는다. 어떤 점에서는 '순수성이 합격을 도왔다'고 말할 수도 있다. 특별하지 않으면 아이비리그에 들어갈 수 없겠지만 특별하지 않은 아이를 특별하게 만들어서 아이비리그에 보낼 수는 있다. 그 특별함은 억지로 단시간에 만들어낼 수 있는 게 아니며, 그 특별함이 빛을 발할 수 있는 기회가 바로 개인 인터뷰라는 관문이다. 그런 점에서 용우의 성공담은 막연하지만, 많은 부모에게 시사하는 바가 크리라고 생각한다.

혜연이의 사례를 보자. 혜연이도 1500점대의 높은 SAT 점수를 받은 네 명의 친구들에 거의 파묻히다시피 예일 대학에 지원서를 냈다. 혜연이의 SAT 점수는 1440점. '객관적으로 불리한' 상황이었지만 나는 '주관적으로 유리한' 상황이라고 믿었고, 그 판단은 옳았다. 혜연이는 다섯 명 중 유일하게 예일의 입학 허가 통지서를 받게 되었다.

왜 예일 대학은 한국인 지원자 다섯 명 중에 SAT 고득점자 네 학생을 제치고 혜연이를 택했을까? 자기소개 에세이가 높은 평가를 받았기 때문이다.

혜연이의 에세이는 해비타트(Habitat) 운동 참여 경험담이다. 해비타트란 널리 알려져 있듯이 무주택자를 위한 집짓기 운동이다. 일찍이 1970년대에 미국의 한 변호사가 일으킨 이 운동은 자기 집 없이 열악한 환경에서 사회의 낙오자가 될 위험에 놓여 있는 사람들에게 보금자리를 마련해줌으로써 그들에게 희망을 심어주고 사회 복귀를 도와주자는 운동으로, 지금은 국제 규모의 사회 운동으로 성장했다.

해비타트에 다녀와서 에세이를 썼다고 하면 누구나 무주택 서민의 문제, 우리 사회의 빈부 격차를 좁혀나가는 문제 등을 건드리지 않았을까 쉽게 짐작할 것이다. 상식적인 생각이다. 만일 혜연이가 그런 사회 문제에 대한 자기 생각을 늘어놓는 데에 그쳤더라면 혜연이의 에세이는 그저 '평범하게 진지한' 에세이에 머물렀을 것이며, 입학 사정관에게 깊은 인상을 남기지 못했을 것이다.

해비타트 운동 현장에서 혜연이에게 주어진 일은 못질도, 시멘트 개기도, 벽돌 나르기도 아니었다. 현장 사람들이 터를 잡고, 기둥을 세우고, 지붕을 올리는 동안에 혜연이는 줄곧 그들이 식사하고 난 그릇을 닦는 설거지 당번을 했다. 너무 긴 시간 설거지를 해서 손이 통통 부어오를 정도였다. 혜연이는 집짓기 운동에 참여했다가 설거지만 하는, 전혀 예상치 못한 고생을 하면서 해비타트 기간 내내 여성의 사회적 역할에 대해 생각했다. 생전 설거지라곤 안 해보고 살다가 종일 물에 담그고 살다시피 해서 통통 부르튼 자신의 손을 바라보며, 집안일의 대부분을 감당하고 살아가야 하는 주부의 고충을 처음으로 실감했고, 여성 문제에 눈을 뜬 것이다.

처음 혜연이가 내게 내민 에세이 초고는 아주 모범생다웠다. 해비타트란 무엇인가, 해비타트의 의미 등을 차근차근 적어내려간 다음에야 비로소 자기가 겪었던 지극히 개인적인 경험 이야기를 꺼냈다. 그런데 설거지를 여성 문제로 연결시키며 나름의 생각을 펼쳐나간 방법이 아주 새롭고 신선했다.

"혜연아, 앞은 다 떼어버리자. 여기부터다!"

나는 설거지 이야기가 나오기까지 길어진 서론을 대폭 축소시키고 곧바로 자기 이야기로 들어가도록 조언했다. 고치고, 다시 읽고, 고치고 다시 읽는 과정이 열 번쯤 반복되었다. 사실 아이비리그에 도전하는 학생이라면 누구나 에세이에 그 이상 공을 들일 것이니 열 번의 리뷰는 특별한 이야기가 아니다. 관건은 그 과정에서 '무엇을 덜어내고 무엇을 더하느냐'에 있다. 그 절차탁마의 결과에 따라서 아주 개성이 돋보이는 에세이가 탄생할 수도 있고 처음에는 거칠지만 생기 넘치던 글이 그저 보편타당하고 숨죽은 글로 전락할 수도 있다.

혜연이는 누구나 빨려들어가 끝까지 단숨에 읽게 될 만큼 흡인력 있는 에세이를 완성해냈고, 그 에세이가 결과적으로 아이비리그 입성의 열쇠가 된 셈이다.

예일 대학의 한 입학 사정관은 이렇게 이야기한다.

"한국, 인도, 중국 학생들이 극복해야 할 장애의 하나는 시험 위주의 사고방식(test taking mentality)입니다. 물론 좋은 시험 점수가 대학 입학에 긍정적인 영향을 미치긴 하겠지만 우리는 점수를 그렇게 심각하게 고려하지는 않습니다. 미국에 오기까지 한국에서 시험이 매우 중요하게 여겨졌겠지만 미국에서 공부하는 데에는 시험보다 더 중요한 것들이 아주 많습니다. 학생들은 토플, SAT에서 받은 높은 점수가 원서를 매력적이고 강하게 보이게 만든다고 생각할지 모르지만 그런 점수들은 우리가 추구하는 게 아니죠. 시험을 잘 보는 기술은 대학 사회에서 아무 것도 의미하지 않습니다. 미국 대학 문화는 독창적인 연구 논문과 창의적인 실험을 기본으로 하기 때문입니다."

SAT 점수 100점 정도는 아무 것도 아니라는 점을 강조하기 위해서 나는 지금 두 학생의 사례를 이야기했다. 그러나 일단 SAT 점수에서도 남보다 높은 고지를 차지하고 들어가면 더 유리할 것임은 두말할 것이 없다. 다만 높은 SAT 점수만 믿고 나머지 관문에 최선을 다하지 않는 지원자보다는 낮은 SAT 점수를 만회하기 위해 남은 관문에 최선을 다하는 지원자가 낫다는 말이다. 그래서 새옹지마라는 말이 있고 최후에 웃는 자가 진정한 승자라는 말이 있지 않던가.

'높다', '낮다' 하는 것은 다 1400점 이상 수준에서 하는 이야기다. 그러므로 '점수가 중요하지 않다'고 아이비리그 입학사무소에서는 강조하지만 이는 뒤집어 말하면 '점수 좋은 것은 기본이다' 라는 의미임을 놓쳐서는 안 된다. 제1장에서 소개했던, '미국에서는 점수가 다가 아니다' 라고 말하면서도 점수 관리에도 결코 소홀함이 없었던 스탠퍼드 대학의 현영이를 떠올려보기 바란다.

현영이와 반대되는 사례도 생긴다. 성우는 학교 선생님들로부터 "SAT보다도 학교 공부가 중요하다"는 말을 귀에 못이 박이도록 들으며 학교 공부에 온힘을 쏟았고, 아주 좋은 성적을 유지해왔다. 학교 선생님들이 아이비리그 진학을 위해서는 교과외 활동으로 논문을 한 편 쓰는 것도 바람직하다고 귀띔하자, 성우는 시간을 쪼개 SAT 공부에 전념해야 할 시기에 논문을 쓰기로 마음먹었다. 결과적으로 성우는 논문은 완성했지만 SAT 점수는 1350점밖에 받지 못했고 아이비리그의 꿈을 접어야 했다. 충분히 생길 수 있는 일이다. 합격에 도움이 되는 이런저런 전략은 많다. 그중 어느 것을 취하느냐는 개인이 알아서 판단해야 한다. 성우는 논문을 쓸 시간에 SAT 점수 향상을 위한 노력을 하는 게 옳았다.

덧붙이자면 독해 영역 800점, 쓰기 800점, 수리 영역 800점 총 2400점 만점으로 이루어지는 SAT I 시험에서는 세 과목 점수의 균형 또한 고득점 못지않게 중요하다. 이를테면 수리 영역에서는 800점 만점을 받고, 독해 영역에서는 600점을 맞아서는 곤란하다. 세 과목 다 700점 이상 선에서 균형 있게 좋은 점수를 맞은 사람이 유리하다.

용우는 인터뷰를 잘해서 컬럼비아 대학에 들어갔고, 혜연이는 에세이를 잘 써서 예일 대학에 들어갔다고? 한국적 입시 풍토에서는 선명하게 이해하기 어려운 사실이다. 명확하고 객관성 있게 수치화된 내신과 SAT 점수로 알 수 없는 그 어떤 특별한 능력을 인터뷰나 에세이에서 변별해낼 수 있단 말인가? 입학 사정관들은 그것을 알아낼 만큼 유능한가? 높이 평가받은 에세이가 정말 지원자 자신의 힘으로 작성한 것인지 남이 써준 것인지 어떻게 아는가?

그들 대학이 주목하는 것은 지원자의 '지적 가능성'이다. 또 아이비리그의 입학 사정관들은 그 분야의 철저한 전문가들이다. 한국 학생들의 지원 서류는 아시아 지역 학생들의 지원서만 5년, 10년 다뤄온 베테랑들의 손에 쥐어진다.

"우리가 찾는 것은 리더의 자질이 있는 학생입니다. 그리고 리더로서의 능력을 찾아내는 데에는 공식이 있을 수 없습니다. 그것은 개인에 따라 정말 다양한 모습으로 표출되기 때문이죠. 이를테면 남을 배려하는 마음, 통솔력, 언변, 사고력, 남보다 멀리 내다보는 능력, 남보다 깊이 생각하는 능력, 카리스마, 이런 다양한 요소들에서 우리는 리더로서의 자질을 엿봅니다. 우리는 또한 학교에, 자기가 소속된 커뮤니티에 기여할 만한 사람을 찾습니다. 지원자는 인터뷰나 에세이를 통해 '나는 다른 사람과 공유할 무언가가 있다'는 것을 뚜렷이 보여줘야 합니다. 학문적으로는 뛰어나지만 사회생활에는 서툰 학생, 편협한 학생은 환영하지 않습니다. 학문에서 성공적인 학생보다는 늘 행복한 학생을 뽑았을 때 커뮤니티 자체가 행복한 캠퍼스로 바뀌고 방문자들이 우리 캠퍼스에서 '아, 여기는 정말 내가 공부하고 싶은 학교구나' 하는 느낌을 가지고 돌아갈 것이기 때문입니다."

아이비리그 한 대학 입학처장의 이야기다. 그들은 이러한 밑그림 위에서 추천서, 에세이, 특별 활동 경력 등의 지원 서류를 심사한다. 이제부터 입학 전형 요소들을 하나하나 구체적으로 이야기해보자.

GPA에 발목 잡히지 말라

우리나라 입시와 달리, 미국 대학교 입학에 가장 중요한 것은 고등학교 성적표다. 성적표란 GPA, 즉 고등학교 학점을 말한다. 아이비리그, 주립대학교 등 대부분 대학교에서 가장 중요하다. 통계적으로 볼 때, 전체 전형요소 가운데 33퍼센트 정도를 차지한다. 여기에 추천서가 같이 붙으면 40퍼센트 정도의 비율이 된다.

미국 대학교들이 발표한 입학생의 평균 GPA를 보면 잘 알 수 있다. 아이비리그 대학교들의 평균 GPA 수준은 3.9(4.0 만점) 이상이다. 아이비리그의 친구들이라는 MIT, 스탠퍼드 등도 평균 3.8이 넘는다. 또 퍼블릭 아이비리그라는 버클리, 미시간 대 등도 3.6 이상이다.

"9학년, 10학년 성적이 안 좋아요. 어쩌면 좋죠?" 상담하면서 무수하게 받는 질문이다. 주연이의 9학년 GPA는 2.3, 10학년은 2.5. 솔직히 이 성적으로 어느 대학에 원서를 쓸 수 있을지 고민스러운 상황이었다. 10학년을 마친 여름방학에야 문제의 심각성을 느끼고 상담을 와서 그 질문을 했다. 어떤 과목을 골라 어떻게 공략해야 조금이라도 성적을 더 끌어올릴 수 있을까 서로 머리를 맞대고 고민해가며 총력전에 들어갔다. 그 결과 11학년에는 3.7을 받았다.

한숨 돌렸다. 12학년 1학기에는 3.9, 가중 평균된 GPA(Weighted GPA) 4. 1을 받아냈다. 여름방학, 추수감사절 방학, 겨울방학을 다 쏟아부어 노력한 결과 SAT도 1530점을 받았다.

그러나 뛰어난 12학년의 성적이 형편없는 9학년, 10학년 성적을 '지워주는' 것은 결코 아니다. 여덟 개 대학에 지원서를 보냈다. UCLA에 지원했으나 불합격했다. 'UC 계열 학교는 10학년, 11학년 성적까지만 보기 때문에 12학년 성적이 가장 우수한 나한테는 애초에 불리했어.' 이렇게 속으로 위안했다. 그런데 뉴욕 대학도 불합격이었다. 속이 타들어가기 시작하는데 그 다음부터는 잇따라 희소식이 날아들었다. UC 버클리 합격, 컬럼비아 합격. 별로 가망 없다고 생각한 컬럼비아에서 입학 허가서가 날아들었으니 정말 어느 대학이 유리하고 불리할지는 누구나 예측만 할 뿐이지 결과는 아무도 모른다.

앞에서 성적을 끌어올리기 위한 '총력전'이라는 표현을 썼다. 성적이 저조하던 아이들이라도 정신이 버쩍 들게 되는 계기가 있다. "너 이럴 바에는 당장 한국으로 오라"는 부모의 불호령이 계기가 될 수도 있다. '나는 이만큼밖에 안 되면서 지금 집 떠나 왜 여기 와 있는 거지?' 하는 뼈아픈 자기반성이 계기가 된다면 더욱더 확실한 터닝 포인트가 될 것이 분명하다.

문제는 정신만 차린다고 무조건 성적이 오르는 것은 아니라는 점이다. 학점 관리를 등한히 하던 학생일수록 과목 선택에서부터 신중하지 못한 경향이 있다. 자기 능력에 맞는지, 점수를 잘 받을 자신이 있는지 심각하게 검토하지 않고 평소 하던 대로 별 생각 없이, 친구들하는 거 따라서 과목을 선택했다가는 아무리 열심히 해도 헛수고인 경우가 생긴다. 모처럼 분투했는데도 성적이 오르지 않으면 맥 빠지고 다짐도 허물어지고, 원점으로 돌아가게 될지도 모른다. 성적 향상을 위한 '총력전'에는 그러므로 개인의 상황과 공부 스타일, 역량에 따라 치밀한 계획과 작전이 따라야 한다.

개인의 역량에 맞춰 과목을 잘 선택해야 하는 점은 부진한 성적을 끌어올리려는 학생에게만 국한된 것이 아니다. 모범생이고 9, 10학년 때는 상당한 수준을 꾸준히 유지했는데 11, 12학년 올라가면서 추락하는 학생도 있다. 여전히 열심히 하는데도 성적이 형편없다면 이는 자신의 능력을 넘어서는 과목들을 덥석 선택한 결과이기가 쉽다.

9, 10학년 때 좋은 성적을 유지하다가 11, 12학년 올라가면서 성적이 추락하는 경우는 정말 구제불능이다.

부진하던 성적을 쭉 끌어올린 성적표를 높이 평가해주는 학교가 있는가 하면 꾸준히 고르게 좋은 점수를 유지해나간 성적표를 선호하는 학교가 있다. 아무튼 내가 학생과 학부모와 머리를 맞대고 고민하는 목표는 최악의 조건에서 최선의 학교를 선택하자는 것이다. 그게 중요하다.

성적 문제에서 또 하나 중요하게 생각해야 할 것은 12학년 말의 성적이다. 수시모집에 합격해서 대학 입학 허가서를 손에 들고 입이 귀에 걸려 한국에 들어온 학생들에게 내가 잊지 않고 경고하는 것은 "퍼지지 말고 돌아가서 기말고사 잘 보라"는 것이다. 앞에서도 한 번 언급했지만, 입학 허가서 받아놓았다고 너무 일찍 '샴페인 터뜨리기'에 바빠 돌아다니다가 3년 내내 A, B를 유지하던 성적표를 기말에 C, D로 깔아버리는 학생들이 있다. 이런 학생은 마지막 순간에 입학을 취소당할 수 있다. 한 해에 한둘씩은 꼭 나온다. 성적뿐만 아니라 갑자기 지각이나 결석이 늘어나더라도 문제 삼을 수 있다. 그들은 눈에 띄게 성적이 향상된 학생의 노력을 높이 평가하는 만큼 갑자기 성적이 뚝 떨어진 학생의 나태함도 용인하지 않는다.

소홀히 여긴 12학년 2학기 성적의 대가는 여기에서 그치지 않는다. 위스콘신 대학은 퍼블릭 아이비리그 가운데 몇 손가락 안에 드는 대학이다. 이 대학에 입학해서 1년 열심히 공부하다 보니 유학 초기 꿈꿨던 '드림 칼리지'에 재도전해보고 싶은 욕망이 생겼다. 그 학교 편입 절차를 밟으니 고등학교 성적표를 제출하라고 한다. 평상시에 비해 뚝 떨어진 12학년 말 성적은 이 학생이 들어갈 대학이 정해지고 나서는 고등학교 공부를 열심히 안했다는 증거가 된다.

성적이 아무리 좋아도 추천서가 좋지 않으면 좋은 대학교에 절대로 갈 수 없다. 추천서는 학생을 판단하는 가장 좋은 기준점이다. 성격, 개성, 어른 대하는 태도, 우리 학교에 와서 어떤 성향의 학생이 될지 판단하게 해주는 바로미터가 추천서다.

추천서라고 하면 '이 사람을 잘 부탁한다'는 메시지가 담긴 덕담 수준의 글로 생각하는 사람들이 의외로 많다. 그래서 '누가 우리 아이를 잘 아는가보다는 누가 타이틀이 좋고 내가 부탁하기 좋은가'를 먼저 생각한다. 그런 느슨한 생각으로 '명사'의 추천서를 받기 위해 여기저기 전화를 해대는 것은 아이의 앞길을 막는 행동이다.

우리 부모님들은 아이가 하버드 대학에 지원하려 한다면 어떤 어려움을 무릅쓰고라도 하버드 출신 교수의 추천서를 받아내려고 애쓰는 경향이 있다. 그러나 잘 알지 못하는 하버드 출신 교수의 막연한 추천서는 안 통한다. 정말 우리 아이를 잘 아는 하버드 출신 교수가 추천서를 써준다면 가장 좋다. 그러나 그렇지 못할 바엔 차라리 우리 아이의 성장 과정을 죽 지켜본 가까운 지인 가운데 아이의 현재 모습을 잘 알 뿐만 아니라 그 아이의 장점을 알고 장래성을 보장해주는 교수의 추천서가 훨씬 낫다. '특별한' 추천서를 받아내려고 너무 노력하지 말라는 이야기다.

하버드 출신들은 자기가 추천서를 남발하면 나중에 정말 필요할 때, 이를테면 자신의 아이가 지원서를 낼 때 자기 추천서의 신뢰도가 떨어지게 될지도 모른다고 생각하기 때문에 웬만한 경우가 아니면 좀처럼 추천서를 써주지 않는다. 취직하면 모교에 500달러에서 시작해서 1천 달러, 2천 달러로 꾸준히 액수를 늘려가며 기여금을 보내면서도 추천서는 한 장도 안 쓰는 졸업생을 많이 봤다. 나중에 정말 내 아들딸이 그 학교 갈 때를 대비해 기회를 아끼고 신뢰를 쌓는 것이다.

학교 쪽에서도 졸업생의 추천서라고 무조건 우대하는 것이 아니다. 추천서를 쓴 졸업생의 이름으로 학교발전기금 사무국(development office)에 조회를 의뢰하면 그 졸업생의 기여도가 단박에 파악이 된다. 만일에 졸업하고 나서 학교에 한 번 찾아간 적도 없고, 기부금 한 푼 낸 적도 없이 추천서만 스무 통이나 써댔던 사람이라면? 그 사람의 추천서가 얼마나 긍정적인 영향을 미칠지는 미지수다.

나는 미국에서 공부할 때 지도교수의 연구 조교로 일했다(그때만 해도 동양인을 연구 조교로 쓴다는 건 이례적인 일이었다). 가까이에서 지켜보니, 지도교수한테 추천서 의뢰가 시도 때도 없이 들어왔다. 1년 내내 연구는 안하고 추천서만 써야 할 지경이었다. 그러나 지도교수는 대부분은 거절하고 꼭 쓰지 않으면 안 될 추천서만 썼다. 그 추천서들조차도 내용을 일부 소개하자면 이런 식이다.

'수업 시간에 적극적으로 참여를 안 해서 내가 판단은 잘 못하겠으나……'

'당신이 가르쳐보면 확인해볼 수 있을 듯……'

그는 한 해에 자기가 정말 아끼는 학생 두어 명 정도의 추천서만 제대로 써주었다.

"한 해에 추천서 의뢰가 2천 건은 들어올걸? 써달라는 대로 추천장을 남발하기 시작하면 정작 내가 밀어주고 싶은 제자를 위해 추천서를 쓸 때에는 내 추천서가 대학에서 무용지물이 될지도 몰라."

나중에 시카고 대학을 나온 SK 그룹의 고 최종현 회장도 한 해에 한정된 수의 추천서밖에는 쓰지 않았다는 이야기를 듣고 나는 내 지도교수 말을 떠올렸다.

재학 중인 학교 교장의 추천서가 평교사의 추천서보다 더 힘을 발휘할 것이라는 생각도 오산이다. 재학생의 추천서 의뢰에 교장 선생님들은 특별한 사정만 없다면 다 응한다. 그 내용은 전혀 미화 없는 사실 그대로를 적는다.

"이 학생은 우리 학교 재학 중인 학생으로서 내가 직접 공부를 가르쳐본 적은 없으나, 개인적 만남은 1년에 한두 번 정도 되고 성적은 성적표로 보건대……."

교장 추천서에 연연할 필요 없다. 추천서는 다른 서류에서 알아낼 수 없는 지원자의 개인 역량을 알아내기 위한 수단이다. 그 학생을 수백 명 재학생의 한 명으로밖에 인식하지 않는 교장 선생님이 어떻게 그의 숨겨진 역량을 글로 드러내 보여줄까?

한마디로 입학 사정관이 추천서를 읽어 내려가다가 '아, 이런 학생이!' 하고 탄복했다면 그 추천서가 가장 힘 있는 추천서다. 그러한 힘 있는, 구체적인 추천서는 그만큼 자기 자신을 가까이에서 애정을 가지고 바라본 선생님이라야 쓸 수 있을 것임은 두말할 나위도 없다. 그러므로 평교사 추천서보다 학교장 추천서를 받으려고 너무 애쓸 것도 없다.

미국 선생님들, 특히 어문학을 전공한 선생님들은 아끼는 제자의 대학 진학을 위해 정말 문학적인 향기가 나는 추천서를 쓰기도 한다.

"이 학생은 프리즘과 같아서 빛 한 줄기가 이 학생을 통과하면 일곱 빛깔 무지개가 됩니다."

이런 찬란한 비유와 함께 자기 제자가 학교에서 얼마나 다방면으로 활약을 하며 많은 사람에게 좋은 영향을 끼치고 있는지 구체적으로 밝혀놓는다. 같은 호평이라도 '급우들에게 영향력이 크고 타에 모범이 됨' 같은 무뚝뚝하고 상투적인 표현에 비해 읽는 사람의 마음을 훨씬 강력하게 움직일 것이다. 스승으로부터 이런 멋진 추천서를 받는다는 것은 입학 사정에 유리하게 작용할 서류를 확보했다는 사실 이전에 그 자체로 정말 기분 좋은 일이다. 스승으로부터 그만큼 인정받았다는 것만으로도 앞날에 든든한 마음의 재산이 되지 않을까.

그러나 적극적으로 밀어주고 싶은 학생에게는 이렇듯이 찬사를 아끼지 않지만 대체로 미국 선생님들은 감정을 잘 드러내지 않으며, 평가에 관한 한 정말 냉정하다.

교사들이 추천서에서 객관성을 유지하려 하는 가장 중요한 이유는 학교 추천서의 공신력을 떨어뜨려서는 안 되기 때문이다. 지원자 개인에게는 자기 한 사람의 문제이지만 학교로서는 수많은 학생들에게 내년에도 후년에도 추천서를 써주어야 한다는 점을 감안할 때, 한 번 공신력이 떨어지면 학생 전체에게 불이익이 돌아가는 것은 당연한 일이다. '저 선생님이 나를 몇 년을 봤는데, 잘 써주실 거야' 하는 생각으로 방심했다가는 큰코다친다.

한국 학생들이 이렇게 방심하게 되는 데에는 문화적인 차이도 크다. 한국 선생님들은 작은 잘못이라도 눈에 띄면 그때그때 지적하고 꾸지람을 하지만 그들은 절대로 헛기운을 빼지 않는다. 겉으로는 늘 친절하고 부드럽다. 그 대신 눈에 거슬리는 행동, 명백히 잘못된 행동들을 차곡차곡 다 모아뒀다가 한 번에 터뜨린다. 그래서 한국 학생들은 '너를 징계위에 넘기겠다'는 싸늘한 통보를 받고서야 당황하기 일쑤다. 추천서에서도 마찬가지다. 늘 평소에 웃는 낯으로 대해주던 선생님이라도 추천서 쓸 때에는 장점에 후하지도, 단점을 덮어주지도 않는다는 이야기다.

그렇기 때문에 나는 방학 때 만나는 조기유학생들한테 "수업 시간에 충실히 참여하고 학점 관리에 최선을 다해라. 선생님들한테 무조건 잘해라. 섭섭한 일 있어도 만나면 웃어라" 하고 당부한다. 특히 11학년 올라가는 아이들에게는 거듭해서 강조한다. 특별한 이유가 없다면 대개는 11학년 때 배운 선생님들에게 추천서를 부탁하게 되기 때문이다. 특히 칼리지 카운슬러의 추천서는 매우 중요하다. 상담 선생님 힘들게 한 학생이라면 좋은 대학 가기는 틀렸다고 보면 될 정도다. 정도의 차이는 있지만 아이비리그 경쟁률은 보통 10대 1이다. 이 경쟁률을 뚫으려면 작은 흠집도 없어야 한다.

이를테면 꼼꼼한 칼리지 카운슬러들은 11학년 기말에 자기 학생들에게 희망하는 대학들의 공통 지원 서식(common application form)을 미리 작성해서 제출하라고 충고하기도 한다. 그만큼 차근차근 시간을 확보하고 준비하자는 뜻이다. 꼭 실천에 옮겨야 할 충고임은 말할 것도 없다. 그 충고를 무시하고 짐 싸서 한국으로 내빼버리면? 그들도 학생만큼 바쁜 사람들이다. 자신을 힘들게 하고 여러 번 말하게 만드는 학생들을 절대로 좋게 보지 않는다. 그 다음부터는 특별한 호의를 기대하지 않는 게 좋을 것이다.

학교에 따라 차이가 있지만 대개 칼리지 카운슬러 세 명 정도가 그해 대학 진학할 학생 전체를 나누어 담당한다. 그러므로 학생 쪽에서 적극적으로 매달리지 않으면 일괄적인 가이드 역할에 머문다. '알아서 챙겨주겠지' 하고 뒤로 빠져 있다가는 중요한 사항들을 놓치게 될지도 모른다. 선생님의 충고를 잘 따르고, 수시로 묻고 확인하고 보채는 학생이 더 많은 것을 얻게 되어 있다.

"이번 여름방학에는 뭐 할 거니?"

"봄에 볼 SAT 성적이 만족할 만큼 나오면 더 이상 여름에 SAT 학원에 다닐 필요가 없으니까 국토 대장정을 하고 싶습니다."

"정말 좋은 생각이다. SAT 잘 봐서 꼭 그 계획대로 해라."

"오케스트라 활동을 그만둘까 생각하고 있는데 선생님 생각은 어떠세요?"

"오케스트라 활동은 계속하는 게 좋겠어. 그 활동이 그나마 너의 지원서를 더 흥미롭게 만들어주는 요소인데 그만둔다면 아쉬운 일이다."

"SAT II는 몇 과목이나 칠까요?"

"지원하는 학교는 두 과목이면 되는데, 추가로 한국어를 권하고 싶다. 가뿐하게 800점 받을 수 있을 거야."

"제가 한국인인데 한국어를 치면 대학에서 내가 요령 부린다고 생각하지 않을까요?"

"전혀 그렇지 않아. 대학에서는 좋은 점수를 받았다면 한국인이 한국어를 선택했다고 문제 삼을 이유가 없어."

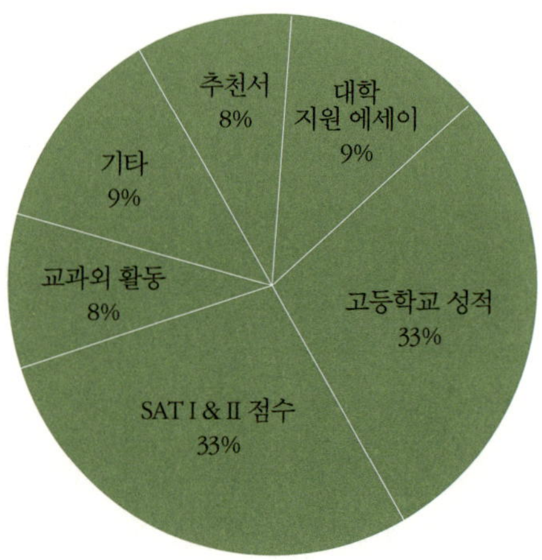

대학 합격에 영향을 미치는 요소들

학문적·비학문적 요소들의 상대적 중요도(하버드 대학 2004년 가을)

중요도 입학 요소	참고	중요	매우 중요	
고등학교 성적			●	학문적 요소들
석차		●		
추천서			●	
SAT 점수		●		
대학 에세이			●	
인터뷰		●		비학문적 요소들
교과외 활동			●	
재능 / 능력			●	
인성 / 품성			●	
자원 봉사		●		
직업 경험	●			

    10학년, 11학년 때부터 이런 식으로 틈틈이 조언을 구하고 선생님 충고를 실천에 옮겨보자. 평범한 사항들 끝에 '수업 시간에 소극적이고 별로 참여하지 않음'이라는 썰렁한 코멘트가 들어간 추천서를 받고 울상을 지을 것인가, '늘 수업 시간의 분위기를 밝고 생동감 있게 이끄는 주도적 역할을 하는 학생임'이라는 칭찬이 들어간 추천서를 받고 마음 든든해 할 것인가. 모두 평소 자기 하기 나름이다. '성적은 좋으나 수업 시간에 적극적으로 참여하지 않고 다른 학생들과 융화하지 않는다.' 추천서가 이 지경이라면 아이비리그 대학교에는 못 간다고 봐야 한다.

새로운 SAT는 한국 학생들에게 유리한가?

다음은 SAT 점수다. SAT에 관한 일반적인 사항들은 이미 앞에서 다뤘다. 또 앞에서 용우와 혜연이의 사례를 통해 'SAT 100점보다 중요한 것들'에 관한 이야기도 했다. 그러나 기본은 갖춰야 한다. 주립대들 가운데 SAT를 요구하지 않는 곳도 있지만, 아이비리그 대학교들이나 퍼블릭 아이비리그들의 전형에서는 중요한 요소다. 통계적으로는 전체 전형에서 약 33퍼센트 정도의 비율을 차지한다.

SAT에서 주목해야 할 부분은 최근 새로운 SAT로 시험 방식이 바뀌었다는 점이다. 과거 1600점 만점에서 쓰기(Writing) 부분이 추가돼 2400점 만점이 됐다. 이것이 한국 학생들에게 유리한가, 불리한가 의견이 분분하다. 내 생각으로 한국 학생들은 토플에서 쓰기를 공부했고 구문 공부를 했기 때문에 오히려 쉽다고 본다.

그렇다면 아이비리그를 가려면 어느 정도 점수를 받아야 할까. 우리나라 입시에 익숙해진 일부 부모님들과 학생들은 무조건 만점을 받으려고 노력하는데 그럴 필요까지는 없다. SAT I에서 2250점 정도 받으면 더 이상 점수 올리려고 노력할 필요 없다. 대신 아이비리그 학교들은 대부분 SAT II도 요구하므로 여기에도 신경을 써야 한다. SAT II도 2250점 정도 받으면 되지만 한 과목이라도 700점 아래로 받으면 아이비리그는 가기 어렵다. 주립대들은 대부분 SAT II를 요구하지 않으므로 미리 전형 방법을 파악하고 대비할 필요가 있다.

지나치게 화려한 교과외 활동은 의심의 표적

"남아프리카에서 활동 중인 국제구호기구에 한 달 정도 참여할까 합니다. 그 정도 기간이면 충분할까요?"

"2주 동안 장애인을 위한 사회복지 기관에서 봉사를 했는데 70시간 밖에 인정을 안 해줍니다. 이걸로는 부족할까요?"

한 대학교 입학사무소 직원은 "이런 질문은 주로 동양인 학생들이 한다"고 난처한 표정을 지었다. 시간만 채우는 봉사 활동은 다 가짜다. 대학 진학을 위한 맹목적인 봉사 활동은 의미 없다. 몇 시간 했느냐는 중요하지 않다. 어머니들에게 부탁한다. 아이가 참된 봉사 체험을 하게 하려면, 아이로 하여금 사회의 아픔을 체험하게 하여 사회를 바라보는 눈을 성숙시키겠다는 생각, 10년 후 20년 후 사회 한 분야의 주역이 되어 있을 자식에게 밑거름을 준다는 생각으로 시키라고……. 부모부터 어느 기관이 확인서에 후한가, 몇 시간 채워야 원서 쓰는 데에 충분한가를 따지면서 아이 봉사 활동 장소를 고르는 태도로는 아무 것도 얻지 못한다. 다양한 봉사 활동, 긴 봉사 활동 시간보다 중요한 것은 마음을 담은 봉사 활동이다.

열 명이 똑같은 기관에서 봉사 활동을 하고 자기 체험에 대한 에세이를 썼어도 그중 입학 사정관의 마음을 움직이는 진실한 에세이는 한 편밖에 나오지 않을 수도 있다.

두 어머니가 방학 동안 똑같은 종합병원에서 자녀에게 봉사 활동을 시켰다. 며칠 하다 보니 점심시간 직후가 제일 할 일이 없는 시간이라는 것을 알게 되었다. 한 학생은 그 뒤로는 언제나 무난한 그 시간에 가서 공연히 우왕좌왕하며 시간을 보냈다. 결과적으로 시간 때우기식 봉사 활동을 한 셈이다. 다른 한 학생은 주로 오전 시간에 가서 몸이 불편한 환자들을 목욕시키고 밥 먹이고 그들의 말벗이 되어주었다. 그러다 보면 언제 시간이 흘렀는지 모르게 오후 늦게까지 병원에 머물게 되는 날도 많았다. 두 학생 모두 나중에 자신의 병원 봉사 활동을 에세이에 썼다. 나중에는 봉사 활동을 한다는 의식조차 없이 환자들을 거드는 일에 푹 빠져서 지냈던 학생은 에세이에 '왜 사람들이 봉사 활동을 하면 작은 사랑을 베풀고 큰 사랑을 받고 오게 된다고 말하는지 자기 스스로 깨닫게 되었다'면서 환자들과의 교감을 자세히 글에 담았다. 반면에 별로 할 일이 없었던 학생은 피상적인 병원 스케치를 에세이에 담았다. 가까이에서 바라본 병과 죽음에 대한 이야기였다. 이 에세이를 읽는 베테랑 입학 사정관들은 그 에세이가 생로병사에 대한 어떤 깊이 있는 사색을 담았다 할지라도 '병원에 봉사 활동하러 가서 별로 한 일이 없군!' 할지도 모른다. 거듭 강조하는데 그들이 듣고 싶은 것은 '자기 자신의 이야기'다. 주변 상황에 관한 일반적인 이야기가 아니다.

마음으로 느끼는 봉사 활동을 해야만 아이로 하여금 좋은 에세이를 쓰게 만든다. 그 체험을 통해 눈을 뜨게 되는 아이만이 진정을 담은 에세이를 쓰게 된다는 말이다. 아이비리그에 아이를 보내고 싶지 않은 어머니라면 아이의 일과 시간표에서 공부 시간이 최대한 축나지 않게, 시간 때우기 봉사 활동을 마련하면 된다.

땀 흘리는 봉사 활동만 의미 있는 것은 아니다. 나는 영어 실력이 뛰어난 고등학생 몇 명을 한 아동복지기관에 보내서 그들의 해외입양 업무를 돕게 한 적이 있다. 주로 해외로 입양 간 아이들이 보내온 부모를 찾는 편지, 도움을 요청하는 편지들을 한글로 번역해주고, 한국의 부모가 그들에게 보내는 편지를 영어로 옮기는 일을 했다. 그 일을 하면서 그들은 '국가관' '가족의 가치' '개인의 정체성' 같은, 그때까지 막연하게 개념으로만 알고 있던 말들이 구체적으로 어떠한 의미를 담은 말인지 스스로 깨닫게 되었다고 했다.

한국의 중 · 고등학교에서는 의무 봉사 활동 시간이 정해져 있으며, 이 시간을 채우기 위해 이러이러한 기관에 가서 봉사 활동을 하고 확인서를 받아오라고 목록을 만들어 나눠주는 것으로 알고 있다. 그러니까 어디 가서 무슨 봉사를 해야 할지 아무 대책이 없는 학생도 막연하지는 않다. 그 대신에 자기가 부모님을 따라 늘 해오던 활동이 있어도, 그 기관이 학교로부터 인정되는 기관이 아니면 봉사 시간을 채우기 위해 다른 활동을 기계적으로 더 해야 하는 단점이 있다. 반면에 미국은 민간 자원 봉사 활동이 확실하게 뿌리내린 사회라 그런지 학생들의 봉사 활동을 철저하게 자율에 맡기는 편이다. 그러나 부모와 멀리 떨어져 객지 생활하는 한국인 학생들 입장에서는 무슨 봉사 활동을 해야 할지 그래서 더욱 고민스러워질 수도 있다.

올해에 대학에 진학한 조기유학생 동혁이의 고등학교 시절 봉사 활동에 주목해보자. 자기 말로 '부모 덕분에 활동 선택 범위가 우리보다 훨씬 넓은 미국 애들 틈에서 내가 뚫은 하나의 돌파구'라고 표현했다.

"미국 학교들의 봉사 활동에는 일정한 정의가 없어요. 그러니 어떤 점에서는 막연하죠. 그렇지만 봉사에 대한 적극적인 생각만 있다면 정말 보람을 느낄 만한 기회를 스스로 만들 수 있어요. 저는 우리 학교 부근 노인 복지 시설에서 봉사 활동을 해봤어요. 전직 의사도 계시고 아무튼 부유한 계층 은퇴자들이 모여 사는 시설이었어요. 처음 가서는 그저 눈이 어두운 분들에게 편지도 읽어드리고 잡지도 읽어드렸는데 오래 하다가 보니 그분들한테 진짜 필요한 일이 무엇인지를 스스로 깨닫게 되었어요. 그게 뭐냐면 '배워 드리는 일'이에요. 평생 교단에 계시다가 은퇴하신 어른께 뭘 가르쳐달라고 하면 활력이 솟으시는 것 같았거든요. SAT 교재를 펼쳐놓고 여쭤보기도 하고 어떤 주제를 정해서 한두 시간 토론을 하기도 했어요. 대개 봉사 활동이라고 하면 경제 형편이 어려운 층, 사회의 그늘진 곳을 찾아가서 '뭔가 해드리는' 것만 생각하는데 저는 경제적으로 부족함이 없지만 은퇴 후 삶의 활력을 잃으신 분들에게 '일'을 만들어드리는 봉사를 한 거예요. 제가 알기로 봉사 활동 확인서 같은 건 미국에 없어요. 양심에 맡기죠. 또, 거짓으로 써내면 언젠가는 들통이 나게 되어 있어요."

예일 대학을 졸업하고 하버드 로스쿨 입학 허가를 받고 난 뒤 1년 동안 한국에 들어와 한국여성문제연구소 연구원으로 일하고 돌아간 학생을 알고 있다. 그 친구는 로스쿨을 졸업하자 다시 아시아 여성문제연구소에서 1년간 무보수 연구직으로 있다가 로펌에 들어갔다. 이처럼 조건 없는 봉사 활동이야말로 나중에 더 큰 열매를 맺게 하는 중요한 단초가 되기도 한다. 유학을 준비하는 학생의 부모라면 '원서의 내용'을 어떻게 하면 풍부하게 꾸미느냐 하는 문제 이전에 그런 사실을 잘 가르쳐야 할 것이다.

봉사 활동 외에도 미국의 대학들은 다양한 과외 활동 경력을 요구한다. 그래서 미국 고등학교에 아이를 보낸 어머니 중에는 "공부만으로도 벅차 보이는데 운동도 잘해야 한대고, 미술도 하면 좋대고, 악기도 하나쯤 잘 다뤄야 대학 갈 때 유리하다니, 어떻게 그것들을 다 시키냐"고 걱정하는 분들도 있다. 실제로 유명 농구 코치에게 개인 교습을 받게 하고 그 코치의 추천서를 입학 지원서에 첨부하는 극성 어머니들도 없지는 않다. 그러나 그 추천서가 과연 지원자의 당락에 얼마만큼의 영향을 미쳤을까? 미미한 역할에 그치지 않았을까 생각한다. 대학들은 코치가 추천하는 프로급 운동선수를 정원의 10퍼센트 정도 뽑는다. 이를테면 하버드 대학에서는 1년에 1,650명의 학부 신입생을 뽑는데, 입학 허가는 2천여 명 정도에게 내준다. 그 가운데 운동선수나 특별한 재능이 있는 학생들이 10퍼센트 정도다. 프로팀에 갈 만한 아이들인데 고등학교 코치나 선생님들의 특별 추천을 통해서 대학교에 오는 것이다. 그만큼 미국 대학들은 공부 외에 특출한 능력이 있는 것을 높이 평가하지만, 이는 '정말' 특출한 재능의 소유자에게 해당되는 이야기다. 여기 해당할 선수가 아니라면 국가 대표팀 감독에게 개인 교습을 받았다 해도 별 의미가 없다.

정반대의 경우를 보자. 서울에서 일반 고등학교를 졸업하고 브라운 대학에 진학한 용민이는 3학년에 올라가기 직전에야 유학 갈 마음을 먹게 된, 쉽게 말해서 '번개 불에 콩 볶아먹은' 케이스다. 그러니 봉사 활동이나 과외 활동 등 지원서를 돋보이게 할 만한 그 어떤 사전 준비도 안 되어 있었고 토플과 SAT 준비만으로도 숨이 가빴다. 나머지에 신경을 쓸 여유가 전혀 없었다.

용민이는 2학년 때 공부에는 별로 마음을 붙이지 못했지만 학교 일에는 적극적으로 참여하는 활동적인 학생이었던 모양이다. 축제 기간에는 기업마다 찾아다니면서 축제 팸플릿 협찬 광고 따는 일에 앞장섰다는데, 용민이가 다들 놀랄 만큼 광고를 많이 따오는 바람에 아주 넉넉한 예산으로 풍요로운 축제를 즐겼다고 한다. 용민이는 이때의 활약상을 원서에 활용했고, 검증할 수는 없지만 아마 그 덕을 꽤 봤지 않았을까 싶다. 이런 종류의 경험이야말로 미국 대학 입학 사정관들이 눈여겨보는 진정한 '교실 밖 활동'(extracurricular activities)이 아닐까?

지나치게 인위적인 과외 활동은 현재 내 아이가 대학에 입학하는 데에는 요행히 도움이 될지 몰라도 길게 보면 미국 대학의 입학사무소 사람들로 하여금 한국 아이들의 원서 내용을 의심하게 만들 수도 있다. 이미 한국 학생의 과외 활동 내역을 놓고 과연 고등학생으로서 이것들을 다 섭렵하는 게 가능한지 논란을 벌이는 사태가 빚어지고 있는 것으로 알고 있다. 내용에 비해 지나치게 화려한 포장은 바람직하지 않다. 왜냐면 목표로 한 대학에 '들어가는 것'이 다가 아니기 때문이다. 그 학교에서 자기 자신이 잘 적응하고 즐겁게 학교생활을 하는 것이 더 중요하다. 국제 대회 우승 경력으로 원했던 대학의 입학 허가서를 손에 쥐게 되더라도, 그 학교에 입학하기에는 자질이 부족한 학생이라면 졸업까지는 멀고 험난한 길이 될 것이다. 아이비리그 대학들이 '특별한' 학생에게 특별한 관심을 보이는 것은 사실이지만, 기본을 다 갖췄다는 것을 전제로 했을 때 특별한 게 중요한 것이지 기본이 안 되어 있어도 봉사 활동이나 그 밖의 과외 활동 경력의 특별함으로 모든 것을 만회할 수 있다고 생각하는 것은 오산이다. 들어가서 잘하고 못하고는 특별함만으로 결정되는 것이 아니다.

팔방미인을 만들려고 무리하는 것보다는 한 가지 깊이 있는 재능을 갖추는 쪽이 낫다. 무엇보다도, 다른 아이들은 어떻게 하고 있는지, 과외 활동에 너무 촉각을 곤두세울 필요는 없다. 대학들은 수많은 지원자들 중에서 자기 대학이 원하는 학생을 선별하는 특별한 기술을 가지고 있다고 믿고 마음을 비우는 게 좋겠다. 그 기술에는 억지로 급조한 재능조차 알아채는 기술까지 포함된다고 믿으면 조바심 내던 어머니 마음이 조금은 편안해지지 않을까?

에세이, 무엇을 쓸까?

올봄에 만났던 아이비리그의 한 대학 입학처장은 최근에 읽은 한국 학생의 에세이 중에 가장 기억에 남는 것이 어떤 이야기였냐는 내 질문에 이런 대답을 들려주었다.

"귀 뚫은 것에 대한 이야기였어요. 자기는 귀를 뚫고 싶은데 아버지 반대에 부딪쳤답니다. 아버지는 '고등학생이 무슨 귀를 뚫느냐'고 핀잔을 주시고, 자기는 그런 아버지의 모습에서 아버지 세대와 자기 세대 사이의 문화적 차이를 느끼며 몹시 답답해 했다고 합니다. 그러다가 어느 순간 자기가 아버지 입장이 되어 왜 반대하실까 다시 곰곰이 생각해보았답니다. 그리고 아버지 마음을 이해하게 되었대요. 아버지가 구세대여서 자기가 귀 뚫는 것 자체를 싫어한 게 아니라, 어린 소녀인 줄만 알았던 딸이 여자가 되어 아버지 품을 벗어나려 한다는 사실이 아쉽고 싫었던 거라고. 그러나 자기는 아버지가 싫어해도 어쩔 수 없이 그 품에서 벗어나 자유로워지고 싶은 게 사실이라는 이야기도 솔직하게 썼어요."

그는 그 에세이야말로 가장 10대다운 에세이였으며 '대학이 원하는 에세이는 바로 그런 거'라고 말했다.

에세이를 지도하는 사람들은 우리 문화의 고유성을 드러낼 만한 소재를 찾아보라고 유도하는 경향이 없지 않다. 자기 자신이 판소리에 심취해본 기억이 있거나, 가야금을 손가락에 굳은살이 박이도록 연주해본 경험이 있는 학생이라면 그 소재를 붙들어도 무방하다. 그게 아니라면 억지로 그런 소재를 '발굴하려고' 애쓰지 않는 게 좋다. 잘 모르는 북이나 장구 이야기를 하는 것보다는 자기 또래가 마주치는 일상의 장면들을 솔직히 담는 것이 읽는 사람의 마음을 움직인다. 에세이에 담긴 내용이 읽는 사람을 설득해야(convincing) 잘 쓴 에세이다. 자기가 잘 모르는 이야기로 상대방을 설득할 수 있을까?

학생 자신이나 부모나, 또 에세이 지도 선생님이나 다 같이 발상의 전환을 할 필요가 있다. 귀 뚫으려는 여고생과 말리는 아버지, 따지고 보면 이런 갈등의 장면도 미국 사람들에게는 아주 생소한 것이다. 에세이를 읽어 내려가다가 '아, 한국에서는 이런 문제로 아버지하고 딸이 갈등을 빚기도 하는구나' 하고 흥미를 느낄 수도 있다. 이야말로 피부에 와닿는 '문화의 고유성'이 아니겠는가.

학생 하나하나는 다 개별적이고 개성적인 존재인데도 하루에 수십 편의 에세이를 읽는 입학 사정관은 해마다 주제 선택에서 '유행'을 느낀다고 한다. 아이비리그의 입학 사정관들은 어느 학교이든 다 경력 5년 이상, 많으면 10년 이상 된 사람들이다. 외국인 학생 파트에서만 10년씩 원서를 검토하는 베테랑들도 있다.

한 아시아 지역 담당자는 "한국 학생들은 가까운 사람의 죽음, 특히 할머니의 죽음을 에세이 주제로 자주 선택하는 경향이 있고, 최근 들어서는 부모의 이혼과 그 사건이 자기에게 미친 영향을 솔직하게 털어놓는 학생도 있다"며 "한국에서도 부모의 이혼이 예전보다 흔한 일이 되었나 보다"고 했다. 정말 '한국통'이라고 할 만하지 않은가. 그들이 에세이를 펼쳤다가 "이 주제는 벌써 다섯 번째군!" 하고 푸념하는 장면을 상상해보라. 아마 에세이 지도 사이트나 유학원에서 '주제'부터 상담하는 일은 별로 하고 싶어지지 않을 것이다. 정직하게 정석대로 하는 게 왕도다. 학생다운 에세이 주제를 선택해서 학생답게, 자신이 선택한 단어들로 풀어가는 게 가장 중요하다.

덧붙이자면, 한국에서 화제가 되었던 역사 드라마의 주인공이 그해의 에세이 주제로 떠오르는 경향도 있다. 올해 에세이를 준비하는 학생들 중에 이순신에 대해 쓸 준비를 하는 학생이 있다면 다른 더 좋은 주제를 찾아보는 것이 좋겠다.

그들이 아시아권 학생들로부터 그만 듣고 싶어하는 주제가 또 하나 있다. 토플 공부 이야기, SAT 공부 이야기다. 영어 실력을 갈고닦느라고 자기가 얼마나 고생했는지 그 과정을 거창하게 써놓은 학생이 의외로 많다고 한다. '좋은 시험 점수는 지원 자격의 기본일 뿐'이라고 담담하게 말하는 그들이다. 그 '기본'을 충족시키기까지의 속사정 이야기에 뭐 그리 귀를 기울이고 마음을 주겠는가. 번지수가 틀렸다. 그 고생담을 열심히 들어줄 상대는 그들이 아니라 유학 준비하는 후배들이다.

프린스턴 대학 입학사무소 입학 담당자의 이야기를 들어보자.

"프린스턴은 에세이가 정말 중요합니다. 지원자 자신을 확실하게 차별화할 수 있는 가장 좋은 방법이 에세이입니다. 나도 대학 지원할 때 에세이 주제를 고민하는 게 너무 어렵고 짜증났던 게 사실입니다만 학생들에게 이렇게 이야기하고 싶습니다. 그게 그렇게 어려운 일이 아니라고. 흔히 '우리 학교는 커리큘럼 자체가 나를 창의적으로 만들어주지 않았기 때문에 에세이를 쓰기가 너무 힘들어', '나는 우리 부모님이 엄격해서 늘 내 생각을 억압당하며 자랐기 때문에 자신 있게 내 생각을 펼칠 수가 없어' 하는 푸념들을 합니다. 그러나 어떤 교육 환경에서 자라났든 틴에이저라면 좋아하는 음악이나 영화가 있을 것이고, 가족 관계의 특수성이 있을 것이고, 친구가 있겠죠? 그걸 쓰라는 겁니다. 거창한 이슈에 대해 멋진 목소리로 이야기하라는 게 아니죠. 이렇게 접근하면 정말 마음이 가벼워지고 내 안에 할 이야기가 많이 쌓여 있다는 것을 깨닫게 될 것입니다. 한국 학생들이 미국 아이들은 토론도 하고 수업도 창의적으로 하니까, 게다가 외국어가 아닌 자기들이 늘 쓰는 영어로 쓰는 거니까, 에세이 쓰기에 더 유리할 거라고 추측하고 억울해 한다면, 모든 틴에이저는 다 조건이 똑같은 거라고 말해주고 싶어요. 대학 입학 담당자들을 친구라고 생각하고, 친구한테 수다떨듯이 편하게, 자기만의 목소리로 이야기한다고 생각하면 어렵지 않을 거예요."

작문 프로그램이 미국에서 최고로 잘 되어 있다고 알려진 시카고 대학은 입학 에세이 주제도 까다롭게 내주기로 유명하다. 시카고 대학에 지원하기로 마음먹었다가 10월 들어서 에세이 주제가 나오고 나면 '감을 못 잡겠다'고 지원 자체를 포기하는 학생도 있을 정도다. 어느 해에 주제가 나왔는데 '여기 밧줄이 있다. 당신은 이것을 어디에 걸고 줄타기를 하고 싶은가?' 였다. 그때 그 주제를 받아 한 학생이 이런 에세이를 썼던 게 기억에 남는다.

"나는 그 줄을 태평양에 걸겠다. 바다 표면에 살짝 걸쳐지게 줄을 걸어놓고 그 위를 걷겠다. 그럼 사람들이 나를 보고 물 위를 걷는 기적이 일어났다고 하겠지……."

중학교 때 국가대표 수영선수로 활약하던 학생이었다. 높은 절벽에 걸면 위험하지만 물 위라면 줄을 타다가 실수를 해도 자신에게 익숙한 물속으로 떨어지는 것이니까 거뜬히 헤엄쳐 나올 수 있을 것이고 때로 물 위를 걷는 게 지겨우면 섬으로 헤엄쳐가서 하룻밤 캠프를 할 수도 있을 것이라고 썼다. 이 학생은 선수 생활을 하던 중에 부상을 당해 큰 고통을 겪었고, 여러 해에 걸쳐 장애를 극복한 학생이었다. 그러니 수영 이야기를 통해 사고로 수영을 포기했다가 다시 수영을 할 수 있게 되기까지의 자기 극복 과정을 자연스럽게 털어놓을 수 있었다.

조기유학생 진선이는 자신이 시카고 대학에 지원할 때 썼던 에세이를 잊지 못한다. 네 개의 주제를 주고 그중 하나를 골라 긴 에세이를 쓰라고 했는데 질문이 '마르크스주의가 자신의 생활에 어떻게 영향을 미치는지에 대한 자신의 의견을 써보라' 는 것 같은 난해하기 짝이 없는 것들이었다. 도저히 엄두가 안 나는 주제들 틈에 하나가 그래도 용기를 내볼 만했다. '지금 부엌을 둘러보고 부엌에 있는 기구들 중에 하나를 골라 그 기구가 어떻게 이 세상에서 일어나고 있는 현상을 설명해주는지 생각해보고 써라.' 이 역시 기가 막히는 주제였지만 진선이는 '적어도 마르크스주의보다는 밥솥에 대해 쓸 말이 많겠다'고 판단했다.

진선이는 밥솥 안에서 생쌀이 밥이 되는 과정을 이 세상에 돌고 도는 소문의 현상에 견주어서 에세이를 썼다. 소문이 돌고 돌면서 불어나듯이 생쌀도 밥솥 안에서 불어난다, 씹으면 씹을수록 달게 느껴진다는 점에서도 남을 씹는 행위와 밥을 씹는 행위가 닮았다는 이야기를 썼다. 밥솥을 소재로 해서 남 씹기, 소문내기를 즐기는 세태를 가볍게 풍자했다. 쓰면서도 불안했다. '이게 주제에 맞는 글인가? 말이 되나?'

진선이는 몇 달 뒤 시카고 대학교 합격통지서를 받았다.

"합격을 축하합니다. 학생의 에세이가 매우 인상적이었으며 학생의 글을 읽고 입학사무소 관계자들은 학생의 합격을 결정하는 데에 동의하게 되었습니다. 우리는 학생의 인성에 큰 흥미를 갖고 있습니다."

합격통지서가 이런 개인에 대한 특별한 관심의 말로 시작하는 경우는 드물다. 그만큼 에세이가 입학 사정관의 마음에 여운을 남겼다는 뜻이다. 진선이는 이 합격통지서를 받아들고 지원서의 극히 작은 부분이라고 여겼던 에세이가 합격의 결정적인 요인이 되었음을 알게 되었다. 그 뒤로는 미국 대학 진학을 준비하는 후배들에게 "에세이만큼 자신의 인성과 개인적인 면을 보여주는 것은 없다. 지원자 자신을 표출하기 위해 에세이를 최대한 활용해야 한다"는 체험적 충고를 잊지 않게 되었다.

에세이, 어떻게 쓸까?

베테랑 입학 사정관들은 에세이를 읽으면 그 글을 쓴 사람이 수업 시간에 어떤 능력을 보일지가 훤히 보인다고 말한다. '학생 개개인을 자세히 관찰할 수 있는 유일한 창구가 에세이'라고 말할 정도다.

"애완동물에 대해 쓰는 학생도 있습니다. 그렇게 잘 선택한 소재는 아니라는 생각이 들죠. 자기 자신을 드러내기에는 너무 사소한 소재이니까요. 그런데 이런 사소한 소재를 매개로 해서도 아주 합리적이고 이성적으로 자기 자신을 표현해내는 학생이 있습니다."

무엇을 쓰느냐 못지않게 어떻게 쓰느냐가 중요하다는 이야기다. 특히 주어진 주제에 대해 에세이를 쓸 때에는 쓰기 전에 주제에 대해 깊이 생각하고 '학교는 지원자로부터 무엇을 끌어내고 싶어 이 주제를 제시했을까'를 정확히 파악해야 한다.

이를테면 네 인생에 영향을 미친 사람에 대해 쓰라는 주제를 받았다고 가정하자. 선생님, 할아버지, 몸이 불편한 형제, 장애인 친구 그 누구를 떠올릴 수도 있을 것이다. 그 인물을 매개로 해서 '나'를 돌아보라는 것이다. 그들이 관심을 기울이는 것은 '나의 인생'이다. 그동안 어떻게 살아왔는지, 어떤 삶을 살아갈 것인지를 그 인물과의 관계를 통해 이야기해보라는 것이다. 소크라테스, 아인슈타인, 대통령 같은 거창한 인물을 내세워 그들의 관심사를 충족시킬 수 있을까? 그럴 능력이 된다면 말리지는 않겠다.

영어가 외국어인 학생들에게 에세이는 무엇보다도 영어로 글 쓰는 능력을 보여주는 실험대다. 아이비리그 대학들은 외국인 학생들이 토플 점수 270점 이상은 되어야 고난도의 토론 수업 환경을 견뎌내기에 바람직하다고 간주한다. 이 기준을 충족하는 지원자들이 자신의 생각을 영어로 조리 있게 잘 정리해 상대방에게 전달할 수 있는지를 평가하는 수단이 에세이다.

입학 사정관들은 남이 써준 에세이를 골라내는 데에도 귀신이다. 주요 아이비리그 대학에 지원하는 한국 학생의 경우 거의 90퍼센트 이상 인터뷰를 거치게 되는데 그 과정에서 정직하지 못한 방법으로 작성한 에세이는 모조리 들통이 난다. 인터뷰 장소에서 지원자가 보여주는 지적인 수준, 영어 구사 능력과 에세이의 수준에 격차가 있다면 당연히 그 에세이는 가짜다.

지원자의 영어 실력의 실상을 들킬 위험은 도처에 있다. '원서는 어떻게 써야 하나요?' 초보적인 질문을 별 생각도 없는 반 토막 영어로 뚝딱뚝딱 두드려서 이메일로 프린스턴 입학 담당자에게 날려보낸다. 프린스턴 입학 담당자의 PC는 그런 문의 이메일들을 다 저장하고 있다. 나중에 에세이를 읽다가 지원자의 평소 영어 실력이 궁금하면 입학 담당관은 이메일을 조회하여 비교해본다. 거꾸로 지원자의 문의 이메일을 읽다가 '이 학생은 일상적인 영어 대화를 구사하는 데에도 상당히 쩔쩔매고 있다'는 증거가 포착되면 일단 그 지원자의 영어 실력에 대해 의심을 가지고 에세이 점수를 조회해보기도 한다. 그런데 에세이는 거의 원어민 수준의 고급 영어 문장으로 씌어져 있다면, 그 에세이에 대한 평가를 재고하게 될 것이다.

그러므로 아이비리그 대학에 지원할 학생은 지원을 위한 이메일 문의는 에세이요, 전화 문의는 인터뷰라는 생각으로 정신 바짝 차리고 해야 한다. 편지 한 장을 보내더라도 정중하게, 형식을 갖추어, 정확한 영어로 쓰고, 최선을 다해 완성한 글이라도 반드시 영어 선생님 검토를 거쳐 다시 바로잡아야 한다. 거듭 강조하지만 어느 순간에도 방

심하면 안 된다. 인터뷰 시간과 장소를 알려온 이메일에 답할 때조차
도 정중하고 완전한 영어로 답해야 한다.

덧붙이자면, 인터넷 시대에 '방가방가' '즐감하세여' 하는 식으로
축약된 우리말이 유행하듯이 미국 젊은이들도 축약된 영어를 많이 쓰
는 현실인데, 줄인 말, 정확하지 않은 말은 쓰지 않는 것이 좋다는 얘
기다. 에세이는 완성한 후 어른의 도움을 받아서 이런 반 토막 말들을
솎아내고 다듬어서 보내지만 이메일을 보낼 때는 완전히 아이들 말투
그대로 여과 없이 보내는 학생들도 많다고 한다. 이 점은 미국 학생들
의 속어나 구어체 영어에 물들어 있는 조기유학생들이 특히 주의해야
겠다.

자식이 대학에 제출할 에세이를 프로한테 돈 주고 맡기는 어머니들
이 있나. 이는 자식 대학 못 가게 막는 시름길이나. 학생이 쓴 것을 검
토해주고 교정해주는 정도는 미국 대학에서도 허용하고, 미국 학생들
도 하고 있다. 그러나 그 이상 남의 손을 빌리는 것은 부도덕한 일로
간주된다. 더러 미국 대학에 재학 중인 한국인 중에도 이런 일을 전문
적으로 하는 사람들이 있다고 들었다. 10페이지 정도 봐주고 몇백만
원을 요구한다는데, 땀 흘린 대가보다 지나치게 많은 돈을 요구하는
쪽도 문제지만 그런 과정을 거쳐야 '안심료'를 치렀다고 믿는 학부모
들도 문제다.

유학 갈 사람은 자식이지 부모가 아니다. 부모 자신이 영어에 약하
다고 공연히 불안해서 전문가를 찾아 부산을 떨 필요는 전혀 없다. 학
생 개인의 지적 능력을 보여주고 자기가 어떤 사람인지, 자기 고유의
방법으로 설명하는 게 에세이인데, 거기에 어떤 전문가가 있을 수 있
을까? 그런 자칭 전문가들을 통해 정형화된 틀의 비슷한 에세이가 양
산되고 있다.

완성된 에세이를 누구에겐가 보이고 싶다면 자기를 잘 아는 영어 선생님께 보이는 게 가장 좋다. 그래도 더 객관적인 검토를 받고 싶다면 '에세이에지'(www.essayedge.com)를 비롯한 유료 사이트를 이용하는 방법이 있다. 한 학교의 에세이를 검토해주는 데에 130달러 정도 받는다. 주제 설정부터 완성까지 전 과정을 지도해주기도 하는데, 봐주는 범위에 따라 비용이 올라간다. 미국 사이트인데 한국어를 선택할 수 있다. 그만큼 한국인 수요가 많다는 이야기도 되겠다. '에세이에지'의 경우, 아이디어나 글을 보는 눈이 신뢰할 만한 사람들이라고 여겨진다. 그러나 일단 자기만의 개성을 충실히 담아서 맡겨야지 내용 자체가 부실하면 맡겨도 소용없다. 제대로 된 에세이를 좀 더 프로페셔널하게 포장해주는 게 이런 사이트의 하는 일이라고 보면 된다.

이런 사이트를 이용할 때 그쪽에서 손질해서 보내온 본문을 마우스로 '찍 긁어다가' 내 화일에 집어넣어 제출하면 대학에서 금방 알아챈다. 게다가 성의 없어 보인다. 검토한 결과를 보고 자기한테 필요한 부분은 반영하고, 포장해준 게 마음에 안 들면 다시 고쳐서 완전한 '자기 것'으로 만들어야 한다.

엄마가 한국말로 써서 영작시키는 것도 금물이다. 그들은 프로다. 글에서 40대 냄새가 나면 귀신같이 짚어낸다. 입학 사정관들은 "열일곱 살짜리가 쓸 수 있는 이야기를 써라. 자기 나이보다 노숙하고 노련하게 느껴지는 에세이는 좋은 에세이가 아니다. 완벽할 필요는 없다. 청소년의 풋풋하지만 발전적인 목소리를 담는 게 중요하다"고 말한다.

에세이에는 독서가 중요하다. 쓰기 전에 감성적인 문학책을 여러 권 읽는 것도 밝고 따뜻한 에세이 톤을 유지하는 데에 도움이 될 것이다. 우리 학생들은 에세이를 화폭 전체를 두껍게 붓 칠 하는 유화처럼 생각하는 경향이 있다. 그래서 진한 감동과 교훈으로 화폭을 꽉 채우려 든다. 그러나 글을 쓰는 학생은 10대지만, 글을 읽는 사정관은 40~50대다. 누가 누구에게 교훈을 주겠는가. 그냥 내 생각을 쓰자. 내 생각을 논리적으로 잘 엮는 능력을 그들은 보고 싶어 한다. 서정성 또한 논리성 못지않게 중요하다. 사물을 바라보고 생각을 파스텔톤화해서 자기 것으로 용해시켜 담아내야 한다. 경향성이 뚜렷이 드러나는 글보다는 여운이 남는 글, 이 글을 쓴 학생은 어떤 학생일까, 한번 만나보고 싶다는 생각이 들게 하는 아름다운 글이 바람직하다. 자기 자신에 대한 성찰이 너무 혹독해서 비관으로 흐르는 것, 겸손이 너무 지나쳐 자기 비하에 빠지는 것, 남에 대한 부정적인 코멘트, 국수주의적인 발언, 종교색 짙은 발언은 삼가야 한다. 또, 창의적인 것은 좋지만 너무 기발한 쪽으로 치닫는 것은 권장할 만한 방법이 못 된다.

대학에 따라 차이가 있지만 대개 200단어짜리 두 편, 600단어짜리 한 편 정도의 에세이를 요구한다. 에세이를 쓸 때에는 근무 시간 내내 수십 편의 에세이를 읽고 평가하기를 '업무'로 삼고 있는 상대방을 잠시 '행복하게 해주겠다'는 마음으로 시작하자. 어떻게 써야 업무에 지친 사람이 행복해질까? 처음부터 끝까지 읽어 내려가는 데에 막힘이 없이 술술 읽히면 좋은 에세이다. 이야기에 억지가 있다거나 반복이 많으면 읽는 사람은 중간에 지루해진다. 지나친 상황 설명도 지루해지게 만드는 요인이다. 이를테면 어떤 책을 읽었는데 '주인공은 누구이고 주인공이 어디 살고, 어디 갔고' 하는 이야기는 전혀 필요없다. 읽는 사람이 주목하는 것은 그 책을 읽은 '나'의 느낌이지 '책'이 아니다.

봉사 활동을 다녀온 이야기를 쓸 때에도 마찬가지다. '나는 거기 왜 갔다, 어떻게 갔다, 거기서 누구를 만났다, 그 사람의 헌신적인 활동에 감동을 받았다' 하는 식으로 쓴 것은 아무 것도 안 쓴 것과 같다. 사정관은 그 에세이를 읽으며 이렇게 반문할 것이다. '그건 그렇고, 근데 너는 뭐했냐?'

중간에 한 번쯤 웃게 만들어주면 더 좋다. 그러나 남이 내 글을 보고 한 번 미소짓게 만든다는 게 쉬운 일은 아니다. 자신감을 북돋워주기 위해 귀띔하자면, 웃음에 관한 한 그들이 더 후하다. 우리끼리는 웃기려고 시도하다가 자칫 어설퍼지면 '썰렁하다'는 핀잔을 듣기 일쑤이지만, 그들은 잔잔한 웃음거리에도 잘 웃는다.

이를테면 머리 염색에 대해 쓴 에세이가 있었다. 고등학교를 자퇴하고 검정고시 공부를 하던 친구였는데, 한창 유행하는 '튀는' 스타일로 머리를 염색했다. 그런데 하필이면 머리 염색을 하자마자 집안의 중요한 행사에 참석해야 할 일이 생겼다. 그날 오랜만에 만난 친척들 앞에 머리를 노랗게 물들인 자식을 인사시키며 난처해 하시는 부모님, 자신을 바라보던 친척들의 시선을 재미나게 묘사해놓은 글이었다. 쓰기에 따라서는 무거운 이야기가 될 수도 있었을 텐데 마치 우스운 한바탕의 해프닝처럼 경쾌하고 재치 있게 써내려간 솜씨가 인상적이었다. 그 친구가 지원한 스탠퍼드 대학의 입학 사정관도 아마 머리 색깔이 한결같이 검은 동아시아 한 국가의 가정에서 벌어진 '노란 머리' 해프닝을 흥미롭게 읽어 내려가지 않았을까?

'자기 이야기'를 쓰는 것과 '나는 이런 사람입니다' 하고 부유한 배경을 드러내는 것은 전혀 다르다. 부모님의 높은 소득 수준이 노골적으로 드러나게 쓰는 것도 삼가야 한다. 미국 대학들은 유복한 집안에서 자란 SAT 1400점짜리보다 불우한 환경을 딛고 일어선 SAT 1300점짜리를 더 높이 평가하는 경향이 있다. '학비를 스스로 벌어가며 공부하느라고 최선을 다했으나 SAT 1300 이상은 어려웠습니다. 귀 대학에 입학하는 것이 고학하는 동안 저의 꿈이자 목표점이었습니다.' 이런 이야기라면 후한 가산점을 받을 수 있다.

한정된 분량 안에 자기만의 이야기를 담아서 상대방의 마음을 움직인다는 것은 사실 쉬운 일이 아니다. 대개는 고3 가을부터 이듬해 봄에 걸쳐서 10개 정도 대학에 지원서를 보내야 한다. 그러므로 코앞에 닥치기까지 아무 생각 없이 있다가는 에세이로 큰 스트레스를 받게 된다. 나는 그래서 고등학교 막 들어간 학생들에게도 뜬금없이 합격생들의 잘된 에세이만 모아놓은 책들을 건네주고 읽힌다. 마음이 상대적으로 여유로울 때 남이 쓴 에세이를 읽어보고 이 주제로 나라면 어떤 글을 썼을까 궁리해보면 나중에 닥쳤을 때 큰 도움이 된다. 일반 교양서를 꾸준히 읽어둬야 함은 더 말할 것도 없다.

앞에서 상대적으로 낮은 SAT 점수로도 예일 대학교에 들어간 혜연이 이야기를 했다. 이는 극히 예외적인 사례가 아니다. 실제로 아이비리그 입학 사정관들은 한국 학생들은 너무나 성적이 좋아서 에세이가 당락을 결정지을 가능성이 더 높으니 에세이를 잘 쓰라고 충고하고 싶다고 강조한다.

인터뷰의 관건은 인문학적 소양

가장 기본적이지만 소홀히 하기 쉬운 게 인터뷰할 때의 자세다.

인터뷰는 조용한 사무실에서 이루어지는 게 아니다. 사람이 많이 드나드는 커피숍 같은 번잡한 장소에서 만나게 되는 경우도 흔하다. 집에서 새는 바가지 밖에서도 샌다는 옛말이 있다. 집중은 안 되지, 당황은 했지, 게다가 분위기마저 어수선하니 지원자는 자기도 모르게 태도가 흐트러진다. 이를테면 발을 꼰다거나, 테이블에 턱을 받치고 고개를 까닥거린다거나, 두 팔을 앞으로 엮은 채로 시선이 산만해지기도 한다. 경직된 표정 또한 마이너스 요인이라고 말하면 한국 학생들은 발끈할지도 모른다. 긴장했는데 어떻게 방글방글 웃으라는 말이냐고. 그러나 미국인들은 대화하는 상대방의 표정에서도 성품을 읽는다. 밝고 쾌활하되 상대방을 배려하는 조심스러움과 예의를 갖춘 표정을 평소에 자기 것으로 만들어야 한다.

우리 아이들은 어떠한가? 표정은 잔뜩 굳어서 상대방으로 하여금 거의 찡그리고 있다는 인상을 받게 만드는데, 한편으로는 그 표정이 긴장 탓인지 의심될 만큼 거동은 조심성이 없고 공손하지 못할 때가 많다. 평소에 자세가 안 좋은 사람, 손을 물어뜯거나 발을 떠는 것 같은 보기 싫은 버릇을 지닌 사람은 급작스러운 질문에 당황하면 자기도 모르게 버릇대로 행동하게 된다. 그러므로 안 좋은 버릇은 미리 교정해두는 게 좋다.

인터뷰 전에 열심히 책을 읽자. 풍부한 독서 지식이 벼락치기로 얻어지는 것은 아니지만 최소한 자기가 지망하는 분야에 대해서 자신있게 언급할 수 있는 책 몇 권은 만들어놓고 인터뷰 약속 장소에 나가는 게 좋다. 비즈니스를 전공해서 CEO가 되는 게 목표라면 지금 현재 세계무대에서 활약하고 있는 대표적인 CEO의 저서 한두 권을 읽고 가면 대화를 풀어나가는 데에 자신감과 안정감이 생길 것이다. 막연하게 '열심히 공부해서 훌륭한 기업가가 되겠다'가 아니라, '이 경영인의 기업관을 본받고 싶다, 가치관과 인생관에서는 저 경영인이 존경스럽다, 내가 기업을 이끌게 된다면 이 경영인의 기업관과 저 경영인의 인간성을 접목시켜 진짜 바람직한 새로운 기업인상을 보여주겠다'고 말한다면 훨씬 설득력 있게 들릴 것이다.

그밖에도 평소에 시사 프로그램이나 주간지, 월간지 등을 조금씩이라도 읽어서 시사 이슈에 대한 대강의 흐름을 파악하고 있는 학생이 유리하다. 그러나 얼마나 많은 시사 상식을 가지고 있느냐가 중요한 것이 아니라 그런 독서를 통해 사회를 바라보는 성숙한 시선을 갖추고 있음을 보여주는 것이 중요하다. 시사 문제에서만이 아니다. 똑똑함은 더 이상 그들의 관심사가 아니다. 아이비리그 대학에 지원한 학생이라면 똑똑함은 기본이기 때문이다. 인생에 대한 적극적이고 긍정적인 자세, 유머 감각을 갖췄고 인문적 소양이 그 바탕을 이루고 있다면 더할 나위 없이 이상적이다.

평소의 꾸준한 독서는 무엇보다 확실한 인터뷰 대비책이다. 나는 유학 준비생들이 토플 공부를 다 마치고 나면 미국사 책을 건네주며 읽기를 권한다. 《위대한 개츠비》나 《프랑켄슈타인》, 《제인에어》, 《허클베리핀》 같은 영미 고전문학을 사전의 도움 없이 읽어내는 훈련을 해보는 것도 괜찮다. 이것은 꼭 인터뷰 준비 과정에만 국한되는 이야기가 아니다. 입학 허가서를 받아든 다음에도 해당하는 이야기다. 예일 대학의 입학처장은 구체적으로 이렇게 주문한다.

"톨스토이, 도스토예프스키 같은 세계적 고전문학 작품을 미국 영어로 읽기를 권장합니다. 이전까지 외국어로서 영어 문장 구조, 작문 따위를 배웠다면 이런 독서를 통해서 영어를 느끼고 한 단어가 문장에 따라 어떤 다른 쓰임새로 쓰이는지를 음미하다 보면 어휘력이 느는 것은 물론이고 더 훌륭한 영어 문장을 구사할 수 있게 될 것입니다."

이 또한 입학 준비 과정에서 실천하지 못한 학생이라면 입학한 후에라도 실천해야 할 사항이다.

그들은 인터뷰 때의 영어 구사력이 에세이에 드러난 영어 실력과 수준이 같은지도 확인한다. 일상적인 영어 회화에는 자신이 있는 학생이라도 조금 생소한 화제에 대해 이야기하다 보면 적절한 단어를 떠올리지 못해서 자신의 의사를 자유롭게 개진하지 못하는 경우가 생긴다. 평소에 어떤 화제에 대해서건 혼자 영어로 설명해보는 훈련을 해두면 유익하다. 30분을 예상했는데 한 시간, 한 시간 반으로 예상보다 훨씬 인터뷰 시간이 길어진다면? 그만큼 자신에게 관심을 가지고 있다는 뜻으로 알고 좀 더 편안한 마음으로 인터뷰에 임하면 된다. 만나서 반가웠다고 인사 이메일이라도 띄운다면 좀 더 좋은 인상을 남기게 될 것이다.

특차전형(early)은 정시보다 넓은 문

미국의 대학 전형에는 우리나라의 특차전형과 유사한 '얼리' 제도가 있다. 보통 10월에 원서를 써서 일반전형(regular)이 시작되기 전인 12월에 합격자를 발표한다. 아이비리그를 비롯한 명문대 입시에서 이 얼리가 중요한 이유는 얼리(조기 전형)와 레귤러(정시 전형)의 합격률이 크게 차이가 난다는 데에 있다. 한마디로 얼리 때 아이비리그 대학교에 입학하는 것이 더 쉽다. 지난 2003년부터 2005년까지 아이비리그 대학들과 MIT, 스탠퍼드 대학 입학률을 보면 금방 알 수 있다.

우선 하버드를 보자. 2005년 전체 합격률(레귤러와 얼리를 합친 것)은 9.2퍼센트였다. 즉 10대 1이 조금 넘는 엄청난 경쟁률이다. 그런데 얼리만의 합격률은 21.2퍼센트다. 즉 레귤러와 얼리만의 합격률을 비교하면 6.5퍼센트 대 21퍼센트로 세 배 차이가 나는 것을 알 수 있다. 거기에다 레귤러에는 10퍼센트 정도의 스포츠 등 특별전형 입학생 수가 포함돼 있다는 것을 감안하면, 왜 얼리를 중요하게 여겨야 하는지 알

미국 주요 대학 입학통계 수치

*(　)는 조기 전형

	입학 연도	지원자 수(명)	입학자 수(명)	입학률 (%)
하버드 대학	2005	22769(4214)	2102(892)	9.2(21.2)
	2004	19752(4000)	2110(906)	10.7(22.7)
	2003	20918(7620)	2056(1150)	9.8(15.1)
예일 대학	2005	19448(3933)	1880(704)	9.7(17.9)
	2004	19682(3980)	1958(670)	9.9(16.8)
	2003	17731(2611)	2015(557)	11.4(21.3)
프린스턴 대학	2005	16529(2039)	1826(593)	11.0(29.1)
	2004	13695(1815)	1733(581)	12.7(32.0)
	2003	15725(2350)	1570(591)	10.0(25.1)
유펜	2005	18800(3420)	3912(1169)	20.8(34.2)
	2004	18282(3387)	3878(1120)	21.2(33.1)
	2003	18827(3390)	3858(1122)	20.5(33.1)
컬럼비아 대학	2005	18120(비공개)	2250(비공개)	12.4(27.0)
	2004	17258(1690)	2275(비공개)	13.2(비공개)
	2003	16884(1801)	2293(비공개)	13.6(비공개)
다트머스 대학	2005	12615(1182)	2149(397)	17.0(33.6)
	2004	11734(1278)	2173(384)	18.5(30.0)
	2003	11853(1217)	2074(394)	17.5(32.4)
코넬 대학	2005	24444(2572)	6384(1072)	26.1(41.7)
	2004	20822(2558)	6130(비공개)	29.4(비공개)
	2003	20442(2729)	6337(1110)	31.0(40.7)
브라운 대학	2005	16911(비공개)	2587(비공개)	15.3(28.0)
	2004	15286(1920)	2534(538)	16.6(28.0)
	2003	15157(1863)	2442(412)	16.1(22.1)
MIT	2005	10439(2830)	1495(385)	14.3(13.6)
	2004	10466(비공개)	1665(비공개)	15.9(비공개)
	2003	10547(3584)	1735(524)	16.5(14.6)
스탠퍼드 대학	2005	20194(4330)	2412(867)	11.9(20.0)
	2004	19172(4103)	2486(803)	13.0(19.6)
	2003	18628(2468)	2343(596)	12.6(24.1)

하버드 · 예일 · 프린스턴 대학의 입학률 변화 추이(2003~2005)

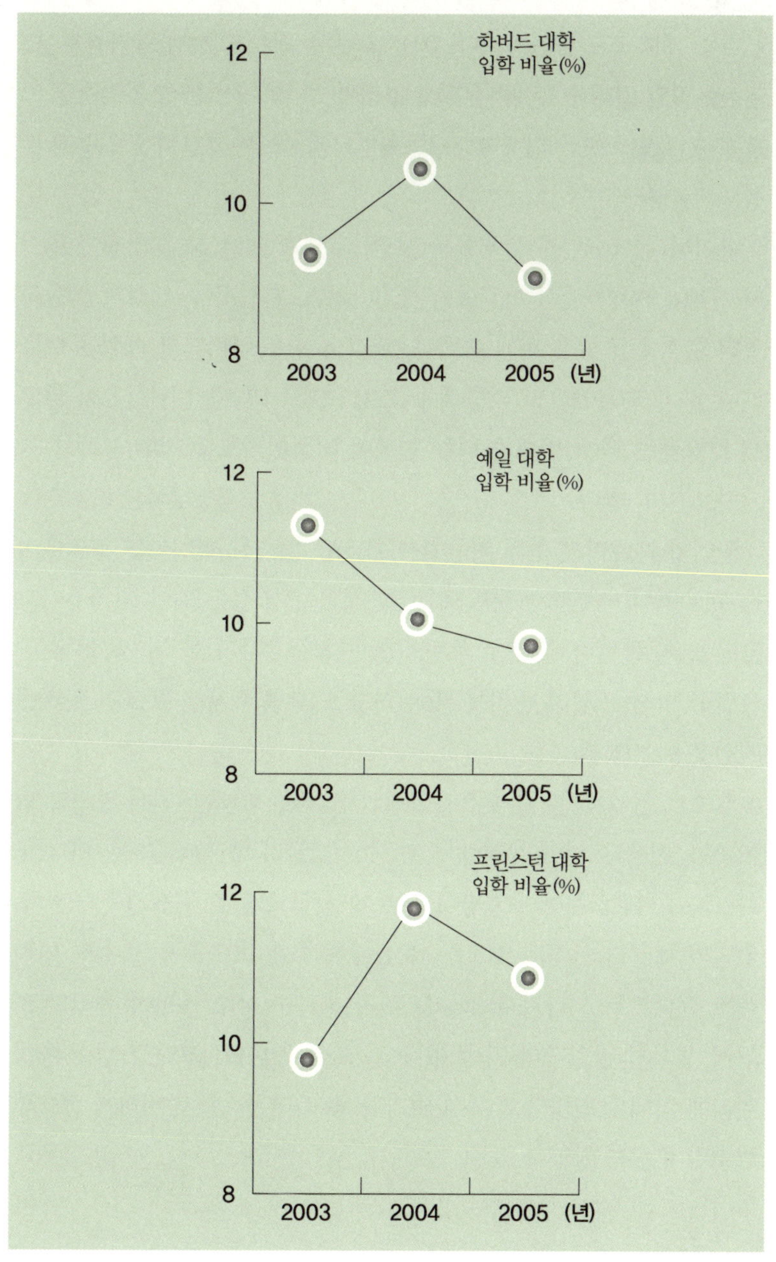

수 있다.

다른 대학교도 마찬가지다. 2005년 예일 대학도 전체 합격률은 9.7 퍼센트지만 얼리는 17.9퍼센트로 얼리가 두 배 이상 높은 합격률을 기록했다. 프린스턴은 더 차이가 벌어져 11퍼센트와 29.1퍼센트로 세 배 정도 차이가 난다.

아이비리그의 얼리 합격률을 보면, 코넬은 워낙 모집 인원이 많아서(전체 6,384명) 얼리 합격률이 높고, 유펜, 컬럼비아, 다트머스 등도 얼리 합격률이 좋은 편에 속한다. 얼리의 경우 하버드와 예일은 어느 해에 하버드가 좋으면 다음해에 하버드에 몰려 예일 입학률이 좋고 그 다음해는 다시 반대가 되는 현상이 되풀이되므로 전해 통계를 참고하는 것이 좋다.

얼리와 레귤러 전형의 기준 차이를 SAT 점수로 말하자면 얼리에서는 1440점이면 합격하지만 레귤러에서는 1550점은 돼야 합격한다고 보면 크게 틀리지 않다(두 과목 기준). 따라서 다시 한 번 강조하지만 11학년 학생은 얼리 준비를 해야 하고 12학년 학생은 무조건 얼리에 지원을 해야 한다.

끝으로 얼리에서 '합격 유보(defer)' 당하는 것에 대해서 말하고 넘어가자. 보통 이런 통보를 받으면 '아, 레귤러 때 입학을 시켜주겠구나' 하고 기대하는데, 100명이면 단 한 사람도 합격되는 경우가 없다. 얼리와 레귤러 사이에 SAT를 봐서 매우 좋은 점수를 얻었거나, 디베이트 콘테스트에 나가서 입상을 했거나 하는 아주 특별히 유리한 조건이 생기지 않았다면 가망 없다고 보는 게 좋다. 그래서 성적 좋고 얼리에 기대할 만하다고 해서 얼리만 넣고 레귤러를 준비하지 않으면 큰코다치는 수가 있다.

그 외 몇 가지 알아두어야 할 것들

SAT에서 한국 학생들이 어려워하는 것이 비판적 독해(Critical Reading)이다. 어느 학생은 수학 800, 독해 620, 작문 680점을 받고 총점이 2100점이라고 해서 아이비리그에 도전할 만한 점수라고 믿는데, 이는 착각이다. 이렇게 편차가 심할 때 대학에서는 이 학생의 SAT 점수를 2100점대로 인정해주지 않는다. 이보다 수학 700, 독해 700, 작문 700점이 입학에 더 유리하다. SAT는 수학보다도 영어점수가 관건인 것이다.

그러면 영어에 관한 책도 많이 보고 신문도 열심히 읽는데 왜 읽기 점수가 저조할까. 누누이 강조하지만, 단어를 제대로 모르기 때문이다. 책이든 신문이든 겉으로만 보는 것이 아니라 모르는 단어가 나오면 철저히 찾아보고 외워야 한다. 따라서 SAT 필수 단어 3,500개 암기는 기본이며 필수다. 이 단어를 모르고는 시험뿐만 아니라 대학교에 가서 1학년 영어수업을 따라갈 수 없다. 앞에서도 이야기했듯이 아이비리그 등 명문 대학교에서는 '신입생 영어' 수업에서 1년 동안 1만 페이지를 읽어야 한다. 그러기 위해서는 단어 공부가 필수이지만, 대학교에 가서 단어 공부 외에도 해야 할 일이 너무 많다. 그래서 나는 학생들에게 "고등학교 때 3,500단어를 외면 인생이 달라진다"고 18년째 강조하고 있다.

고등학교 등수와 AP(대학과정 선행학습) 코스에 관해서도 질문을 많이 받는다. 우선 대부분의 명문 대학교들이 등수보다 학점을 중요시 여긴다. 물론 등수도 보지만 학점에 신경 쓰면 큰 문제는 없다고 본다. AP 코스는 학교에 따라서 코스가 많이 있는 학교가 있고 아예 없는 학교가 있다. 이럴 경우에는 학생이 속한 학교에 따라 진학 지도가 달라진다. 즉 코스가 많은 학교에서 두 개나 세 개만 봤다면 불리해진다. AP 코스가 많고 다양하다면 자신의 수준과 흥미에 따라 되도록이면 많은 코스를 이수하는 것이 좋다. 하지만 세 과목 A 받는 것이 네 과목에서 B, C 학점 있는 것보다는 유리하므로 자신 없는 과목은 무리하게 선택하지 않는 것이 좋다.

반대로 자신이 다니는 고등학교에 AP 코스가 전혀 없는 곳도 있다. 이런 곳은 대학교에서 없다는 것을 감안해주므로 신경 쓸 필요는 없다. 다만 혼자 몇 과목을 공부해서 따로 시험을 봤는데 점수가 좋았다면 매우 유리하다. 스스로 공부해서 성취를 한 학생을 높이 평가해주는 것은 미국 대학교의 입학 원칙 가운데 하나다.

AP에 관해서 마지막으로 당부하고 싶은 것은 12학년 2학기에 원하는 대학교에 입학 허가를 받았다고 공부를 소홀히 했다가는 정말 큰일난다는 점이다. 2005년에도 이 문제로 벌써 세 명이 입학 취소되는 일이 벌어졌다. 고등학교들이 12학년 2학기 점수를 해당 대학교에 보내는데, 전까지 A를 받다가 C로 쫙 깔아버리면, 대학교에서 입학을 거부하는 것이다. 대학교 측에서는 이 학생은 입학하면 공부를 소홀히 할 학생이라고 생각하기 때문이다. 또 나중에 아이비리그 등 명문대 편입을 할 때도 문제가 생긴다. 올 A학점에 SAT도 다시 봐서 좋은 점수를 받아놨는데 대학교에서 고등학교 성적표를 요구하면 그야말로 낭패다. 12학년 2학기 점수를 보는 순간 역시 '입학 허가만 받으면 공부 안 하겠구나'라고 생각해서 탈락시킨다. 반드시 명심해둬야 할 부분이다.

아이비리그만이 유일한 길은 아니다

학부 학점은 평생 간다

"올 한 해만 공부에 목숨 걸어봐."

고3 부모님들이 자식을 격려할 때 흔히 그런 말을 한다. 부모 세대에나 통하던 이야기다. 미국 유학 가서 10년 살아도 학생 신분의 외국인에게 영주권은 주어지지 않는다. 학업을 마치고 미국에 머물기를 원한다면 유일한 방법은 취업 비자(working permission)를 취득하는 것이다. 취업 비자를 취득하려면 미국 회사에서 외국인 신분인 나를 취업 비자를 받아주면서라도 채용하고 싶어 할 만큼 탐내게 만들어야 한다. 졸업과 함께 비자는 만료되었고, 경쟁력을 갖추지 못했다면 내 신분상의 불리함을 이용해서 야박한 근무 조건을 제시해도 수락할 수밖에 없는 처지가 된다. 그때 후회해도 이미 때는 늦었다.

그럼 경쟁력을 갖추기 위한 성적은? 평점 3.9 이상을 유지해야 한다. 그 이하 성적으로는 미국 회사에 취직하기 어렵다고 봐야 한다. 3.8 이상이면 미국 기업의 아시아 지사, 이를테면 홍콩 지사쯤에서 일하는 게 가능하다. 3.6 이상이면 한국에 들어와서 다국적 기업이나 대기업에 취직할 수 있다. 그럼 3.6 이하 성적표로는? 갈 데가 없다. 눈높이가 서로 맞지 않기 때문이다. 기업이 제시하는 연봉과 유학생 출신인 나의 자존심이 서로 타협이 안 되기 때문이다.(한 학기에 열 과목 공부했으면 여섯 과목이 A, 네 과목이 B여야 평점 3.6이 나온다. 전 과목 B이면 3.0, 전 과목 A면 4.0이다).

3.4 이하면 실제로 입사 지원서를 어디 내밀기도 어려워진다. 강남에서 돌 던지면 맞는 게 대개는 유학생이라는 말이 나올 만큼 유학생이 흔해진 세상이다. 요새는 유학 갔다 와서 연봉 1,600만 원에 취업하는 사람도 드물지 않다고 들었다.

그러므로 '올 한 해만'이 아니다. 끊임없이 공부해야 한다. 공부를 즐기는 수밖에 없다.

어떤 점에서 사회에 나와서 학교 서열이나 평가보다 더 중요한 것이 개인의 GPA(고등학교 성적, 평점)이다. 미시간 앤아버에 진학하는 학생들 10명 중 5명은 비즈니스를 지망한다. 그러나 이 학교의 비즈니스 스쿨은 지원자 100명 중에 한둘 정도가 입학할 만큼 입학이 어렵고 졸업하기도 무척 어렵다. 위스콘신도 정말 공부하기 어렵다. 들어가면 고생하는 학교다. 학교 지원서 넣어보면 대개 위스콘신이 되면 일리노이도 된다. 데이터 상으로 위스콘신이 높아보여서 위스콘신 가는 학생들이 있다. 그러나 막상 졸업하고 나면 일리노이 출신이 취직이 더 잘 된다. 그 이유는 일리노이가 높은 평점을 받기 유리하기 때문이다. 우리는 등수를 보지만 사회는 GPA를 본다.

그러므로 학교를 선택할 때는 그 학교가 어떤 성향의 학교인지 정확하게 파악해야 한다. 반대로, 자신이 어떤 성향의 학생인지도 다시한 번 깊이 생각해봐야 한다. 어려운 학교라도 학생 자신의 의지가 확고하면 도전해보라는 것이다.

월스트리트에 갑자기 카네기멜론 출신이 몰려든다고 한다. 거기 출신들을 써보니 컴퓨터도, 비즈니스도 잘하는데다, 다재다능하게 잘 훈련된 인력이라는 평판이 굳어진 결과다. 카네기멜론 대학은 전공의 벽을 허물고 사회에 배출할 인력에게 필요한 주요 능력들을 섞어서 엄청난 양의 공부를 시키는 것으로 널리 알려져 있다. 당연히 좋은 성적 따기에 유리한 대학은 아니다. 그러나 그 엄청난 양의 학습을 소화해낼 의지와 능력만 있는 학생이라면 카네기멜론 졸업장이 사회에 나갈 때 아이비리그 졸업장보다 유리하게 작용할 수도 있다. 한마디로 아이 스타일에 달려 있다. 부모 입장에서도 잘 생각해야 한다. '우리 애는 공부에 목숨 거는 스타일은 아니다'라는 판단이 서면 학점 따기 어려운 대학 보내면 실패한다. '옆집 애가 카네기멜론 나와서 월스트리트에서 날린다더라, 우리 애도!' 이건 금물이다. 남의 아이 경우에 우리 아이의 가능성을 끼워맞추지 말자.

준범이는 1990년 무렵에 카네기멜론에 들어갔다. 입학한 해 2학기 무렵이었다. 학교생활을 잘하고 있겠지 싶었는데 "원장님, 저 너무 힘들어요"라며 SOS를 쳐왔다. 룸메이트가 성적이 너무 안 좋아서 입학한 지 고작 한 학기 만에 학교로부터 '아웃' 통보를 받았다는 것이다. 절망한 그 친구는 날마다 술 잔뜩 먹고 기숙사 방에서 헤매고 있는데, 자기 자신도 학점 스트레스에 너무나 지쳐서 남의 일 같지가 않다고 했다.

"너는 1학기 성적이 얼마나 나왔니?"

"3.2요."

"왜 그거밖에 안 돼?"

"진짜 열심히 해도 그 이상 안 나와요. 너무 힘들어요, 원장님."

"그 평점으로는 대학원 못 간다. 안 되겠다, 리즈디(RISD)로 옮기자."

리즈디란 로드아일랜드 디자인 스쿨을 말한다. 이제는 한국에서도 알 만한 사람들은 알아주지만 그땐 리즈디라고 하면 다들 그게 뭐하는 학교인가 다시 물었을 정도로 한국에서 인지도가 낮았다.

방학에 한국에 와 있을 때 사람들의 질문에 "미술학교이고 브라운 대학 옆에 있어요"를 열 번쯤 되풀이해야 한다면, 학생들은 그런 대학을 아무리 조건이 좋아도 선호할 수가 없을 것이다. 긴 안목으로 졸업 후를 겨냥하며 움직이는 것도 중요하지만 '남이 알아주는 대학에 다니는 것' 또한 무시할 수 없는 부분이니까.

그러나 준범이는 놀랍게도 내 충고를 따랐다. 리즈디 졸업 평점은 완벽했다. 리즈디를 졸업하고 영국을 거쳐 하버드에서 건축을 전공했다. 삼성 리움박물관 네 채 중 하나를 맡아 설계한 프랑스 건축가 장 누벨 설계사무소의 유일한 동양인으로 활약하였고 지금은 뉴욕에서 건축사로 활동하고 있다.

프랑스어와 전자기타를 섭렵하고 학원 옥상에서 로봇춤을 추던 녀석이다. 이 친구가 카네기멜론에서 리즈디로 옮기지 않았더라면? 아이비리그 진학에 실패했다고 학생 운명이 거기서 끝나는 것은 아니다. 미국은 넓고 10년 후에 경쟁력 있는 사회인이 되기 위해 선택할 수 있는 길은 무수히 많다.

다시 한 번 강조하고 넘어가자. 대학을 선택할 때 어디 가든 내가 3.8 이상을 유지할 자신이 있는 대학을 선택하라. 이를 위해서는 자기가 전공하려는 학과의 학점을 얻기에 어느 대학이 유리한지, 불리한지, 많은 정보를 수집할수록 판단에 도움이 될 것이다. 한국 기업들에서 어느 대학 출신을 더 선호하는지도 고려 사항이다.

고등학교 성적표는 대학 갈 때 써먹고 대학 성적표는 평생 간다. 대학원 갈 때도, 박사과정에 들어갈 때도, 취직할 때도, 장가갈 때도 필요하다. 운명을 결정하는 게 학부 성적표라고 생각하면 된다. 어디든지 쫓아간다.

나를 지지하는 교수를 만들라

사람이 살아가면서 내 편을 만든다는 것은 정말 중요한 일이다. 유학생들에게 내가 하고 싶은 이야기는 나를 지지해주는 교수를 만들라는 것이다.

미국은 대개 강의 규모가 작아서 강의를 듣는 학생을 교수가 한눈에 다 파악할 수 있다. 모든 학생이 늘 교수의 주목 대상이 된다고 말해도 과언이 아니다. 그래서 시험 성적을 대조하지 않고 이름만 보고 성적을 매겨도 거의 오차 범위 안에 들어온다고 보면 틀림없다. 미국인은 감성적이다. 논리적인 것 같지만 우리보다 어떤 면에서는 훨씬 더 감성적이다. 싫은 학생에게는 싫은 표시를 노골적으로 한다. 성실한 학생에게는 그만큼 또 호의를 베풀고 지원해준다. 그들에게 내가 성실하고 진지하게 수업에 임하고 있다는 좋은 인상을 심어주는 게 중요하다. 어떻게 해야 할까?

일단 항상 웃자. 한국 학생들은 표정이 전투적이다. 우리끼리는 그게 진지한 표정이라는 것을 알지만 그들은 모른다. 지나치다 싶을 만큼 웃고, 지나치다 싶을 만큼 남에게 잘 보이려고 의식적으로 행동해야 그들에게는 겨우 보통 미국인 수준 정도로 받아들여진다. 그 이하이면 표정이 늘 어둡고 남에게 배려가 없는 사람으로 비쳐진다. 우리는 그만큼 평소에 무뚝뚝한 민족이다.

강의 결석은 절대로 하지 않는다. 강의실에 들어가면 언제나 앞자리에 앉는다. 노트 필기를 충실하게 한다. 수업이 끝나면 간단한 한두 마디라도 교수에게 꼭 질문을 한다. 그 정도로 해결되지 않을 질문은 따로 찾아가서 해결한다. 시험 앞두고는 따로 남아서 열심히 하는 모습을 보여준다. 숙제는 당연히 꼬박꼬박 챙기고 교수가 "사흘 전에 제출하면 가산점을 주겠다"는 제안을 했다면 나흘이나 닷새 전에 제출하기 위해 노력한다.

위의 사항들은 바로 내가 유학 가서 첫 수업을 들을 때 스스로 다짐했던 내용이다. 그러나 현실은 내 마음 먹은 대로 되지 않았다.

성격상 첫줄 맨 가운데 자리 잡고 앉는 것까지는 했다. 그러나 강의 내용이 하나도 안 들렸다. 안 들리니 긴장하고 긴장하니 더 안 들려 펜을 쥔 손에는 진땀만 났다. 간간이 미국 애들은 배꼽 잡으면서 웃기도 했다. 혼자 꿔다놓은 보릿자루처럼 앉아 있자니 점점 소외감만 커졌다. 강의가 끝나도 아무 질문도 할 수 없었다. 질문은커녕 인사조차 제대로 안했다. 멍한 기분으로 기숙사로 돌아와 책가방을 내려놓고 실의에 잠겼다.

'전혀 알아들을 수 없고 따라서 필기도 불가능한 수업. 녹음을 할까? 강의마다 녹음해서 그 내용을 다 알아들을 때까지 듣는다는 것은 현실적으로 불가능하다. 어쩌나?'

룸메이트가 내게 "예습을 하라"고 충고했다. 그때부터 다음 강의에 대한 예습을 철저히 했더니 강의 내용의 80퍼센트 정도가 귀에 들렸다.

학생이 동양인이라는 사실만으로 좋지 않은 감정을 드러내는 교수도 있을 수 있다. 그러나 그렇다고 해서 교수에게 불만을 표시하고 반발하는 것은 자해 행위다. 그럴수록 교수 방을 내 방처럼 드나들며 친해지려 노력하자. '미운 선생 떡 하나 더 주자.' 불행한 경우, 진심을 다해도 일방적인 차별이 가해지는 수도 있다. 끝내 인정해주지 않는다면 내 존재를 적어도 무시하지는 못하게 만드는 수밖에 없다. 나도 그런 경험이 있다. 나에 대한 좋은 인상을 심어주려고 여러 모로 노력했으나 전혀 받아들여지지 않았다. 수시로 찾아가서 질문을 하니 '예약을 하고 와라, 질문을 모았다가 한꺼번에 하라'는 식으로 노골적으로 내쳤다. 나는 두 배 더 노력했다. '나를 마음으로 받아주는 게 그렇게 싫습니까? 좋습니다. 그러나 적어도 학점을 주는 순간엔 당신 수업을 들으며 매사에 최선을 다한 내 모습을 떠올려주시오. 최소한 불이익을 주지는 못할 것이오.' 이런 마음이었다.

퍼블릭 아이비라는 대안

"이제는 대학교 졸업장이 예전의 고등학교 졸업장이 되어버린 실정이에요. 이력서에 기재되는 사항 중 첫 번째는 최종 학력이고, 명문대학부 졸업장이 취업을 보장하는 시대는 지났어요. 한국으로 돌아와 사회생활을 할 계획이 아니라면 더욱더 명문대를 고집할 이유는 없죠. 동네 고등학교에서 누구보다 우수한 성적으로 졸업하고, 자기가 사는 주의 주립대학교에서 우리나라 유학생들이 연간 1억 원을 쓸 때 전액 장학금으로 다니고, 마지막에는 우리나라 유학생들처럼 명문 대학원에서 똑같이 수업을 받는 미국 학생들의 소신이 오늘날의 세계 초강대국 미국의 모습이 아닐까요?"

"최종 학력이 하버드 로스쿨이면 그것 자체를 보지 학부를 예일 대학을 나왔는지, 오하이오 주립대를 나왔는지는 아무 상관이 없어요. 예일 로스쿨의 구성원을 보더라도 예일 학부 출신, 하버드 학부 출신이 상당 비율을 차지하지만 미국 각지의 주립대학을 우수한 성적으로 졸업한 지역 인재들도 다수 섞여 있어요."

"예일 졸업생, 하버드 졸업생이라는 프리미엄의 유효기간은 3년이에요. 그 안에 다음 단계를 마련하지 않으면 그 뒤에는 아무리 명문 대학을 나왔다 해도 그 졸업장이 빛을 잃어요."

위에 나열된 유학생들의 말을 종합해보면 대학의 간판에 목숨을 거는 한국과 달리 미국은 최종 학력이 더 중요한 사회다. 그러므로 조기 유학을 떠날 때부터 품었던 아이비리그의 '드림 칼리지'에 대한 열망이 실현되지 않았다고 해서 그것을 실패로 간주하는 것은 너무나 성급한 생각이다. 명문 사립대와 함께 미국 대학교 교육을 양분하는 명문 주립대들이 또 다른 기회를 제공하고 있다. 이 학교들은 《US 뉴스》가 발표하는 전체 대학 순위에서도 주요 사립대 못지않게 높은 평가를 받으며, 대부분 역사가 깊은 학교들이다. 또 사립대에 비해 등록금이 저렴하며, 교육의 질도 뒤지지 않는다. 명문 주립대에서 성적 관리를 철저히 하여 졸업 후 누구에게나 선망의 대상인 전문대학원에서 명문대 출신들과 어깨를 나란히 하고 경쟁하는 인재들이 아주 많다.

이러한 주립대 중에는 아이비리그와 달리 학교에 따라 추천서를 요구하지 않는 학교도 있으며, SAT를 치르지 않아도 되는 학교도 있다. 아이비리그 대학보다 학생들의 성적과 환경에 따라 융통성 있게 대응할 수 있다는 의미다. 주립대는 조기 전형을 하지 않고 원서가 접수되는 대로 소정의 기준을 충족시키면 합격을 결정하는 '롤링 어드미션 제도'를 채택하고 있다. 한마디로 정원이 차면 마감이다. 그러므로 주립대 지원서를 쓸 때는 너무 뜸을 들여서는 안 된다.

앞서도 말했지만 주립대학교 입학 스태프들이 지원서를 검토하는 시간은 학생 한 명당 5분쯤 된다. 이 사람들은 입학 원서를 볼 때 내신, 어떤 과목들을 수강했나, 시험 성적, 과외활동, 추천서, 에세이 순서로 본다. 수치로 나와 있는 부분을 쭉 훑어본 후, 추천서를 볼 때 감동 받고 에세이를 읽으며 '이 학생은 어떤 학생일까?' 궁금해지게 만들어야 한다. 간단히 말해서 그 5분 동안 입학 스태프를 행복하게 해줄 만한 지원 서류를 갖추도록 노력할 일이다. 주립대는 11학년까지의 성적을 보며, 9학년 성적은 안 보는 학교도 많다.

주립대 중에서도 명문으로 꼽히는 대학들을 '퍼블릭 아이비리그'라고 부른다. 사람에 따라서 꼽는 주립대학에 조금씩 차이가 난다. 이 기회에 내가 꼽는 열네 개의 퍼블릭 아이비리그의 이름들을 풀 네임으로 제시해본다. 미국 대학의 이름에서 맨 뒤에 지명이 딸려나오는 대학은 거의 주립대라고 보면 틀림없다. 반대로, '유펜'(유니버시티 오브 펜실베이니아)을 주립대로 잘못 아는 사람들이 많은데 유펜은 아이비리그의 한 대학이다.

UC 버클리(University of California, Berkeley), 미시간 대학(University of Michigan, Ann Arbor), 버지니아 대학(University of Virginia, Charlottesville), UCLA(University of California, Los Angeles), 노스캐롤라이나 대학(University of North Carolina, Chapel Hill), 위스콘신 대학(University of Wisconsin, Madison), 일리노이 대학(University of illinois, Urbana Champaign), 텍사스 대학(University of Texas, Austin), 워싱턴 대학(University of Washington), 펜실베이니아 대학(Pennsylvania State University, University Park), 오하이오 주립대학(Ohio State University, Columbus), 미네소타 대학(University of Minnesota-Twin Cities), 인디애나 대학(indiana University, Bloomington), 뉴욕 주립대학(State University of New York: SUNY, Binghamton)

UC 계열 학교 중에서도 UC 버클리를 보자. 《US 뉴스》에서 선정한 미국 주립대 가운데 1위다. 2004년 가을 학기 기준으로 합격률은 25퍼센트, 입학생 가운데 외국 학생 비율은 3퍼센트다. 평균 GPA는 3.9이지만 평소에 아이들에게는 "UC 버클리 생각한다면 평점 4.0 만들어야 도전할 수 있는 걸로 알아라"고 강조하곤 한다. 입학생 SAT 성적은 1200~1450점이다.

미시간 대학은 문과, 이과 전 과정이 골고루 좋다. 합격률도 53퍼센트에 이르러 상당히 높은 편이며 외국 학생도 5퍼센트에 달한다. 평균 GPA는 3.7이며 SAT는 1200~1410점이다. 미시간의 단점은 학비가 주립대 가운데 가장 비싸며(2005~2006년 예상 1년 학비 2만 7,129달러) 학점이 짜서 공부하기가 어렵다는 점이다.

미시간 대학에 입학하는 한국 학생들의 절반 이상이 경영학을 하려고 하는데 단지 2퍼센트만이 경영학과를 졸업한다. 1, 2학년 때 학점으로 3학년 때 전공을 선택하는데, 대부분 그 선을 못 넘는 것이다. 그래서 나는 부모님들과 상담할 때, 자신의 아이 얼굴에 '성실'이라고 씌어 있으면 미시간 대학에 지원하라고 한다. 미시간 대학에서 공부하려면 정말 성실하든지 매우 똑똑해야 한다. 그렇지 않으면 대학교 졸업할 때 학점이 너무 안 좋아 장래가 고민스러워진다.

버지니아 대학은 동부에서 아이비리그와 맞먹는 학교다. 39퍼센트 입학률에 외국 학생은 5퍼센트를 차지한다. 주립대 순위는 2위이며 전체 순위도 23위인 학교다. 졸업생들의 취직도 잘 되고 MBA 과정도 좋다. SAT 성적은 1230~1430점이며 GPA도 입학생 가운데 75퍼센트 이상이 3.8 이상이다.

UCLA는 미시간 대학과 함께 주립대 순위 3위이며 전체 순위도 25위인 좋은 학교다. 한국 교포들이 많이 다니며, 한국에서 유학 가는 학생들도 도시에서 공부하고 싶어하는 분위기 때문에 많이 입학한다. 합격률 23퍼센트에 외국 학생 비율은 3퍼센트다. 합격생 50퍼센트의 SAT 점수가 1352점이다.

노스캐롤라이나 채플힐은 학교 명성에 비해 한국에 그다지 안 알려져 있다. 실제 외국인 학생들이 1퍼센트밖에 안 된다. 주립대 순위는 5위이며 전체 순위도 27위인 학교다. 수업료도 앞의 학교에 비해 저렴하다(1만 8,411달러). SAT 성적은 1190~1390점이다.

위스콘신 대학도 정말 좋은 학교다. 주립대 순위 8위에 전체 순위 34위다. 합격률도 66퍼센트이며 외국 학생도 9퍼센트로, 문호가 상당히 열려 있다. 그런데 미시간대처럼 학점이 짜다. 이 때문에 졸업 후 취직이 안 되는 일이 많아 주의해야 한다. SAT 점수가 1160~1370점이다.

일리노이 대학은 주립대 순위 11위이며 입학률 68퍼센트에 외국 학생 비율이 3.5퍼센트다. 4년 전만 해도 토플 점수가 550점만 되면 걱정 없이 입학할 수 있었지만 2퍼센트 수준이었던 외국 학생 비율이 3.5퍼센트에 오를 정도로 인기가 높아지자 이제는 SAT를 요구하고 있다. 경영학이 유명하며 회계학이 특히 좋다. SAT 점수는 1180~1400점이다.

텍사스 오스틴 대학은 주립대 가운데서도 학비가 매우 싸다(1만 4,435달러). 미국 주립대의 학비는 주 재정 상태에 따라 달라지는데, 텍사스 주의 경우 석유가 많이 나와서 주의 재정이 풍부하기 때문이다. 합격률도 51퍼센트에 외국 학생도 3.4퍼센트로 많은 편이다. 오스틴에 삼성전자 반도체 공장이 있어 한국 졸업생들이 삼성전자에 취직을 많이 한다. 경영학이 좋으나 1, 2학년 성적이 나쁘면 경영학을 선택하기가 어렵다. 입학생 50퍼센트의 SAT 성적이 1230점이다.

워싱턴 대학은 추천서를 요구하지 않는 점이 인상적이다. 만약 학생이 선생님과 사이가 좋지 않거나 추천서를 좋게 받지 못할 경우 이 대학을 고려해볼 만하다. 주립대 순위 12위이고 개인적으로 좋은 학교라고 생각한다. 평균 GPA 3.7이고 SAT는 1070~1310점이다.

오하이오 대학은 주립대 순위 21위이며 학부와 대학원이 골고루 좋다. 하지만 공부하기가 쉽지 않은 곳이다. SAT 점수는 1070~1290점이다.

인디애나 주립대학은 경영학으로 유명한 켈리 스쿨이 좋다. 입학하기도 까다롭지 않고(합격률 83퍼센트) 학점 받기도 수월한 편이지만 한국 학생들이 많은 점이 흠이라면 흠이다. 편입을 생각하거나 좋은 대학원 갈 생각을 한다면 좋은 학교다.

미네소타 대학은 외국 학생들에게 SAT를 요구하지 않는다. 학점이 중요하고 토플 점수를 잘 받으면 입학이 가능하다. 주립대 순위는 인디애나 블루밍턴과 함께 공동 30위, 합격률 76퍼센트로 좋은 편이다.

뉴욕 주립대학인 수니 빙엄턴(SUNY Binghanton)은 캠퍼스가 여러 곳에 있고 전체 학생 수가 1만 명 정도밖에 안 돼 교육 환경이 좋다. 지금까지 입학 지도를 해본 경험으로는, 주립대 출신들 가운데 컬럼비아 대학에 편입하는 학생 수가 가장 많은 학교로 여겨진다. 또 컬럼비아 대학원에 진학하는 학생도 많다. 역시 뉴욕 주가 부유한 주라서 학비가 매우 저렴한 편(1만 2,098달러)에 속한다. 합격률은 44퍼센트이며 주립대 순위는 30위. 또 입학 전형에서 미국 학생들보다 외국 학생들에게 SAT를 덜 엄격하게 본다. SAT 점수는 1170~1340점.

퍼블릭 아이비리그 대학들

	SAT	언어 영역	수리 영역	전체 합격률(%)	특차 합격률(%)	정시 합격률(%)	지원자 수(명)	합격자 수(명)	GPA
UC 버클리	1200−1450	580−710	620−740	25	비공개	25	36580	9003	3.9
버지니아 대학	1230−1430	610−710	620−720	39	39	39	14822	5760	4.0
UCLA	1180−1410	570−690	610−720	23	비공개	23	43199	9949	4.0
미시간 대학, 앤아버	1210−1400	580−680	630−720	62	비공개	62	21293	13304	3.7
노스캐롤라이나 대학, 채플힐	1190−1390	590−690	600−700	36	46	26	18850	6741	비공개
윌리엄 앤 매리 칼리지	1250−1440	630−730	620−710	35	51	34	9607	3366	4.0
위스콘신 대학, 매디슨	1160−1370	560−670	600−700	66	비공개	66	20495	13588	3.7
일리노이 대학, 어바나 샴페인	1180−1400	560−670	620−730	68	비공개	68	21914	14921	비공개
워싱턴 대학	1070−1310	520−640	550−670	68	비공개	68	15702	10627	3.7
펜 스테이트, 유니버시티 파크	1090−1290	530−630	560−660	58	비공개	58	30122	17551	3.6
텍사스 대학, 오스틴	1110−1340	540−660	570−680	51	비공개	51	23008	11788	비공개
오하이오 주립대학	1070−1290	520−630	550−660	76	비공개	76	16954	12822	비공개
퍼듀 대학	1030−1260	500−610	530−650	80	비공개	80	24003	19259	3.4
인디애나 주립대학, 블루밍턴	990−1220	490−600	500−620	83	비공개	83	21132	17572	비공개
뉴욕 주립대학(SUNY), 빙엄턴	1170−1340	570−650	600−690	44	81	40	20116	8900	3.6
미네소타 대학, 트윈 시티	1100−1340	540−660	560−680	74	비공개	74	18537	13707	비공개

이와 함께 이른바 "TOP Schools"라 불리는 아이비리그의 친구들, 또는 '주니어 아이비리그'라고 불리는 몇몇 사립 명문 대학교도 한국 학생들이 관심을 가져야 할 학교들이다.

워싱턴 대학 세인트루이스(Washington University in St. Louis)는 한국에는 덜 알려져 있지만 전체 순위 11위로 컬럼비아 다음 순위에 있을 정도로 좋은 학교다. 특히 학생들에 대한 투자 비용이 칼텍이나 존스홉킨스 다음으로 높다. 이들 학교의 학생 수가 매우 적다는 것을 감안하면 큰 규모 대학교 가운데에서는 미국 최고 수준이다. 학비는 상당히 비싸지만 비싼 값을 하는 학교라고 생각한다. 합격률 22퍼센트에 SAT는 1350~1520점으로 높은 수준이지만 SAT I만 요구한다.

시카고 대학은 한국에서 매우 잘 알려져 있는 전통의 명문 대학교다. 경제학이 특히 유명해, 노벨 경제학상 수상자의 다수가 시카고 대학 출신이다. 이른바 '시카고 학파'로 유명하다. 하지만 워낙 공부하기가 어렵고 힘들어 미국 학생들이 가장 싫어하는 학교 1위에 오를 정도로 악명이 높다. 《US 뉴스》 순위에서 전체 15위이며 SAT 점수는 1330~1530점에 이른다.

에모리 대학은 5, 6년 전만 해도 한국 학생들이 거의 없는 학교였으나, 이 학교 총장이 주한미국대사로 부임한 이후 관심이 높아졌다. 지금은 한국 학생들이 매우 많은 편이다. 합격률은 39퍼센트로 비교적 좋으며 SAT 1300~1460점이다. 전체 순위는 20위.

터프츠 대학(Tufts University)은 비교적 한국에 덜 알려져 있지만, 좋은 학교다. 전체 순위에서도 버클리, UCLA와 같은 수준에 있다. 치과대와 프리 메디(Pre-Medical : 의대 가기 위한 전 과정)가 좋다. 합격률은 27퍼센트이며 SAT 점수는 1290~1470점이다.

뉴욕 대학(New York University)인 NYU는 미국 학생들이 가장 가

미국의 TOP Schools

	SAT	언어 영역	수리 영역	전체 합격률(%)	특차 합격률(%)	정시 합격률(%)	지원자 수(명)	합격자 수(명)	GPA
듀크 대학	1330−1530	660−750	670−780	24	36	23	15903	3804	3.9
칼텍	1450−1570	700−770	750−800	21	36	17	2761	566	비공개
워싱턴 대학, 세인트루인스	1350−1520	660−740	690−780	22	비공개	22	19822	4400	비공개
노스웨스턴 대학	1320−1500	650−740	670−760	30	50	28	15637	4684	비공개
존스홉킨스 대학	1300−1490	640−730	660−760	30	59	28	11102	3321	3.7
시카고 대학	1330−1530	670−770	660−760	40	40	40	8751	3503	비공개
노트르담 대학	1280−1470	630−730	650−740	30	49	24	11490	3488	비공개
에모리 대학	1300−1460	640−720	660−740	39	60	37	11218	4330	3.8
카네기멜론 대학	1290−1480	610−710	680−770	42	53	41	14114	5869	3.6
조지타운 대학	1280−1470	640−740	640−730	22	25	21	14855	3260	3.9
터프츠 대학	1290−1470	640−730	650−740	27	45	26	14728	4031	비공개
NYU	1220−1410	610−700	610−710	35	42	34	34357	12008	3.6
보스턴 칼리지	1240−1410	610−700	630−710	32	43	29	22451	7178	비공개

고 싶은 대학교에서 1~2위를 차지한다. 대도시를 선호하는 요즘 학생들에게 맞는 학교다. 경영대학교인 '스턴 스쿨'이 유명한데, 다른 학교들과 달리 스턴 스쿨은 처음부터 지원해야 한다. 즉 3학년 때 과를 결정하는 것이 아니라 처음 원서를 낼 때, 스턴으로 갈지 다른 과로 갈지를 결정해야 하는 것이다. 10년 전만 해도 한국 학생들을 뽑기 위한 프로그램이 따로 있었는데, 지금은 경쟁이 심해졌다. 35퍼센트의 합격률에 외국 학생 비율은 4퍼센트. SAT 점수는 1220~1410점이며 전체 순위 37위다.

미국 사회는 어떤 사람을 원하는가?

대학 졸업을 앞둔 학생들은 메릴린치 같은 미국에서 손꼽히는 파이낸스 업체에 가는 게 희망이다. 일반적으로 그 꿈을 이루기 위해서는 학부에서 비즈니스나 마케팅, 파이낸스를 전공해야 한다고 생각한다. 그러나 세계적인 업체들이 바라는 학생은 꼭 그런 학생이 아니다. 이를테면 학부에서 국제관계학을 전공하면서 중국어도 배우고 미국의 문화, 정치, 경제에 대해 다양하게 기초적인 지식을 쌓은 후에 대학원에서 파이낸스를 전공한 학생이 훨씬 더 경쟁력이 있다. 기업들은 파이낸스 분야에서 제대로 역량을 발휘하려면 인문사회적인 기초가 되어 있어야 한다고 여기기 때문이다.

은행가가 꿈이면서 학부 전공은 역사를 선택하는 게 미국 학생들이다. 최근 추세로는 졸업하고 취업하면 최소한 연봉 8만 달러는 보장되는 컨설팅 업계가 미국 대학생들 선호도 1순위 직종이고, 그 뒤를 은행, 의과 대학원, 로스쿨이 따른다. 궁극적인 취업 시장에서의 지향점은 우리 못지않게 지극히 현실적임을 알 수 있다. 그러나 그 목표에 이르는 과정은 천편일률적이지 않다. 인성을 기르는 기초 학문인 인문학(Liberal Art)을 중시하는 학문 풍토 때문인지, 학부에서는 순수 인문사회과학적 소양을 다지려는 학생들도 아주 많다.

학부 졸업 후의 진로 또한 다양하다. 한 해에 걸쳐 미국 전역을 자전거로 도는 계획을 세우는 학생도 있고, 유럽 배낭여행을 떠나기도 하고 아프리카 봉사단 활동에 참여하기도 한다. 취업해서 사회 경험을 쌓기도 한다. 그러다가 어느 순간 툭툭 털고 다시 책을 펴서 메디컬 스쿨, 비즈니스 스쿨, 로스쿨에 진학하는 게 전혀 이례적인 일이 아니다. 이들을 받아들이는 대학원에서도 대학 졸업하고 곧장 대학원에 진학하는 학생보다는 이런 학생을 선호하며, MBA 코스에서는 아예 입학 자격에 '취업 경력 3년' 하는 식으로 명문화시키기도 한다. 세상 공부를 하고 들어오라는 소리다.

부모 또한 학부 이후 사회에 자리 잡기까지의 이러한 과정을 지극히 당연하게 여긴다. 그러므로 미국 학생들은 '너 그러다가 언제 사람 구실 할래?' 하는 한국식의 부모 압력으로부터도 자유롭다. 물론 대학 들어가면서부터 경제적으로 부모로부터 독립했다는 전제가 따르는 자유다.

유학생들도 미국에서 공부하다 보면 그런 풍토에 자연스럽게 적응하게 된다. 그러나 그들에 대한 부모의 기대는 지극히 규격화되어 있는 경우가 적지 않다. 그래서 자유로운 미래 설계를 희망하는 유학생들과 그들의 부모 사이에 갈등이 빚어지기 쉽다. 비슷한 또래 유학생 중에 부모의 공식에 들어맞게 '잘나가고' 있는 아이 소식이 부모 귀에라도 들어갔다면 상황은 더 심각해진다. 경제적으로 아직 부모에 의존하고 있으므로 자식 또한 자기 주장만 내세우기에는 면목이 없는 상황이다.

그럼 이렇듯이 자유롭게 개성적으로 학업을 완성한 이후에는? 미국 학생들 중에도 취업 문제로 고민하는 학생은 갈수록 늘어간다. 따라서 유학생 실업자도 속출하는 현실이다. 아이비리그 나왔다고 무조건 취직이 보장되는 것도 아니다. 아이비리그 나온 것이 중요한 것이 아니라 거기서 어떻게 공부해서 어떤 결과를 냈느냐가 중요하다. 학생 자신의 관점에서 아무리 열심히 했다 해도 사람을 쓸 기업체가 봤을 때 '쓸모가 없다, 자기들이 원하는 능력을 갖추지 못했다'고 판정하면 그만이다.

일단 유학을 떠났으면 미국 사회는 어떤 사람을 원하는지를 늘 염두에 두고 자신의 경쟁력을 길러나가야 한다. 미국 사회는 긍정적인 사람, 매사에 즐겁게 임하고 마음이 넓은 사람, 훈련된 사람, 두 시간 먼저 나오고 두 시간 늦게 들어가도 불평 없는 사람, 회사 일을 자기 일처럼 해줄 사람, 쓸데없는 일 안하는 사람, 버려야 할 것은 과감히 버리는 사람을 원한다.

리버럴 아츠 칼리지라는 중간 기착지

계획에 의한 유학이 아니라 한국에서 원하던 대학에 들어가지 못해 갑작스레 유학으로 방향을 틀게 될 경우 두 가지 길이 있다. 하나는 유학을 위한 재수다. 한 해 계획으로 유학 준비를 차근차근 하고 떠나는 것이다(이 방법의 성공률은 별로 높지 않다). 또 하나의 길은 차선의 대학을 찾아 우선 떠나는 것이다. 차선의 대학이란 인문교양대학 혹은 문과대학인 리버럴 아츠 칼리지를 말한다. 일반 대학교와 달리 학부 중심 학교인 리버럴 아츠 칼리지들은 원서를 늦게까지 받을 뿐만 아니라 1, 2학년 때 좋은 점수를 받으면 유명 대학교로 편입이 가능하기 때문이다. 또, 미국에서는 리버럴 아츠 칼리지가 아니라도 대학교 2년 과정을 좋은 성적으로 마치면 좋은 대학으로 전학하는 것이 한국에서 생각하는 것보다 훨씬 수월한 편이다.

"네가 2년 후 어디로 옮겨야 하는지 알지? 그러려면 평점 얼마로 유지해야 하는지도 알겠지? 여기 머물면 아무 것도 아니다."

능력 있는 학생만이 이렇게 '잠수' 했다가 원래 목표점에 성공적으로 도달할 확률이 더 높아진다. 그러면 어떤 학교에 잠수시킬 것인가?

첫째, 그저 만만한 학교는 안 된다. 경쟁력 있는 학교라야 한다. 미국의 리버럴 아츠 칼리지들은 객관적인 등급을 가지고 있다. 성적 관리를 잘할 자신만 있다면 가능한 한 높은 등급의 대학에 들어가는 게 나중에 전학할 때 유리하다. 둘째, 한국에 잘 알려져 있지 않은 학교가 바람직하다. 이 말은 한국 학생이 되도록 없는 곳으로 가라는 뜻이다. 중간 기착지에서 끼리끼리 어울리다 보면 목적 의식이 흐려질 수 있다. 한국 친구를 사귀게 될 가능성이 없는 곳으로 가야 샛길의 유혹에 빠지지 않고 꿋꿋이 의지를 다져 매진할 수 있고 영어도 쑥쑥 는다.

리버럴 아츠 칼리지는 전교생이 많아야 2천 명쯤, 작은 학교는 500명밖에 안 된다. 그만큼 학생과 교수 간의 친밀도가 높다. 열심히 노력해서 교수 몇 분에게만이라도 확실히 좋은 인상을 심어놓으면 전학할 때 그분의 따뜻한 추천장이 큰 재산이 된다.

한국에서 명문대 입학에 실패한 후 우리 아이를 잠수시킬까, 재수시킬까 기로에 서 있는 부모라면 다음의 질문을 자신의 아이에게 적용시켜보자.

- 운이 없어서 수능을 망쳤을 뿐이지 우리 아이는 충분히 경쟁력이 있다.
- 한국식 점수 싸움에 휘둘려서 좋은 학교를 못 갔을 뿐이다.
- 목표 의식을 가지고 공부할 준비가 충분히 되어 있다.

이 세 가지에 해당하는 학생이라면 잠수를 시도해볼 만하다.

대원외고를 졸업한 교임이는 중간 기착지를 성공적으로 이용한 대표적인 사례다. 학교에서 상위권이었던 교임이는 모의고사 때보다 수능점수가 덜 나왔다. 가고 싶었던 서울대에 떨어졌고 연세대에서도 고배를 마셨다. 그러자 자신감이 넘치고 자존심도 강했던 교임이는 한국에서 대학에 진학하기를 아예 포기하고 미국 유학을 결정했다. 문제는 그때가 12월, 나를 만나러 왔을 때는 이미 미국 대학교 원서 접수가 모두 끝난 후였다. 나는 교임이와 어머니에게 미국의 리버럴 아츠 칼리지 진학을 권유했다.

나의 권유에 따라 교임이는 3월까지 토플에 전력을 다해 미국 시카고에 있는 녹스(Knox) 칼리지에 합격했다. 합격한 후에도 교임이는 미국으로 떠나는 여름까지 학원에 나와서 쉬지 않고 SAT를 공부했다. 미국의 유명 대학교들은 편입생들에게도 SAT 점수를 요구하기 때문이다. 한국에서 가고자 했던 대학에 진학하지 못해 자존심이 상한 교임이는 칼리지에 가서 1년 동안 정말 열심히 공부했다. 그 결과 1학년을 마치고 아이비리그인 유펜에 입학할 수 있었다.

교임이와 함께 공부한 수진이도 비슷한 사례다. 서울예고에서 피아노를 전공한 수진이는 음대 입시를 치르면서 자신이 피아노와 맞지 않다는 것을 깨달았다. 교임이처럼 늦게 학원을 찾은 수진이도 미국의 한 리버럴 아츠 칼리지에 입학했고 2학년을 마친 후 아이비리그 대학교 가운데 하나인 코넬 대학 영문학과에 편입할 수 있었다. 수진이는 무사히 코넬 대학을 졸업하고 현재 《인터내셔널 헤럴드 트리뷴 *IHT*》 한국 지사에서 기자로 활동하고 있다.

교임이와 수진이는 갑자기 유학을 결정했지만, 마음에 들지 않는 학교에 다니거나 맞지 않은 전공을 공부하는 것을 거부하고 자신이 원하는 것을 스스로 얻어내 성공한 학생들이다.

'유학을 위한 재수'는 아이로 하여금 공중에 뜬 채로 한 해를 보내게 만든다는 점에서 불안 요소가 적지 않다. 그래서 위와 같이 '먼저 차선의 학교로 떠나보내는' 선택이 나오는 것이다. 그와 비슷한 선택이 한 가지 더 있다. 국내에서 들어갈 수 있는 대학에 넣는 것이다. '그런 후진 학교를 어떻게 다니냐'고 완강하게 버티는 성민이를 부모가 설득하고 있을 때, 내가 나섰다.

"네 마음 충분히 이해해. 그런데 안 다니면 어쩔 건데? 학원 다니겠다고? 그 시간을 누가 붙들어 매놓는 것도 아니다. 학원은 방학에 다니면 되고 학교 공부는 하자. 그 대신 똑똑히 들어라. 네가 부끄럽게 생각하는 학교에 들어가서 성적조차 부끄러운 점수를 받는다면 너는 그땐 정말 방법이 없다. 네 마음에 안 들어도 목숨 걸고 공부해라."

이렇게 해서 4.3 만점에 3.8을 유지하며 3학기를 다녔다. 그리고 성민이는 인디애나 대학으로 편입했다. 인디애나에 입학하는 학생 중에 경영학 지망생은 대부분 켈리 비즈니스 스쿨을 지망한다. 2학년 말에 켈리 스쿨 입학시험이 따로 있다. 치열하기로 소문난 이 시험에서 성민이는 멋지게 합격했다.

한국에서 그를 아는 아이들에게 이 성공담을 이야기해주었다. 한 친구가 눈이 휘둥그레졌다. "걔가 켈리 스쿨에요? 원래 공부 못했는데요?"

"원장님 눈에는 공부 못하는 학생이란 없다. 한 번으로 결판나는 한국의 대학 입시에서 실력 발휘를 못한 학생이라고 봐야지."

인디애나 켈리 스쿨에서 평점 3.7 이상만 유지하면 취업은 거의 보장된다. 공부 못하는 학생은 없다. 운이 없거나, 자신의 여건에서 최선의 길을 찾지 못해서 헤매는 학생이 있을 뿐이다.

한국에는 군대라는 '보딩스쿨'이 있다

잘나가다가 대학 들어가서 '허물어지는' 경우가 있다. 조기유학생 호준이가 그랬다. 9학년에 꽤 괜찮은 보딩스쿨 입학 허가서를 손에 쥐고 집을 떠나 대학 입학까지, 4년 동안 곁눈질할 엄두를 못 내고 앞만 보고 달렸다. 그러다가 대학 들어가서 잠시 한숨 돌린다는 것이 길어지면서 그만 '노는 재미'를 알게 되어 급격히 무너져내렸다. 학생의 일상생활 전체가 학교의 통제권 안에 들어 있는 보딩스쿨에서 벗어나 대학 캠퍼스(대규모 캠퍼스의 학교라면 더욱더) 한복판에 놓여진다는 것은 당사자에게는 거의 '무한 자유'로 다가오기 때문에 일어나는 현상이다.

세인트 앤드루스 스쿨을 졸업하고 버지니아 주립대학에 들어간 성훈이는 이 '무한 자유'에 대해 이렇게 이야기한다.

"500명이 한 교실에서 듣는 강의도 있어요. 학생 수가 학부생만 1만 3천 명에 대학원생까지 포함하면 1만 8천 명. 고등학교에서는 300명도 안 되는 아이들끼리 지극히 보수적인 기숙사 생활을 하다가 대학에 와서 학교가 너무 크니까 두려움마저 느낄 정도였어요. 모든 걸 내가 다 알아서 해야 한다는 막막함이죠. 아무 통제도 없으니까 나도 주어진 자유를 좀 누려보자는 생각이 슬그머니 고개를 들면서 긴장이 풀렸어요. 한 학기 내내 수업 안 들어가도 뭐라는 사람이 없고, 기숙사에서 아무리 늦잠 자도 깨우는 사람 없고, 새벽까지 불 켜놓고 있어도 불 끄라고 잔소리하는 사람 하나 없죠."

버지니아 주립대학은 주립대 중에서도 규모가 아주 큰 학교에 든다. 성훈이가 갑자기 주어진 무한 자유에 잠깐 아찔한 현기증을 느끼다가 자기 자리로 돌아온 경우라면, 호준이는 자유에 푹 빠져버린 경우다.

아이에게 이런 위기가 닥쳤을 때 부모의 역할이 중요하다. 평소에 부모가 집 떠나 멀리 있는 자식에게 마음을 열고 친구가 되어주려고 노력해왔다면 자식은 어떤 식으로든 SOS를 치게 되어 있다. 초기에 자식의 흔들림을 알게 된 부모는 이성적으로 그 사태에 접근할 수 있다. 아이의 쉬고 싶은 마음, '퍼지고' 싶은 마음을 받아들여 현실적으로 가능한 최대한의 '나태'를 허락해주는 것도 방법이다. 왜 다시 마음잡고 공부해야 하는지 스스로 그 이유를 찾아 다시 일어서게 하기 위한 일시적인 방편이다.

그러나 평소에 미국 시스템도 잘 모르면서 상식과 직감에 의지해서 아이를 무조건 몰아세우고 호통 쳐 버릇하면 멀리 있는 아이는 일찌감치 마음의 문을 닫아건다. 그렇게 되면 부모는 문제가 생겨 한참 곪아도 전혀 알 도리가 없다. 곪아터진 다음에야 서로 감정으로 치닫게 되고, 그 결과 아이는 반항심에 오히려 더 본격적으로 딴짓에 빠져들 수도 있다.

호준이는 위로 누나가 셋이나 있는 늦둥이였다. 부모님이 알면 기절하실 거라고 마음 졸이면서도 몰래 '너무 오래' 놀았다. 부모님에게 성적표도 보내지 않았다(미국의 대학은 우리나라처럼 성적표를 부모 집으</p>

로 직송하지 않는다. 미성년을 벗어난 학생의 성적표는 본인의 허락 사인이 있어야 집으로 우송한다).

부모님이 상담을 청해왔다.

"아이가 돈을 점점 더 많이 씁니다."

"송금을 끊으십시오. 성적표를 보내주기 전에는 돈을 안 보내겠다고 하십시오."

과연 송금이 끊기자 성적표가 왔다. 이미 학교의 경고를 여러 차례 받으며 나락으로 떨어진 상태였다.

"귀국시키십시오."

방법은 그것밖에 없었다. 나는 귀국한 호준이의 여권을 호준이가 보는 앞에서 폐기처분했다.

"네가 가야 할 곳은 미국이 아니라 군대다. 입대해라."

군대는 망가진 몸과 마음을 가다듬을 수 있는 최고의 한국형 보딩 스쿨이다. 신병 생활 1년을 잘 버티고 나면 공부할 수 있는 여지가 생긴다. 아무리 쉬운 자리로 배치를 받았다 해도 첫 1년은 불가능하지만, 1년만 지나고 자기 의지만 굳다면 아무리 어려운 자리라도 얼마든지 공부를 시작할 수 있다.

"맨날 영어 책만 보니까 대장님이 '너는 영어 공부하러 군대 왔냐'고 핀잔을 주시면서도 당번병 배려해주시고 많이 도와주셨어요."

몰래 하는 도둑질이 더 재밌는 법이다. 부모가 멍석 깔아줬을 때는 그렇게 공부하기가 싫었는데 이 눈치 저 눈치 봐가면서 요령껏 시간 빼내어 책을 펴들어 버릇하면서 비로소 공부 맛을 알게 되었다는 아이들을 많이 봤다. 새벽에 보초 서면서 별빛 아래 단어장을 펴면 외우는 대로 단어들이 머리 속에 쫙쫙 빨려 들어간다나. 여러 모로 군대란 사내아이들에게 참으로 중요한 시간을 제공해준다. 자기를 되돌아보고 자기를 탈바꿈시킬 수 있는 시간이다.

리하이 대학에서 쓴맛을 본 호준이는 군대 제대 후 인디애나 주립 대학에 재입학해서 우수한 성적으로 졸업했다.

주립대학일수록 학교생활에서 자기가 챙기고 싶은 것을 부지런히 찾아다니며 챙기는 수밖에 없다. 아무도 떠먹여주지 않는다. 그것에 대해 성훈이는 이렇게 충고한다.

"신입생 때 한 해를 적극적으로 보내야 합니다. 미국 학생들은 특별한 계기가 없으면 자기들끼리 어울리기 때문에 한국인 유학생은 처음에 소외감을 많이 느끼게 돼요. 세상 천지에 자기 혼자라는 느낌. 물론 보딩스쿨 입학 초기에도 그랬어요. 그렇지만 보딩스쿨은 학교가 학생 개인에게 관심을 가져주었는데 이제는 진짜 아무도 없는 거죠. 내가 입학할 때만 해도 버지니아 주립대 전체에 한국인 유학생은 30명 정도 되었고, 1학년 기숙사에는 한국인이 나 혼자였어요. 지금은 100명쯤 된다고 들었어요. 막막하고 소외감 느낄 때, 이 시기를 잘 넘겨야 해요. 가장 좋은 방법은 자기 관심사를 매개로 해서 미국 학생과 친해지는 거죠. 자기 취미를 살려 클럽 활동에 가입하는 거예요. 미국 학생들에게 말 붙이기 어렵다고 한국 학생끼리만 어울려 다니다 보면 결과적으로 마이너스예요. 그럴수록 미국 학생들과는 멀어지고, 또 한국 학생들끼리 우르르 몰려다니다 보면 정말 챙겨야 할 내 공부는 못 챙기게 되죠. 함께 저녁 먹자고 만나면 밥만 먹고 헤어지나요? 한국인이라는 공통점 말고는 저마다 전공도 다르고 지향점도 다르고 학업 성취 욕구도 차이가 나는 아이들인데 한데 섞어놓으면 하향평준화랄까, 가장 느슨한 아이들 기준으로 흐르게 돼요. 1학년 때 어떤 형태로든 자신의 행동반경, 교우관계가 형성되고 나면 2학년 때부터는 큰 결심을 하지 않는 한 그 틀을 벗어나기가 어려워져요."

미국에서 공부했다는 것 자체가 한국에서 상품 가치가 되던 시대는 이미 오래 전에 지났다. 1학년 때 놀거나 적응 못해서 학점이 안 좋으면 초장부터 자기 상품가치를 떨어뜨리는 것이다. 똑같은 나무에 열린 열매 중에도 내다팔기에 손색이 없는 열매가 있는가 하면 작고 볼품없어서 추려내야 하는 게 생긴다. 처음에 열매가 제대로 잘 안 열린다 싶으면 얼른 판단해서 가지를 쳐줘야 한다. 그 시기를 놓치면 팔리지도 않을 부실한 과실들을 수확하게 된다. 그럼 가지를 언제 어떻게 칠 것인가. 남학생이라면 누구나 꼭 거쳐야 하는 과정인 군대가 인생의 가지치기에 더할 나위 없이 적합한 장소다.

매도 먼저 맞는 게 낫다고 했다. 군대 문제야말로 그렇다. 군대는 가능하면 빨리 갔다 오는 게 여러 모로 유리하다. 그래야 운신의 폭이 넓어진다. 대학 졸업하고 나면 빼낼 시간이 없다. 특히 비즈니스 스쿨을 생각하는 사람이면 무조건 대학교 때 가능하면 빨리 군대에 갔다 오는 게 좋다. 어머니들은 "일단 대학은 졸업하고 나서 군대에 보내야죠"라고 말한다. 내가 반문한다. "졸업하고 군대 가면 취직은 언제 하고 MBA는 언제 가나요?"

대학 때 군대 문제를 정리해놓으면 졸업과 동시에 취업을 하는 게 가능하다. 미국 현지에 취업을 해도 좋고 아시아에서 경험을 쌓아도 좋다. 그 취업 경험이 MBA 과정으로 자연스럽게 연결될 수가 있는데 중간에 군대 문제가 걸리면 군대를 어떻게든 미뤄보려고 하는 수밖에 없다. 그러다 보면 MBA 갔다 와서 그제야 군 입대를 한다는 소리인데, 현실적으로 갑갑한 이야기다.

'드림 칼리지'에 대한 꿈을 접고 차선을 선택해야 했던 유학생 중에는 학부 중간에 군대에 입대했다가 원래 꿈꿨던 학교로 전입할 결심을 하는 경우가 종종 있다. 병역 의무가 있는 우리나라에서는 '군필'

이라는 경력이 사회 생활의 기본 조건이지만 미국에서는 '밀리터리 서비스'를 특이한 경력으로 여긴다. 그동안의 학부 성적과 12학년 성적이 우수했다면 군대 경력은 편입에 유리하게 작용할 것이다. 12학년의 성적은 대학 편입에서까지 다시 걸림돌이 될 수 있음을 다시 한 번 강조한다. 대학 입학 허가 받아놓고 '만세' 부르면서 12학년 기말 성적 엉망으로 만들어놓으면 이렇듯이 두고두고 후회할 일이 많다.

화려한 패자부활전

체육 특기자 경수는 고등학교 때 이미 국가대표 선수이자 대기업 선수였다. 게다가 잘생기고 이지적인 아이였다. 그러나 우리나라에서 중·고등학교 다니면서 체육 특기자로 살아남으려면 학과 공부와는 거의 담을 쌓은 채로 훈련에만 매달려야 한다는 것은 세상이 다 아는 일. 경수는 대학 진학을 앞두고 전환점을 맞게 되었다. 선수생활 하면서 쌓은 수상 실적이면 체육 특기자 특별 전형으로 자신이 원하는 대학에 무리 없이 들어갈 것으로 믿었는데 막상 현실은 그렇지가 못했다. '특기 플러스 알파'가 뒷받침되어야 한다는 소문도 들렸다. 출전과 맹훈련이 되풀이되는 생활에 거의 맹목적으로 매달려왔던 경수는 갑자기 운동선수로 살아가야 할 자신의 장래에 대해 깊은 회의에 빠졌다.

"기여금까지 내고 들어가서 대학 간판을 따면? 선수로서의 내 수명은 언제까지일까? 그 다음엔 뭐하지? 다시 나 같은 애들 닦달하면서 코치로 생을 마친다?"

유학을 결심한 경수가 어머니와 함께 처음 나를 찾아왔을 때 학원 선생님들은 모두 난색을 표했다. '6년을 놀렸던 머리로 이제부터 해서 토플 점수가 몇 점이 나오겠느냐, 우리가 아무리 애써봐야 헛수고'라는 것이다. 그러나 나는 시도해보기로 했다.

"수강료는 아직 내지 마십시오. 우선 가르쳐보고, 되겠다 싶으면 등록하시라고 학원 쪽에서 말씀드리겠습니다."

선수로 영어권 국가에서 1년 체류했던 경험이 있어서인지 경수는 영어를 두려워하는 편은 아니었다. 물론 문법이 전혀 안 되어 있어서 기초부터 다져야 했지만 공부 머리도 있었다. 사실 첫눈에 나는 그 아이의 공부 머리를 알아봤다. 붙들고 씨름할 만한 녀석임을 직감했었다. 게다가 역시 맹훈련에 단련되어 있는 아이는 뭐가 달라도 달랐다. 25장짜리 숙제를 내주면 50장을 해왔다. 그것도 매일같이. 평범한 다른 아이들이라면 25장 가지고 허덕거리고 짜증을 낼 만큼 만만치 않은 숙제였다.

어머니가 열흘 만에 학원으로 나를 찾아왔다.

"학원에 더 이상 못 보내겠습니다."

"경수가 너무나 잘하고 있는데 무슨 말씀이신지?"

"밥도 안 먹고 잠도 안 자고 영어 공부에만 매달리니, 이러다가 멀쩡한 애를 잡겠어요."

"밥상 차려다가 방에 넣어주세요. 사람의 몸은 자기한테 필요한 최소한의 휴식은 알아서 챙기게 되어 있습니다. 경수는 자기와의 싸움이 뭔지를 아는 아이입니다. 절대 학원이 강압적으로 시키고 있는 게 아니니 걱정하지 마십시오."

경수는 학원에 온 지 석 달이 채 안 되어 토플 점수를 550점 이상으로 끌어올렸다. 1980년대 후반에 이 정도 점수면 아주 잘한 점수였다. 여기에 경수의 상황까지 감안하자면 정말 칭찬해줄 만한 점수였다.

의지가 학생을 살리고 죽인다. 경수는 그 가장 평범한 진리를 내 가슴에 심어준 첫 학생이었다.

"어머니, 경수가 해냈습니다. 이제 본격적인 유학 준비에 들어갑니다. 고등학교 성적표를 가져오세요."

그러나 경수 어머니는 성적표를 가져오지 못했다. '성적이 나쁘다'가 아니라 '성적이 없다'는 게 어머니 말씀이었다. 어느 정도 예상은 했었지만 생각보다 문제가 심각한 듯했다.

"중학교 때까지만 해도 체육 특기생으로는 드물게 7, 8등의 반 석차를 유지했었죠. 그런데 고등학교 올라가니까 내가 옆에서 보기에도 프로 선수 생활과 공부를 도저히 병행할 수 없는 상황이 되더라고요. 성적이 한번 바닥에 깔리더니 거기서 꼼짝을 않는 거예요. 나중에는 아예 시험을 보지 않을 때도 많았고……."

여기서 강조하고 넘어갈 점이 있다. 더러 유학을 생각하는 학생이나 그 부모들 중에 아직도 '미국 갈 거니까 영어만 챙기면 되지, 여기서 학교 성적이 어땠든지 신경 쓸 필요 없다'고 믿는 경우가 있는데, 정말 큰 착각이다. 유학 가려는 학생에게 내가 1차로 강조하는 게 내신이다. 내신이 안 받쳐주는 학생은 유학을 갈 수 없다고 단언할 정도로 강조하곤 한다.

그때나 지금이나 나쁜 내신은 미국 대학 입학 허가의 가장 큰 장애물이다. 아울러 비자 발급의 장애물이기까지 하다. 토플 점수는 개인차이는 있지만 어쨌든 시간을 들인 만큼 오르고, 시험을 쳐보면 쳐볼수록 오른다. 미국 고등학교 진학에 필요한 시험인 SSAT, 대학 진학에 필요한 시험인 SAT 다 마찬가지다. 그러나 학교 성적은 일단 망쳐놓으면 만회가 불가능하다.

그렇다면 '내신 나무랄 데 없고 토플, SSAT(또는 SAT) 잘하면 누가 유학 가나요?' 라는 반문이 나올 수 있다. 바로 그거다. 유학은 그런 '자생력이 있는' 아이들의 영역이다. 그렇다고 모든 조건이 미리 완벽하게 갖춰져 있어야 한다는 뜻은 아니다. 한번 유학 가겠다고 마음먹고 나면, 자신을 극대화시키는 데 모든 것을 걸 수 있는 사람이 내가 말하는 '자생력이 있는 사람' 이다. 경수는 그런 경우였다.

도저히 지원 서류에 첨부할 수 없을 지경인 경수의 성적표를 앞에 놓고 고민하던 나는 원서를 내려고 생각했던 미국 대학에 연락을 했다.

"토플 점수는 우수하다. 그런데 학교 성적표가 없다. 특수한 사정이다. 어떻게 방법이 없겠는가?"

"SAT 공부 시켜라. SAT 점수도 토플 수준으로 나온다면 받아주겠다."

미국 사람들은 입시 서류 사정에서 여러 점수의 '맥락' 을 중요하게 생각한다. 이를테면 1학년 때 바닥이었던 학교 성적이 꾸준히 향상되어 3학년에서 중위권에 진입했다면 그 노력을 높이 평가하여 학습 능력에서의 장래성을 인정해준다. '향상' 이라는 맥락을 보는 것이다. 그런가 하면 SAT 점수는 우수한데 학교 성적은 바닥인 서류를 보면 의문을 갖는다. 학교 성적에 드러난 학습 능력으로 그만한 SAT 점수를 받기 어렵다고 보는 것이다. 그래서 보통 학교 성적이 별로 좋지 않은 학생에게는 SAT 준비를 권하지 않는다. 높은 SAT 점수를 받아도 학교 성적이 안 좋으면 어차피 좋은 학교를 가기 어렵기 때문이다. 이런 경우 차라리 자기 토플 점수와 학교 성적에 맞는 학교에 일단 입학한 후 거기서 최선을 다해 더 좋은 학교로 편입하는 것이 낫다.

경수는 성적이 좋고 나쁘고를 떠나서 제출할 성적표가 '아예 없는' 정말 난감한 경우였다. 학업 능력이 수준 이상임을 성적표를 대신해 '표현' 해줄 수 있는 점수가 필요했다. 세계 대회 출전 경력도 소용없고, 방법은 일정 수준 이상의 SAT 점수를 받아내는 것밖에 없다.

그 시절만 해도 미국 유학을 준비하는 학생들은 특별한 경우가 아니면 토플만을 준비했기에 경수에게 또 하나의 산을 넘게 하는 것은 사실 가혹한 일이었다. 그러나 경수는 의지가 강한 학생이었고 주어진 상황을 받아들였다. 다시 몇 달을 씨름하여 SAT 1100점을 따냈다. 단기간 노력해서 이 점수를 받은 것 또한 토플에 이은 또 하나의 기적이었다.

그러나 내신이라는 핸디캡은 생각보다 끈질기게 따라붙었다. 나는 체육 특기자에게는 거의 학과 공부를 병행할 시간이 주어지지 않는 한국적 상황에 대해 자세히 설명하고 이렇게 부탁했다.

"정말 성실한 학생입니다. 일단 받아서 1년 동안 공부하는 모습을 지켜봐주십시오. 그때도 곤란하다고 하신다면 다시 데려오겠습니다."

입학 허가는 받아냈지만 비자 발급은 여전히 문제였다. 미국 대학의 입학 허가서를 받았다고 해도 미국 입국 심사관은 여전히 나쁜 성적을 문제 삼아 비자 발급을 거부할 수 있다. 실제로 그런 경우가 수두룩하다.

단순하게 생각하면 자기 나라가 인정하는 교육 기관에서 입학 허가서를 내준 학생인데 더 따질 필요도 없이 당연히 비자를 내줘야지 왜 까다롭게 구느냐 싶다. 그러나 한국 대학으로 유학을 희망하는 외국인 학생도 대한민국 대사관의 비자 발급 심사 과정을 거쳐야 하기는 마찬가지다. 이야기가 나온 김에 이 문제를 조금 더 설명하고 넘어가겠다.

미국에는 커뮤니티 칼리지급 이상만 쳐도 3,600개쯤 되는 대학이 있다. 그 많은 대학들에서 해마다 자기 학교를 지원한 수많은 외국인에게 입학 허가서를 발행한다. 그들 나름의 엄격한 입학 사정 결과라고 할지라도 국가는 다른 차원에서 비자 발급 대상자를 걸러낼 수밖에 없다. 합법적 미국 입국 및 체류의 방편으로서 유학을 내세우는 사람들을 가려내겠다는 것이다. 덧붙이자면 실제로 캠퍼스는커녕 간판도 제대로 없는 유령 대학들이 브로커와 짜고 비자발급용 입학 허가서를 발행해주는 사례도 많다. 미국 대사관에 비자 신청을 했다가 거부당한 사람의 비율이 평균 3퍼센트 정도 되는데 학생 비자 거부율은 그보다 높은 것으로 알고 있다.

미국 대사관이 유학생 비자 심사에서 가장 중요하게 여기는 것은 첫째, 부모의 재정 능력이고, 둘째, 유학 당사자의 학업 능력이다. 이 두 가지를 중심으로 그들이 궁극적으로 가려내고자 하는 것은 '공부한다고 들어와서 눌러앉아 불법 취업을 할 가능성이 농후한 자' 다. 부모가 재정 능력이 있고, 유학 당사자가 고등학교 때 우수한 성적을 유지했다면 일단 그 혐의선상에 오르지 않아도 된다. 한국에서의 학업 성적이 그만큼 중요하다. 그러나 이 두 가지 다 사실은 객관적 기준이 있는 것이 아니라 다분히 비자 발급자의 주관에 좌우된다. 그래서 정말 공부하러 가는 학생을 끝끝내 붙들고 늘어지기도 하고, 잿밥에만 마음이 있는 사람에게 별 의심 없이 비자를 내주는 경우도 있다.

나는 경수에게 일단 학업 계획서를 작성해보라고 했다. 경수는 장래에 비즈니스맨이 될 생각이며, 이에 필요한 공부를 대학에서 할 예정이라고 진지하게 썼다.

입학 담당관과의 인터뷰를 앞두고 최대한 진솔하게 인터뷰에 임하도록 훈련을 시켰다.

"내 고등학교 성적이 안 좋은 것은 정말 유감스럽게 생각한다. 실은 고등학교 때 선수생활을 하느라고 공부에 전혀 신경을 쓰지 못했고 흥미도 못 느꼈다. 그러나 이제 마음을 다잡고 공부할 준비가 되어 있다. 나를 믿고 한 번만 기회를 준다면 열심히 노력해서 훌륭한 결과를 보여주겠다. 도와달라."

경수는 자신을 받아들여준 대학에서 1년 후 그 결정을 후회하지 않게 만들었다. 그 대학에 재학한 2년 동안 경수는 4.0 만점에 3.9라는 우수한 성적을 유지했다. 한국에서 이미 괜찮은 SAT 점수를 따놓았기에 경수는 미국 유학 2년 만에 조지타운 대학으로 편입했고 지금은 국내 대기업의 미국 지사 직원으로 활약 중이다.

경수의 경우, 남들 시험 볼 때 운동에만 매달린 지난날을 돌이킬 수가 없어서 산(토플) 넘어 다시 산(SAT)을 넘으라는 나의 요구에 순응했다. 그때는 아직 SAT라는 시험의 존재가 한국에 잘 알려져 있지도 않았을 때였고, SAT를 공부할 수 있는 학원도 드물었다. 그럼에도 나는 경수와 같은 악조건의 극복 카드로서가 아니라 더 좋은 유학 조건을 구비하기 위해 우수한 아이들에게도 SAT를 권하곤 했다. '토플 없이 유학갈 수 있다'는 구호에 많은 사람들이 쏠리던 시절에 토플 봐서 더 좋은 대학으로 권했던 것과 같은 맥락의 이야기다.

학교 성적도 좋고 토플 점수도 높은 아이들을 보면 SAT까지 시켜서 누구나 알아주는 유명한 주립대학에 집어넣고 싶은 욕심이 생겼다. 내가 이끄는 대로 잘 따라와줘서 좋은 SAT 성적까지 받아내고 나면 이번에는 SAT II까지 준비시켜서 아이비리그를 꿈꾸게 만들고 싶은 욕심이 생겼다. 물론 SAT II의 경우는 토플이나 SAT I처럼 단기간에 결과를 볼 수 있는 게 아니라 한 과목, 한 과목 신중하게 선택하고 시간을 두고 공부해야 한다. 그래서 SAT I 점수를 받은 학생들의 부모님 가운데 왜 쉬운 길을 놔두고 자꾸만 더 시키나, 이 원장이 이상한 사람 아닌가 하고 등을 돌린 어머니들도 없지 않다. 그러나 그때 내 권유를 믿고 따라주었던 아이들은 고생한 만큼 더 크게 성취했음은 물론이다.

문화적 차이 때문에 생기는 낭패를 조심하라

유학 가서 첫 중간고사가 끝났다. 처음부터 끝까지 완전히 망친 시험이었다. '성적표를 받아드신 엄마가 어떤 표정을 지으실까.' 원철이는 낙심한 엄마 얼굴을 떠올리자 눈앞이 노래졌다. 기숙사 침대 베개에 얼굴을 파묻으며 자꾸 중얼거렸다.

"아, 죽고 싶다."

저녁 먹자는 룸메이트에게도 우거지상을 하고 이렇게 말했다.

"I want to die!"

이 친구가 놀라서 이 사실을 학교에 보고했다.

"제 룸메이트가 아무래도 자살을 할 것 같습니다."

학교에서는 당장 원철이를 불렀다.

"다음 학기에 복학하는 것으로 하고 집에 돌아가서 쉬면서 정신과 치료를 받도록 하세요."

원철이는 이 말만 믿고 한국으로 돌아왔다. 학교에서 상당히 '오버' 했다는 것은 알지만, 엎어진 김에 쉬어간다고, 이 참에 영어 공부도 좀 더 하고 새 학기에 새로운 마음으로 재도전하리라는 생각이었다. 학교 친구들과 부지런히 이메일 교신을 하며 복학할 준비를 했다. 그러나 원철이는 새 학기에도 학교로 돌아갈 수 없었다. 정신적으로 아무 문제가 없다는 진단서까지 받아 학교로 보냈는데도 다음 학기에 학생을 초청하고 싶지 않다는 싸늘한 답을 들었을 뿐이다.

한국의 선생님들이 나서서 "한국 사람들은 뭔가 잘 안 풀릴 때 죽고 싶다는 말을 잘 쓴다. 실제로 자살하려고 마음먹은 사람만 그 말을 쓰는 게 아니라 언어 습관이다"라고 아무리 해명해도 상황은 마찬가지였다. 원철이의 심리상태가 불안정하므로 지금은 복학보다 부모 곁에서 정신적인 안정을 취하는 게 중요하다는 게 학교의 판단이라는 것이다.

일환이는 유학 떠날 짐을 꾸리면서 부모 몰래 비비탄 총을 트렁크 깊숙이 숨겼다. 집 생각이 날 때마다 자기 손때 묻은 장난감을 만지작거리면 좀 낫지 않을까 하는 단순한 마음에서였다. 그런데 기숙사 책상 서랍에 넣어둔 비비탄 총이 우연히 룸메이트 눈에 띄었다.

'총기 소지'라는 이유로 학교가 발칵 뒤집혔고 일환이는 쫓겨날 위기에 처했다. 9·11 테러 직후라 상황은 더욱더 안 좋았다. 어머니가 한국에서는 그 장난감이 초등학생들이 가지고 노는 것이라고 강조하고 선처를 바라는 장문의 편지를 보냈다. 그 결과 일환이는 퇴학은 면하고 3주 정학(detention)을 거쳐 학교생활에 복귀할 수 있었다.

'아웃' 당하지 않는 유학생활을 위한 조언

106호 강의실에서 화학 시험이 치러졌다. 시험이 끝나자 한 학생이 복도로 나왔다. 107호에서도 한 학생이 복도로 나왔다. 서로 친구인 한국 학생들이었다. "뭐 나왔니?" 107호에서 나온 학생이 물었고, 친구는 시험 본 내용을 이야기해주었다. 107호에서는 바로 다음 시간에 화학 시험을 보기로 되어 있었다.

두 학생은 그날 교무실에 불려갔다. 그들이 복도에서 이야기를 나누는 장면을 목격한 미국 학생이 학교에 신고한 것이다. 인접한 두 강의실에서 시차를 두고 치러진 이날의 화학 시험은 문제 내용이 서로 전혀 달랐을 수도 있다. 전적으로 교사 재량이다. 그러므로 우리 관점에서는 '시험 문제를 유출한 것도 아닌데?'라는 반문이 들 수도 있다.

그러나 이 정도 정보 교환만으로도 부정행위(cheating)를 한 것이 된다. 그것이 미국 사회의 윤리 의식이다. 두 학생도 인정할 수밖에 없었다. 속이기도 어렵지만, 속이다가 거짓이 들통나면 문제만 더 복잡해지는 게 미국 사회다. 두 학생 다 학교에서 퇴학 처분을 받았다.

미국에서는 고등학교 가운데에도 수준 높은 학교들은 졸업 논문을 쓰게 한다. 논문을 쓸 때도 자칫 방심했다가는 정직성이 심판대에 오르게 된다. 다른 사람이 대필해주었거나, 인터넷에서 다른 사람의 논문들을 베껴 짜깁기했다면? 그런 행위야 두말할 것도 없는 명백한 퇴학 사유다. 그러나 그런 명백한 도둑질만 적발해서 문제 삼는 것이 아니다. 참고 서적을 제대로 찾아 읽고, 그 내용을 자기 것으로 소화한 후 자신의 창의적인 구상에 의해 논문을 작성하기까지의 논문 작성 전 과정에서 그 어느 부분에서든지 정직하지 못한 방법이 동원되었다면 그 사실이 발각되었을 때 학교는 학생을 퇴학시킬 수 있다. 졸업을 불과 두 달 남겨놓은 학생을 논문 작성에서 불성실했다고 퇴학시키면 대학은 어떻게 가라고? 우리 상식으로는 매정하기 짝이 없는 처사다.

인용문의 출처를 각주로 명백하게 밝히지 않은 것도 남의 글을 도용한 행위가 된다. 한 유학생은 "그들은 논문 시작 부분에서 큰따옴표 열고 맨 마지막에 큰따옴표 닫은 에세이는 용인할망정 중간에 한 구절 도용한 에세이는 결코 용인하지 않는다"고 말했다. 전체를 따옴표로 묶었다면 100퍼센트 남의 말인 에세이인 셈이니 그런 일이 가능할까 싶지만, 미국 학교에서는 그만큼 남의 글을 슬쩍 도용하는 것을 범죄 행위로 여기는 관념이 철저하다는 이야기다. 강조를 위한 과장이 섞인 이 이야기의 핵심은 '정직'이다.

'지적 재산권'의 문제에서는 아직도 매우 부족한 수준에 있는 곳이 한국이다. 초등학교 때부터 선생님이 가정 학습 과제를 내주면 인터넷 검색을 통해 마우스로 그대로 복사해서 대충 얽어서 제출하는 일을 아무 거리낌이 없이 해온 한국 학생들로서는 지극히 자연스러운 수준의 '이용' 도 '도용' 으로 간주되는 현실에 펄쩍 뛸 노릇이다. 그 수준보다 일이 더 커져서 미국 학교에서 논문을 쓴 아이가 퇴학당할 지경이 된 경우가 있었다. 그렇게 되자 부모님이 내게 도움을 청해왔다. 내가 부모 대신 그 학교 교장에게 전화로 항의해보았다.

"이 학생을 4년 동안 보아오지 않으셨습니까? 그동안에 큰 문제를 일으킨 적이 없는 학생이라는 것은 선생님들이 더 잘 아실 것입니다. 논문에서 인용문의 출처를 밝히는 것을 조금 소홀히 했다는 잘못만으로 이 시점에 퇴학을 시키시면 이 아이는 대학 진학을 포기할 수밖에 없습니다. 부모님이 가까이에서 챙겨주실 수 있었던 것도 아니고 학업을 위해 부모님과도 멀리 떨어져 지내온 외국인 학생에게 너무 가혹한 것 아닙니까?"

교장의 답변이 단호했다.

"양심에 어긋나는 행위를 성인이 되기 전에 바로잡는 것은 대학 진학보다 중요한 일입니다. 제 딸도 둘 다 이 학교에 입학했으나 졸업하지 못했습니다."

나와 부모님은 거듭 의도적으로 남의 글을 자기 글처럼 도용한 것이 아니라 각주를 빼먹은 실수임을 강조하고 선처해줄 것을 부탁했다. 그러자 논문 심사 교사가 징계위원회에 제출했던 보고서를 우리에게 보내왔다. 그 보고서에는 그들이 문제의 논문이 정직하게 작성되지 않았다는 결론을 내리게 된 근거가 너무나 일목요연하게 정리되어 있었다. '논문 쓴 학생이 읽었다는 참고 서적이 학교 도서관 소장 도서가 아니었다, 학생이 정말 그 책을 참고해야 했다면 사서에게 필요한 책을 주문해달라고 요청했어야 하는데 그러지 않았다, 그러므로 읽지도 않은 책을 읽은 체한 것이라고 볼 수밖에 없다'는 것이었다. 그들은 논문에 밝혀놓은 인용 문구의 출처도 참고 서적을 실제로 찾아보니 페이지가 전혀 맞지 않았다고도 했고, 그 이외에도 여러 가지 문제점을 낱낱이 지적해놓았다.

유학생의 부모는 좋은 소식도 나쁜 소식도 대개는 자식을 통해서 전해 듣게 된다. 퇴학당하게 된 자식이 국제 전화로 부모에게 사정 설명을 하면서 자기 잘못을 모조리 실토하기란 여간 어려운 일이 아니다. 부모님 꾸중을 조금이라도 모면하고 싶은 마음에, 사태를 축소해 보고하기 십상이다. 나나 부모님은 '논문에 각주를 빼먹어서 퇴학당했다'며 어처구니없어 했는데, 상황을 제대로 파악하고 보니 그리 단순한 일이 아니었던 것이다.

그렇다면 학교에서는 논문 지도 과정에서 왜 아이의 잘못에 대해 중간 경고를 하지 않고 내버려두었다가 결정적인 순간에 '아웃' 판정을 내려버린 것인가? 이 또한 부당한 처사가 아닌가? 알고 보니 학기 초에 학교로부터 부모 면담 요청이 있었으나 부모가 응하지 않았던 일이 있었다. 유학생 부모들 중에는 미국인 교사와 통화하거나 만나는 일을 두려워하고 기피하는 사람들이 많다. 일반 사립학교에 넣은 부모라면 아이가 머무는 집 주인을 '가디언'으로 내세워 학교와 소통하니까 이 문제가 저절로 해결되는데 아이를 보딩스쿨에 넣었을 때는 중간 대리인이 없기 때문에 학교는 부모와 대화하기를 원하는데 부모가 미적거리고 응하지 않아 중요한 상담 기회를 놓치게 되는 경우도 생긴다.

미국인들이 정직성만큼 중요하게 생각하는 덕목은 '자기 잘못을 시인하는' 솔직함이다. 같은 잘못을 했어도 자기 잘못을 얼른 인정하고 다시 안 그러겠다고 하면 벌이 그만큼 가벼워진다. 반대로 끝까지 아니라고 잡아떼면 더 무거운 벌을 준다. 위의 경우에도 초기에 부모가 상황 파악을 제대로 하고 잘못을 인정하고 반성하는 쪽으로 아이를 이끌었더라면 졸업 직전에 퇴학당하는 사태는 막을 수 있었을 터이다.

시험이나 논문 작성의 부정행위와는 좀 성격이 다르지만 또 다른 흔한 퇴학 사유로 흡연이 있다.

여러 대학에 지원서를 넣고 한 대학으로부터는 입학 허가서까지 받은 12학년 학생이 있었다. 그 시점에 무슨 욕심이 났는지 토플 점수를 올려서 더 좋은 대학교에도 다시 도전해보겠다며 토플 신청을 했다. 시험 날 시험 장소까지 오가는 교통편으로는 택시를 이용했다. 토플 시험을 보고 돌아오는 길에 택시가 가스 충전소에 섰다. 기사가 가스를 채우고 있는 동안에 이 학생은 차에서 내려서 구석진 곳으로 가서 담배를 한 개비 피웠다. 이윽고 아무 일 없이 다시 택시를 타고 학교로 돌아왔는데 학교에서 흡연으로 인한 퇴학 처분을 받았다. 학생은 흡연한 적이 없다고 딱 잡아떼었다. 학교에서는 그날 학생이 가스 충전소에 내버린 담배꽁초를 증거로 내밀었다. 학생은 그제야 깜짝 놀라서 자신의 흡연 사실을 인정했다. 그날 학교까지 태워다준 택시 운전사가 학교에 자기의 흡연 사실을 고발하고 갔던 것이다.

처음에 시인하기만 했어도 퇴학은 면할 수 있었을 터인데 잡아뗀 것이 더 무거운 처벌을 불렀다. 퇴학 이야기가 오가는 와중에 다시 몇몇 대학으로부터 입학 허가서가 날아왔다. 그러나 끝내 학교에서는 졸업장을 주지 않았다. 입학을 허가했던 대학들에서 줄줄이 허가를 취소했다. 딱 한 대학이 조건부 입학을 제시했다. 그 상태에서 입학이 가능한 대학에 들어가서 한 학기 공부하고 그 성적표를 가져오면 입학을 고려해보겠다는 것. 졸업 직전에 퇴학을 당한 학생을 그대로 받아주는 것은 대학의 자존심이 허락하지 않으니 절충안을 제시한 것이다. 자기가 정말 꿈꾸던 대학의 입학 허가는 다 취소되고 안전 지원했던 한 대학에서만 유일하게 그런 방식으로 구원의 손길을 내밀었다. 그 손길마저 뿌리치고 나면 아무 대안이 없으니 그 조건에 응할 수밖에 없었다. 오로지 담배 한 개비 때문에!

자기 자식의 도덕성을 의심하는 부모가 있을까? 아마 없을 것이다. 싸움 끝에 친구를 때렸다고 해도 우리 애가 남을 때렸을 때는 그만한 이유가 있을 거라고 자기 아이를 믿고 감싸게 되는 게 부모 마음이다. 미국에 유학 보낸 아이가 어느 날 느닷없이 학교에서 쫓겨나 차에 태워져 뉴욕 케네디 공항에 내팽개쳐졌다고 생각해보라(과장이 아닌 현실이다). 흥분하지 않을 부모가 어디 있을까. 그러나 이런 황당한 일이 이처럼 드물지 않게 벌어진다.

우리나라 대학에서도 올 여름에 기독교 학생 동아리가 중심이 되어 커닝추방운동본부가 결성되고 커닝 추방 캠페인이 펼쳐졌다고 한다. 그런 움직임을 전하는 뉴스를 보다가 나는 큰 충격을 받았다. 전교생의 45퍼센트가 커닝을 해본 경험이 있다는 것이다. 그 양상 또한 귀를 의심케 했다. 멀티미디어 시대의 신종 수법들이 속출하는 모양이다. 휴대전화 문자메시지로 정답을 교환하는 정도는 기본이고, MP3 기계에 시험에 나올 중요 내용을 녹음해놓고 귀에 이어폰을 꽂고 긴 머리를 앞으로 드리워 이어폰을 숨긴 채로 시험을 보는 수법까지 있다고 한다. 쪽지 돌리기, 커닝페이퍼 만들어 몰래 펴보기, 시험볼 자리에 일찍 가 앉아서 책상에 볼펜으로 중요 내용 베껴놓기 같은 전통적인 수법도 여전히 성행하는 모양이다. 그래서 학교에서는 시험이 시작되기 전에 가방과 휴대전화를 앞자리에 모아놓게 하기도 하고 학생들 자리를 바꾸고, 문제 배열이 다른 두 벌의 시험지를 만들어 한 줄 건너 나눠주기도 한다고 한다. 또 70명 시험에 감독관이 7명이 들어간다고 한다. 취업난으로 학점에 사활이 걸린 학생들은 그 어떤 수단을 동원하든 학점을 포기할 수는 없다며 자신들의 정당하지 못한 행위를 합리화하는 분위기이고, 이에 대처하는 학교 쪽은 '처음부터 주눅이 들어 커닝을 엄두도 못 낼 정도의 살벌한 분위기를 조성해야 부정 행위 통제가 가능하다'는 단호한 태도라고 한다.

지금의 부모 세대가 학교에 다닐 때만 해도 커닝이 학창 시절의 낭만이라고 생각하는 분위기가 있었다. 지금 세대는 그보다는 훨씬 치열한 경쟁 속에서 학창 시절을 보내기 때문에 시험 부정도 훨씬 적극적이고 교묘한 방법으로 이루어지는 듯하다. 어쨌거나 자식을 유학 보낼 부모는 한국에서부터 정정당당하게 자기 실력으로 평가받는 것을 철칙으로 여기도록 자식을 교육시켜야 한다.

특히나 아이비리그 대학들, 또 주니어 아이비리그라고 일컬어질 만큼 중등 교육기관이면서도 장래의 지도자를 키워낸다는 책임감과 자부심이 넘치는 명문 보딩스쿨들에서 정직함은 모든 학생이 기본으로 갖춰야 할 가장 중요한 덕목에 속한다. 우리 아이는 얼마나 정직한가? 얼마나 도덕적으로 철저하게 교육되어 있나? 한국의 학교와 학부모, 그리고 사회가 관습적으로 너무나 당연한 듯 용인하고 있는 많은 것들을 그들은 명백하게 부도덕한 행위로 간주하고 있음을 위의 사례들이 잘 말해주고 있다.

6

내 별명은 진돗개

서울어학원식

미국에서 돌아와 강의실이 하나밖에 없는 영어 테스트 전문 학원을 차린 뒤로 18년이 흘렀다. 지금은 학원이 일곱 개로 늘어나고 나는 '대표원장'으로 한 걸음 물러나 있지만 내가 생각하는 나의 본분에는 언제나 변함이 없다. 학부모, 학생과 마주앉아서 학생의 현재와 미래에 대해 마음을 열고 이야기를 나누는 것, 그것이 내 본분이고, 내가 가장 잘할 수 있는 일이고, 즐겁게 할 수 있는 일이다. 그래서 늘 이렇게 말하고 다닌다.

"학업 성취 수준에 관한 개인 상담은 각 캠퍼스 원장님께서 맡아 해주십니다. 그러나 어머니들 중에 우리 아들이 공부에 마음을 붙이지 못한다, 학원에 등록을 하긴 했는데 몸만 와 있지 마음은 다른 데 가 있는 것 같다, 왜 학원 다녀야 하는지 왜 공부해야 하는지 아무 목표가 없이 그냥 건성으로 다닌다 등의 문제로 속을 끓이고 있는 분이 계시다면 저를 찾아와 주시기 바랍니다. 그 시간이야말로 제가 제 제자를 키울 수 있는 중요한 시간입니다."

예전에는 학원에 출근하면 날마다 그날 쓸 '특수 몽둥이'를 만들었다. 신문지를 아주 단단하게 여러 겹 말아 만든 그 몽둥이는 너무 아프지도 위험하지도 않으면서 때릴 때 아주 요란하고 둔탁한 소음을 내서 심각한 분위기를 극대화해주는, 내가 고안한 최선의 '채찍'이었다. 그 몽둥이로 어깨, 엉덩이를 두드려 맞으며 공부한 아이들이 이제는 어엿한 사회인으로 나라 안팎에서 활약하고 있다. 내 마음의 재산이다(지금은 신문지 몽둥이는 쓰지 않는다).

"선생님하고 우리는 쫓고 쫓기는 톰과 제리 같았어요. 톰을 궁지에 몰아넣기 위해 화장실 문 위에 물 받아놓기, 케이크에 얼굴 밀어넣기 같은 온갖 짓궂은 보복들을 감행하곤 했죠."

오늘날의 그들 기억 속에 있는 학원 풍경이 나는 즐겁기만 하다.

아무튼 날마다 시험 보고 날마다 그 시험 결과에 따라 반 편성을 다시 해서 각자 가진 능력을 극대화하도록 몰아붙이는 테스트 전문 학원으로서의 기본 체제는 오늘날에도 변함이 없다. 일반적인 정보보다는 일대일 상담을 통해 되도록 학생과 적극적으로 교감하고, 그 과정을 통해 내가 진단한 그들의 성향과 가능성에 따라 개별 처방을 하는 내 진학 지도의 기본도 마찬가지다.

'서울어학원' 하면 '무섭다, 강압적이다, 스파르타식이다' 라는 평판이 나 있다고 한다. 실제로 그런 입소문에 지레 겁을 먹고 원장실에 들어서는 아이들도 있다. 그렇다면 안에서 오래 겪어본 아이들의 평가는? "절대 그렇지 않아요. 얼마나 인간적인데요!" 이렇게 내 귀에 듣기 좋은 이야기를 하는 아이들도 있고 "틀린 말은 아니죠. 반은 맞는 말이에요"라고 부분 긍정하는 아이가 있는가 하면, "박 원장님은 우리 아버지보다 무서운 유일한 사람"이라고 말하는 아이도 있다. 색다른 분석도 있다. 내가 엄청난 양의 숙제를 안겨주며 "원장님은 너는 할 수 있다고 믿어! 많지 않지?"라고 물을 때 거부할 수 없는 것은 '박 원장님 특유의 안경 너머 눈빛 공격' 때문이라나?

처음 학생과 학부모를 상담할 때는 하루에 수도 없이 화장실을 들락거렸다. 신경성대장염이었다. 잘 알지 못하는 학생 하나하나의 상황을 살피고 대책을 강구하는 일이 즐겁지만 강한 스트레스로 다가왔던 시절이다. 그러더니 어느 순간 애들을 바라보면서 웃을 수 있는 여유가 생겼다. 현안인 토플 점수나 SAT 점수를 떠나서 아직 여물지 않은 한 인격체와 인생을 이야기하는 일에 나도 모르게 푹 빠져들게 되었다. 그러자 첫 대면한 학생이나 학부모 앞에서도 긴장하지 않고 마음을 열 수 있게 되었다.

지금은 학생과 10분만 마주앉아 이야기해보면 이 학생이 배터리가 꽉 충전된 상태인지, 배터리가 거의 떨어져가는 상태인지, 이미 방전 상태인지 가늠할 수가 있다. 위기의식을 고조시키는 게 주효할지, 격려해야 할 경우인지, 관망해야 할 상황인지 감이 온다.

내 별명은 진돗개다. 물면 안 놓는다고 해서 붙은 별명이다(진돗개가 아니라 '불독'이라는 아이들도 있다). 그러나 아무나 덥석 무는 것은 아니다. 스스로 하려는 의지가 분명한 학생에게만 해당하는 이야기다. 분명한 것은 학원이라는 공간의 강제력으로 아이를 무조건 붙들고 공부시켜서는 절대로 소기의 성과를 이룰 수 없다는 사실이다.

그래서 어머니가 아이를 데리고 와서 상담하기 시작한 지 몇 달이 지났는데도 내가 정식 등록을 허락하지 않는 경우가 가끔 생긴다. 자발성이 떨어지는 아이는 학원 백날 다녀봐야 소용없다. 공부 열심히 안하는 아이를 그냥 등록시키면 1년 다 되어가도 성과가 안 날 수도 있다. 그러면 학원으로서도 마이너스다.

그런 아이에게는 나와 일대일로 맞대면해서 자발성을 기르는 시간이 더 필요하다. 거기서 합격점이 나와야 등록을 허락한다. 왜 해야 하는지를 깨우쳐 학생 스스로 덤빌 때까지 기다리지 않고 그냥 강압적으로 시키는 것은 학생이 공부할 수 있는 힘을 학원에서 빼앗아가는 것이나 마찬가지다. 그래서 혼자 할 수 있는 자세가 될 때까지 기다리는 것이다. 자세가 되었는지를 판가름하는 리트머스 시험지가 단

어 시험이다. 일대일 면담 때마다 일정량의 단어를 외워오도록 시킨
다. 이렇게 단어 공부를 시켜보면서 나는 아이가 공부하고자 하는 의
지가 확실해졌는지를 확인하고, 아이는 만만찮은 학습량을 견뎌내고
조금씩 성취감을 맛보면서 학업 의지를 굳히게 된다. 단어 공부는 학
습자와 상황에 따라 난이도와 분량을 자유자재로 조절하며 시킬 수
있어서 안성맞춤이다.

앞에서도 날마다 '헤쳐모이게' 하는 서울어학원만의 반 편성 시스
템에 대해 이야기했다. 날마다 학원에 오면 먼저 시험을 치고 등수를
공개하고 등수에 따라서 각자 자기가 속한 반을 찾아 들어가 하루 수
업을 받는다. 날마다 한 반의 구성원이 달라지는 이 독특한 반 편성
방식은 내가 시도했다가 성과가 좋아서 우리만의 방법으로 정착한 지
아주 오래 되었다.

학생 때 친구 여섯이 영어 그룹 과외를 한 적이 있다. 그때 그 과외
선생님은 맨 꼴찌를 잘라내는 식으로 아이들에게 긴장감을 조성했다.
주기적으로 여섯 명 중에 6등짜리를 잘라내면 그 자리를 새로운 아이
가 들어와 채웠고, 잘려나간 아이는 나중에 재시험을 봐야 복귀할 수
있었다. 그 아이가 빼앗겼던 자기 자리를 되찾기 위해서는 또 다른 꼴
찌가 자리를 내놓고 나가야 한다. 이런 식으로 그룹에서 잘려나가게
되는 아이는 너무나 치욕스럽게 생각했고 당한 아이 엄마가 선생님에
게 항의하는 일도 생겼다. 어쨌든 동네 친구들이 모여 공부를 하면서
도 분위기가 치열했다.

나는 그 어떤 경우에도 아이들의 잠재력을 믿는다. '안 되면 되게
하라'는 구호가 막무가내로 밀어붙이는 군사 문화의 잔재인지는 모르
겠으나 아이들을 가르치는 나에게는 영원히 유효한 구호다. 또 공부
를 '원래 못하는' 아이는 없다는 게 내 생각이다.

서울어학원에는 두 종류의 장학생이 있다. 하나는 말 그대로의 장학생이고 또 하나는 '장기적으로 공부하는 학생'이다. 후자의 의미에서 이제까지 내가 가르쳐 내보낸 최장기 장학생은 1년 4개월짜리다. 영어 기초가 전혀 되어 있지 않은 탓에 정규반으로는 도저히 받아들일 수가 없어서 하루 세 시간씩 일대일 수업을 진행시켰다. I, she, he, we 네 단어밖에 모르고, do와 did를 각각 사전에서 찾았으며, he is와 he are 중 어느 쪽이 맞는지 알지 못하는 상태였다. 처음에는 시험 문제지에 새까맣게 단어만 찾아 베끼다가 나오던 이 학생이 나중에 573점이라는 토플 점수를 맞았을 때 가르친 선생님이 울었다.

바로 그렇기 때문에 우리 학원은 늘 '선착순 모집'을 고수한다. 선발고사가 있지만 반배치를 위한 시험이지 잘라내기 위한 시험은 아니다. 자리가 없어서 못 받는 건 어쩔 수 없지만 들어오겠다는 학생을 점수로 매정하게 끊어낼 수는 없다는 게 내 생각이다.

잘려나가는 치욕에 맞먹게 자존심은 긁어주되 낙오자를 만들지는 않으면서 치열한 긴장감은 유지하는 시스템은 없을까? 그 해답이 지금의 '헤쳐모여' 시스템이다.

"시험 치고 반 편성 리스트 딱 나오면 1반 1등부터 10반 꼴등까지 성적이 다 공개되잖아요. 그게 처음에는 당황스러웠는데 사실은 진짜 도움이 돼요. 집에서 공부하라는 부모님의 잔소리 백번 듣는 것보다 리스트에 꼴찌 반 몇 등으로 올라 있는 내 이름 보는 게 효과적이었던 거 같아요. 나랑 같이 등록한 친구는 계속 2반, 3반에서 왔다갔다 하는데 나는 8반 갔다가 10반 갔다가 하다보니까 몇날 며칠 눈 부어서 집에 들어가곤 했죠. 하지만 그게 자극이 되었어요. 특히 원장님께서 성적이 바닥에 깔렸다가도 정신 차리면 금방 올라간다면서 잘된 케이스 이야기 들려주시고 격려해주신 날은 기분도 좀 풀리고 용기도 얼곤 했어요."

'학원 2년 다니는 동안(물론 방학 기간에 한국에 와 있을 때만을 말하는 것이다) 안 돌아다닌 반이 없다' 는 은정이 이야기다.

오늘은 톱 그룹에 속했던 학생도 내일은 바닥으로 내려갈 수 있다. 이 헤쳐모여 시스템을 통해 '이만하면 됐어' 라는 여유만만함에 안주해 있는 공부 잘하는 학생, '아무리 해도 안돼' 라는 패배주의에 젖어 있는 공부에 자신 없는 학생들을 날마다 흔들어댄다. 바닥이 자기 자리라는 생각에 젖어 있는 아이에게는 열심히 공부해서 하루아침에 톱 그룹으로 솟아오르는 '신비 체험'을 기어코 시켜주고 싶고, 톱 그룹에 안주하려는 아이에게는 거꾸러지는 쓴맛을 보여주고 싶은 것이다.

우수한 학생의 부모님은 '아무나 받는 학원' 보다는 문턱이 높다고 소문난 학원을 선호한다는 사실을 나도 모르지 않는다. 실력 있는 아이들만 선별해서 뽑으면 별로 힘들이지 않고도 금방 눈에 띄게 좋은 실적을 거둘 수 있고, 그 실적이 실력 있는 아이들이 저절로 학원으로 몰려오게 만드는 바탕이 된다는 사실도 잘 안다. 그러나 잘 달리는 아이를 훨훨 날게 만들어주는 재미 못지않게 잘 걷지도 못하던 아이를 달리게 만들어주는 재미도 크다. 나는 내가 학원을 하는 한 그 재미 또한 포기할 수가 없다. 나중에 성공해서 포도주 한 병 사들고 찾아오는 녀석들이 주로 이런 녀석들이다.

날마다 헤쳐모이는 반 편성 체제이다 보니 교재가 없이 그날의 시험 문제를 놓고 수업을 진행한다. 테스트 전문 학원의 가장 효과적인 수업 방법은 바로 이것이라고 나는 믿는다. 오자마자 시험을 치고 각자 수많은 물음표가 솟구칠 때에 그 하나하나의 물음표를 해결해나가는 방식으로 강의를 하면 교재 위주의 밋밋한 일반 강의보다 머릿속에 쏙쏙 잘 들어간다.

처음 서울어학원에 온 학생들은 이 시스템을 힘들어한다. '산만하다', '내가 뭘 공부하고 돌아가는지 잘 모르겠다'는 반응을 보인다. 그러나 수강 날짜가 쌓이고 이 시스템에 적응이 되어가면서 이 수업 방식의 탁월한 효과를 스스로 깨닫게 된다.

나는 우리 학원을 드나드는 모든 학생들이 언제나 '저 높은 곳을 향하여' 발돋움하는 상태이기를 원한다. '네 자리는 여기야, 네 실력은 이 정도야'라고 좌표를 정해주는 것은 학생의 가능성을 말살하는 행위다. 내가 원장실에 들어와 상담 의자에 앉은 아이들에게 가장 많이 하는 말은 "너는 할 수 있어!"이다.

비즈니스 전공으로 대학에 진학하려는 학생이 들어와 상담을 한다. 나는 앉혀놓고 대학 순위 사이트에 들어가서 비즈니스로 알아주는 대학 열 곳을 뽑아서 내준다.

"원장님 여기는 톱 11위, 이건 저한텐 너무 높아요. 수준에 안 맞아요."

"뭐가 높아? 네 눈높이가 어딘데? 넌 할 수 있어. 원장님 말만 믿어라. 이게 가능하도록 네가 성적을 조금 올리면 돼. 학원이 왜 있는데? 그런 거 도와주라고 있는 거야. 내가 도와줄게."

화초의 성장을 가장 섬세하게 파악하는 사람은 바로 그 화초에 물을 주는 사람이 아닐까? 그냥 잠시 바라보기만 하는 사람은 언제 새 잎이 돋는지, 언제 꽃봉오리가 올라왔는지 잘 눈치 채지 못한다. 유학생의 대학 진학 상담 때에 그 아이가 재학 중인 학교의 칼리지 카운슬러보다 내가 과감해질 수 있는 것은 그는 '바라보는 사람'이고 나는 '물을 주는 사람'이라고 자부하기 때문이다.

나의 숙제 검사 노하우

어느 학원이나 숙제를 내주고 숙제 검사를 한다. 그러나 숙제를 해 온 학생과 해온 숙제를 검사하는 선생 사이에는 늘 역동적인 교감이 있어야 한다. 한마디로 필요할 때 밀고 당길 줄 알아야 숙제 검사 한 가지라도 의미를 가지게 된다. 얘가 이 숙제 하느라고 얼마나 고생했을까를 생각해야 하고, 죽어라고 단어 외워 와서 단어 시험 통과했을 때의 그 뿌듯함에는 작은 보상이라도 해줘야 한다. 등 두 번 두드려주고 "고생했다, 약속 지켜줘서 고맙다"라고 말하면서 몇 번만 아이를 인정해주면 아이는 그 '관계'에 재미를 붙이게 된다. 그게 공부에 재미를 붙이는 것으로 이어지는 것은 물론이다. 그러나 기계적으로 채점한 뒤, "어, 잘 봤네!" 하고 그저 덤덤하게 보내면 그 아이는 단어 외우는 것에 다시 신명을 내지 않는다. 학습 의지를 지속시키는 데에 신명은 꼭 필요한 요소다.

제대로 밀고 당기려면 감식안도 필요하다. 문제 풀어온 것에 눈길 한 번만 주고도 제대로 해왔는지 엉터리로 해왔는지를 판별해낼 수 있어야 한다. 나는 문제 풀어온 것 안 보고 숙제 내미는 아이 표정만 봐도 켕기는 게 있는지 알아챌 수 있다. 제대로 안 해온 아이는 내 얼굴을 똑바로 쳐다보지 못한다.

다음에는 채점 동그라미 쳐놓은 상태를 보면 안다. 교사가 하듯이 유난히 큼직큼직하게 동그라미를 친 애들이 있다. 이건 누가 봤을 때 자기가 이거 분명히 제대로 풀었다는 확신을 주고 싶은 심리에서 나온 행동이다. 그러니 제대로 안 풀었다는 증거이기 쉽다. 정말 자기가 풀었으면 그런 데 신경 쓸 필요가 없다. 슬쩍슬쩍 작은 동그라미 치고 만다.

지문에 밑줄 친 흔적을 봐도 알 수 있다. 전혀 줄칠 만한 단어가 아닌 엉뚱한 데에 쭉쭉 줄을 쳐놓았다. 흔적을 날조한 것이다. 제대로 푼 아이들은 당연히 줄칠 이유가 있는 곳에 줄을 쳤다. 지문 옆 공백에 쓴 단어들의 상태는 어떠한가? 진짜 푼 아이들은 또박또박 썼다. 급조한 애들은 글씨를 갈겨썼다.

좀 더 고난도의 감별법도 있다. 제대로 안 해온 아이의 책의 숙제 부분을 펴놓으면 책이 살아 있다. 페이지가 막 넘어간다. 제대로 한 아이는 그 부분을 펼쳐놓고 오랜 시간 있었기 때문에 펴놓으면 페이지가 그대로 차분히 누워 있다.

그러나 텔레비전을 보면서 오래도록 펼쳐놓고 뜸만 들였을지 누가 아는가? 그렇다면 마지막으로 책을 덮고 측면의 때가 묻은 범위를 본다. 이것은 절대로 속일 수도, 날조할 수도 없다. 정확하게 자기가 펼치고 씨름한 페이지 범위만큼만 때가 타 있다(내가 최후에 이 방법을 쓴다는 것을 알고 숙제 베낀 날은 미리 콧등 기름을 거기 묻히는 방법을 쓰는 애들이 있는데, 정확히 자기가 펼쳤던 범위만큼만 때타게 하는 것은 절대 불가능하다).

그 다음은 느닷없는 질문으로 알아보는 방법이 있다.

독해 숙제를 검사하다가 짐바브웨의 음식에 대해 나온 지문이 눈에 띄면 이렇게 물어본다.

"짐바브웨에서는 악어 고기를 웰던으로 먹지 않는다며?"

"예. 그렇다고 나와 있습니다."

거짓말! 전혀 지문에 없는 내용인데 천연덕스럽게 읽은 체하고 있는 것이다.

부모님을 위해 내 오랜 비법을 공개했다. 자녀 지도에 참고하기 바란다.

책임지는 매

나는 평소에는 아침 9시, 귀국한 유학생들로 붐비는 방학 기간에는 아침 7시에 출근한다. 점심 먹고 근처 헬스 센터에서 40~50분 달리기 하는 시간 빼고는 거의 온종일 '대표원장실'을 지킨다. 퇴근 시간은 따로 없다. 상담이 밀리면 밤 10시를 넘기기도 예사다.

예약되어 있는 학부모와 학생 상담이 20분 간격으로 이어진다. 그 틈을 비집고드는 전화 상담도 있다. 상담 중에 학원으로 온 전화는 프런트 데스크에서 처리하지만 시시때때로 울리는 핸드폰은 어쩔 수가 없다. 대치동 본원 상담만 있는 것이 아니다. 정해진 요일에는 수지, 목동, 일산 캠퍼스로 가서 그곳 학부모 상담을 받는다.

"박 원장님 스케줄이 너무 빡빡합니다.""20분 동안에 상담하려면 다급해서 하려던 이야기 다 까먹고 나옵니다. 차라리 유료화해주세요. 그래야 엄마들 마음이 편합니다."

많은 학부모들로부터 그런 요청이 들어온다. 그러나 18년 무료 상담 전통은 앞으로도 고수할 생각이다. 그 이유는 돈 받고 상담하는 순간부터 모든 것을 내 마음대로 할 수 없기 때문이다. 나는 내 마음대로 꾸려나가는 게 좋다.

내가 돈을 받고 상담한다면 개별적으로 내준 숙제를 소홀히 했을 때 "너 하기 싫어? 그럼 그만둬! 너 보는 거 오늘로 끝이다" 하고 으름장을 놓을 수 있을까? 아이들과의 관계도 기 싸움이다. 내가 형편없이 많이 틀린 단어 시험지를 내밀며 "너 원장님이 하라는 대로 안 하고 계속 이럴 거면 우리 그만 만나자!"라고 단호하게 이야기하면 기가 죽어서 "원장님, 열심히 하겠습니다" 하는 녀석이 있는가 하면 "좋아요, 그만둘게요" 하고 자리에서 일어서는 녀석도 있다. 어머니와 나란히 앉았다가도 당돌하게 자리를 박차고 일어나 나가는 아이도 있다. 이렇듯이 '강성'인 학생이 요새는 드물지 않다. 이럴 때는 어머니를 나가 계시게 하고 그 녀석은 도로 붙들어 앉힌다. 강하게 나오는 녀석 앞에서는 내가 더 강한 모습을 보여줘야 한다. 그 버르장머리부터 바로잡지 않으면 성적은 백날 해도 오를 턱이 없다. 눈을 부릅뜨고 시베리아 바람을 일으키며 기 싸움으로 상대방을 제압한다. 아무리 시건방지게 굴어봐야 속은 어리고 대책 없는 아이들일 뿐이다. 이런 아이들일수록 한번 승복하면 금방 발전한다. 돈 받고 하는 비즈니스라고 생각하면 내가 이 과정을 어떻게 반복할 수 있겠는가.

나는 감히 말할 수 있다. 우리 공교육의 문제점이 무엇인가? 바로 아무도 책임지려고 하지 않는다는 것이다. 사교육은 책임진다. 아이를 때려도 어머니들이 아무 말 안 하는 것은 때린 만큼 책임진다는 사실을 어머니들이 경험적으로 알기 때문이다. 한마디로 때릴 만해서 때리는 것이고 맞을 만하니까 맞는 거다.

때리고 맞는 관계를 학생 쪽에서 '선택'하지 않겠다면 놔주면 그만이지만 그 관계를 선택한 학생에 관한 한 끝까지 책임진다. 때리는 선생은 그만큼 그 아이의 학습에 깊이 개입하고 아이 하나하나에 능동적으로, 융통성 있게 대응하는 선생이다(물론 감정이 배제된 철저히 이성적인 매를 전제로 하는 말이다).

앞에서도 신문지 몽둥이 이야기를 잠깐 했다. 내가 몽둥이를 손에서 놓은 지는 오래 되었지만 요즈음도 서울어학원 학생들은 단어 시험 보고 결과가 안 좋으면 당연히 맞을 줄 안다. 그게 '서울어학원식'이다. 한창 젊을 때는 아이들을 혼내다가 내 속이 상하면 안타까움을 어쩌지 못해서 내 손바닥으로 아이들 손바닥을 내리치기도 했다. 맞는 애들한테는 한 번이지만 나에게는 아이들 수만큼 손바닥끼리 마찰

하는 고통을 느꼈다. 집에 가면 손바닥이 벌겋게 부어오르곤 했다. 나는 그 시절의 학생들과 그렇게 '정'을 나누었다. 나만의 착각일까? 아니다. 내 마음을 다해서 아이를 때리는 것, 그것은 대한민국에서 학생을 가르치는 사람만이 누릴 수 있는 특권이다. 미국이라면 어림도 없는 일이다. 이 지구상에 진정한 스승과 제자 사이가 존재하는 한 '사랑의 매'는 필요하다고 나는 믿는다.

어머니들의 정보 전쟁, 착시 현상을 조심하자

일요일 아침 7시. 한 부지런한 유학생이 양파 수프 냄비를 불에 올려놓고 깜빡하는 바람에 아파트 전체에 화재 경보가 울려댔다. 집집마다 현관문이 열리고 사람들이 자다가 말고 허둥지둥 바깥으로 나왔다. 더러 주말 밤을 함께 지낸 커플이 나란히 뛰어나오기도 했는데 특이한 것은 한국인 유학생의 경우 커플은 커플인데 '모자(母子) 커플'이 여러 쌍 있었다는 것이다. 여러 해 전에 미국 유학 생활을 했던 한 후배에게서 들은 에피소드다. 그 장면을 보고 미국인 친구가 후배에게 이렇게 진지하게 물었다고 한다. "여기는 '원 베드룸' 아파트인데 어머니는 어디서 주무시지?"

세 학생이 함께 기거하는 방 세 개짜리 아파트에, 한 남학생의 어머니가 아들 밥을 해주기 위해 2년 동안 함께 살았다는 '전설'도 전해진다. 그 아들은 직장 생활을 하다가 뒤늦게 대학원 과정을 밟고 있는 서른두 살 총각이었다니 대한의 남아들, 또 그들의 어머니들이 그저 경탄스러울 뿐이다.

인터넷에는 '강남 엄마 시리즈'라는 유머가 떠돈 지 꽤 되었다. 그

중 하나는 아이가 엄마에게 갑자기 수학이 어려워졌다고 하소연했을 때 대처하는 여러 강남 엄마들의 반응이다. 대치동 엄마는 기다렸다는 듯이 "학원을 옮기자. 그럴까봐 미리 다 알아봐놨지"라고 말한다. 압구정동 엄마는 "그러니까 엄마가 뭐랬어, 진작 떠나는 게 좋겠다고 했지?"라고 말하며 아이 손을 잡고 미리 교섭해놓은 유명 유학원으로 데려가 상담을 시작한다. 동부이촌동 엄마는? 베란다 커튼을 활짝 열고 한강 너머를 가리키며 아이에게 이렇게 말한다. "걱정 마라. 요것도 우리 빌딩, 조것도 우리 빌딩이니까."

요새는 '신도시 엄마 시리즈'도 나왔다는데, 풍자 대상이 된 어머니들은 이런 유머가 떠도는 것을 알면 어떤 반응을 보일지 문득 궁금해진다.

아무튼 자기 아이의 경쟁력이 뒤떨어지지 않도록 관리하기 위한 어머니들의 노력은 거의 정보 전쟁 수준에 이르렀다. 아이의 부족한 부분을 간파하고 채워주기 위해 어머니들끼리 활발히 정보를 교환하는 것은 좋다. 그러나 거기서 오는 부작용도 없지는 않다. 음식 맛은 한 젓가락만 먹어봐도 금세 알 수 있지만 사람의 일이란, 더구나 자라나는 아이들의 교육 문제란, 부분을 보고 전체를 다 알 수는 없다. 그래서 폐쇄적인 정보 교환을 통해 더러 오해가 확대 재생산되기도 하고, 몇 사람의 착시 현상에 불과한 것이 '동네 이슈'로 떴다가 이내 진리로 굳어지기도 한다.

한국에서 자기가 속한 지역에서 두각을 나타냈던 학생이라면 유학 간 이후에 학기 중에 일시 귀국이라도 하게 될 때에는 남의 입에 오르내릴 각오를 해야 한다. 모든 아이들과 그 부모의 부러움을 한몸에 받으며 아이비리그로 유학간 특목고 졸업생이 방학이 아닌 때에 한국에 머물다가 몇몇 어머니들 눈에 띄면 '아무개가 유학에 실패하고 돌아왔다'는 소문이 금세 파다하게 퍼진다. 그게 몇 사람의 입을 거치면 '특목고 출신은 미국 대학교에 진학해서 잘 적응하기 어렵다, 아예 일찍 내보내는 게 상책이다'라는 속설로 굳어진다. 유명 보딩스쿨에 유학갔다가 학업 스트레스에 못 이겨 중도 포기한 아이가 생기면 이번엔 '뭐니뭐니 해도 고등학교까지는 엄마가 끼고 있는 게 낫다. 국내파 성공 확률이 해외파보다 더 높다'는 게 진리가 된다(국내파란 고등학교까지 한국에서 마치고 유학가는 학생을, 해외파란 조기유학생을 가리킨다).

아이는 하나하나 다 개별적인 존재다. 남의 자식 성공담을 벤치마킹하는 것은 좋지만 그 과정을 맹신하고 모방하는 것은 지혜로운 행동이 못 된다. 또, 남의 자식 실패담을 타산지석으로 삼되, 실패한 아이가 걸어온 모든 과정을 실패 원인으로 여겨서는 안 된다. 아이의 성장 과정에는 수많은 의외의 변수가 숨겨져 있다. 그래서 성공에는 공식이 없다는 것이다. 오로지 개별적인 성공 사례가 있을 뿐이다. 조기유학 예찬론자가 있지만 한편에는 일찍 아이를 떠나보냈다가 실패를 맛본 집도 엄연히 존재한다. 그런가 하면 고등학교까지 한국에서 마치고 떠나보냈더니 옆집 조기유학생에 견주어 고전해서 부모를 애태우는 경우라고 왜 없을까.

입에서 입으로 전해지며 어머니들이 공식처럼 받아들이는 사실들 중에는 사실상 사리에 맞지 않는 통념들도 많다. 이를테면 "미국에서는 공대 들어가는 게 수월하다"는 말들도 한다. 우선, 학부 과정 마치고 대학원 과정을 위해 유학 가는 경우라면 모르지만 한국에서 고등학교를 마치고 공대에 유학 간다는 것 자체가 특별한 경우 말고는 극히 어렵다. 입학한다 해도 우리나라 대학 과정과는 견줄 수 없을 만큼 실습이 많아서 따라가기 힘들다. "미국 애들 사이에서 수학은 한국 아이들이 휘어잡을 수 있다"는 말도 한다. 그러나 1, 2학년 때 이야기다.

3, 4학년 올라가면서 그들이 서서히 저력을 나타내기 시작하면 한국에서 날리던 수학 실력은 금세 바닥을 드러내게 된다.

명문 보딩스쿨이 아무리 공부 잘하는 학생들 사이에서 선망의 대상이고, 들어가기가 하늘의 별따기라고 해도 사정상 학기 중 다른 학교로 옮겨가는 학생도 얼마든지 생길 수 있다. 위 학년에서 우연히도 아주 우수한 학생 두 명이 비슷한 시기에 다른 학교로 전학을 갔다. 그 사실이 알려지면서 '작은 집단에서 잘하는 아이들끼리 경쟁하는 게 내신에 불리하다고 판단해서 조금 낮은 학교로 옮긴 거다'라는 추측이 떠돈다. 그 학교에 재학 중인 아이의 어머니가 걱정이 되어 전화를 했다. 내가 안심시키며 말했다.

"왜 걱정을 하세요? 잘된 일을. 내신으로 보더라도 못하는 애가 나가야 문제지 잘하는 아이가 나가면 좋은 거잖아요. 별 문제 없습니다."

"그래도 그렇게 톱클래스 애들이 하나 둘 떨어져나가면 학교 질이 떨어질 수도⋯⋯."

"아뇨, 결코 그렇지 않을 겁니다. 미국 명문 사립학교의 전통이라는 건 절대 하루아침에 이루어지는 게 아닙니다."

어머니들의 미국 사립 보딩스쿨에 대한 평가도 해에 따라 편차가 있다. 원서 쓸 무렵이 되면 '요새는 이 학교가 뜬다더라'면서 마음이 그쪽으로 기우는 학부모도 있다. '100년 전통'은 기본인 유서 깊은 학교들이 해마다 어떤 변수에 따라 뜨고 지고 할 수는 없다. 아마 지원하는 학생이 예년에 없이 한 학교로 쏠렸다면 이는 작은 변수에도 민감한 아시아 학생들이 만든 현상이 아닐까 싶다.

'좋은 학교 가면 졸업하기 어렵다?' 이 역시 잘못된 상식이다. 좋은 학교일수록 졸업률(graduate rate)이 높다. 하버드의 졸업률은 98퍼센트 정도다. 학교 수준이 떨어질수록 졸업률이 떨어진다. 중도에 그만두는 학생도 많고 다른 학교로 전학 가는 학생도 있기 때문이다. 하버드의 경우는 리더를 키운다는 자부심 때문에 학점은 후하게 주는 편이다. 자식을 드림 칼리지에 들여보내지 못한 어머니들 중에는 "우리 애는 졸업 못할까 봐 좀 쉬운 학교로 간다"고 굳이 이유를 밝히는 분들이 있는데 그 말에는 무리가 있는 것이다.

부모님께 권하는 행동방식 7계명

1. 자주 웃자.

부모가 잘 웃어야 아이가 사회에 나가서 성공한다. 웃을 일 없어도 만들어서 웃자. 상담을 통해 많은 부모와 아이들을 겪으면서 느낀 것은 부모가 부정적이면 아이도 부정적인 경우가 많다는 것이다. 자주 웃는 것뿐만 아니라 가능하면 매사에 낙관하는 태도를 기르자.

2. 아이가 가진 능력을 깎아내리지 말자.

언뜻 보기엔 다 '고슴도치'인 것 같지만 알고 보면 자식에 대해 과대평가하는 부모보다는 과소평가하는 부모가 훨씬 더 많다. 엄마가 자기 아이를 저평가하면 그 아이를 가르치는 선생도 저평가하게 된다. 학원 상담 가서 아이 옆에 앉혀놓은 채로 "이것저것 시켜도 처음에만 나아지는 듯하고 그만이에요" "뭐를 해도 성적이 안 올라요"라고 푸념을 하는 어머니들이 있다. 그런 푸념을 늘어놓는 순간 옆에 앉은 아이는 공부에 대한 의욕이 뚝 떨어져버린다. 상담의 끝머리에 "다음번에 학원 올 때까지 여기서 여기까지 단어 외워 와라", "연습 문제 풀어와라" 하고 과제를 내줄 때가 있는데 옆에서 듣고 있다가 "글쎄요, 다 못할 거 같은데……” 하는 어머니도 있다. 그 말이 아이에게는 주술이 된다. 거꾸로 부모가 “내 아이는 공부를 잘한다”고 믿어주면 그 믿음이 아이에게도 긍정적인 영향을 미친다. 물론 믿음을 넘어 ‘착각’ 수준이면 곤란하겠지만 너무 냉정하게 자식의 현 좌표를 자리매김하기보다는 조금 후하게 평가해주는 게 아이에게는 자극이자 격려가 된다.

이 글을 읽는 부모가 초등학생의 학부모라면 지금 당장 아이에 대해 과소평가하는 태도를 버리고 아이의 장점에 눈을 돌릴 것을 부탁드린다. 아이가 중학생이 되도록 그런 태도를 보인다면 아이 스스로 자신에 대해 부정적인 이미지를 가지게 될 것이다. 당신의 자녀가 고등학교 2학년 2학기에 “나는 아무리 해도 안 돼!” 하면서 주저앉기를 바란다면 그 습관을 계속 가져가시라.

3. 아이를 믿자.

부모가 아이를 못 믿으면 가르치는 선생도 못 믿는다. 상담을 해보면 공부 잘하는 학생이건 부족한 학생이건 부모가 자녀를 못 믿는 경우가 많다. 부모가 믿음을 주기 시작하면 아이는 폭발력 있는 에너지를 창출하기 시작한다. 그러나 아무리 노력해도 부모가 계속 의심하면 목표의 방향을 상실할 뿐만 아니라 성취감에도 문제가 생긴다. 성취감을 느끼지 못하는 아이는 잘할 수도 없으려니와, 일시적으로 잘해도 궁극적으로 좋은 결과를 지속시키기 어렵다.

4. 아버지를 교육 문제에 참여시키자.

내 상담 경험으로 보면 아이의 상담에 부모가 함께 참여하는 경우 성공률이 높아진다. 어머니 혼자 고민을 떠맡으려 하지 말고 아버지가 자식 교육에 시간을 쓰게 하자. 아이들이 눈에 띄면 ‘공부해!’ 소리나하는 아버지는, 사실은 달리 할 말이 없어서 그렇게 말하는 것이다. 자식 교육에 구체적으로 참여하다 보면 아이에게 어떤 말이 필요한지를 저절로 알게 된다. 가르칠 능력이 되는 아버지는 기꺼이 직접 가르치기를 시도해보라. 학습 효과는 둘째 문제다. 가르치면서 내 자식에게 어떤 문제가 있는지 직접 느끼는 게 중요하다. 자식에게 시간을 쓰면 자식은 그만큼 성장한다. 아이가 '자신과 아빠는 공부를 매개로 커뮤니케이션이 되는 사이'라고 느끼는 것 자체가 아이에게 말할 수 없이 긍정적인 영향을 미친다.

어머니 혼자 고민을 떠맡으려 하지 말자. 혼자 아이를 상대로 씨름하다 보면 자기도 모르게 감정적이 될 때도 있고, 객관성을 잃을 수도 있다. 부모가 함께 하면 아무래도 균형감이 유지되고 그만큼 아이를 성공적으로 다룰 수 있다. 또 두 사람의 문제가 아닌 자녀 문제에 호흡을 같이 맞추다 보면 동지의식으로 두 사람 사이가 더 돈독해지는 보너스도 생긴다.

물론 그 반대의 경우도 있다. 그러나 엄밀히 말하자면 아이 문제로 부부가 충돌하는 것은 그만큼 그 문제로 함께 고민하는 시간이 적었다는 반증이다. 늘 고민하는 엄마와 수수방관하다가 어쩌다가 한마디씩 '객관적으로' 거드는 아버지는 충돌하기 쉽다. 그러나 꾸준히 함께 모색해왔다면 충돌할 일은 그만큼 줄어들 것이다.

갈수록 자식의 교육 문제를 직접 챙기는 아버지들이 늘어나고 있다는 것을 내 위치에서도 실감한다. 동참 정도가 아니라 학원 선택의 주도권까지 갖는 아버지들이 많다. 의사나 개인 사업을 하는 아버지들 중에 이런 분들이 많은 것 같다. 지적이고 세련된 할머니가 손주 교육 문제로 딸이나 며느리와 함께 학원에 오기도 한다. 그런 경우 상담이 아주 부드럽게 진행된다.

부모가 마음에 여유가 없으면 학생도 여유가 없다. 능력이 뛰어난 학생도 부모님이 조급하게 몰아가면 항상 쫓기는 기분으로 살 수밖에 없다. 우선 부모가 마음에서 욕심을 덜어내야 여유가 생긴다. 자신의 일에는 욕심 부리지 않는 부모가 자식에 대해서는 욕심꾸러기가 되어 능력에 넘치게 요구하는 경우가 많다. 부모가 그런 태도를 바꾸지 않는 한 자식은 아무리 열심히 한다고 해도 부모에게서 인정받기 어렵다. 그리고 부모한테 인정받지 못하는 아이는 밖에 나가서 누구에게도 인정받지 못한다.

"10년 후에 어떻게 살래?"라는 질문에 대답을 못하는 게 아니라 안 하는 아이들도 있다. 그런 아이와 대화를 이어가다 보면 부모가 인정하지 않는 자기만의 야무진 꿈이 있다. 대답을 꺼리는 것은 그 꿈에 대해 이야기했을 때 예상할 수 있는 부모의 반응 때문이다.

"또 쓸데없는 소리, 2년 전에 그건 안 된다고 했잖아!"

'아이들과 대화가 부족하다, 대화를 나누고 싶은데 아이들이 마음을 열지 않는다'고 안타까워하는 부모들이 많다. 그러나 그 바람은 원론적인 것일 뿐, 실제로 마음을 열지 않는 것은 오히려 부모 쪽일 때가 많다. 별 현실성 없는 이야기에 귀 기울이기에는 마음이 너무 급하고, 듣는 기술도 덜 발달되어 있는 것이다.

특히 아직도 자신의 아들이 예술을 전공하겠다면 꺼리는 부모들이 많다. 남의 자식이 하겠다면 "어, 그거 전망이 괜찮겠다"고 짐짓 '깬' 체하면서 내 아들이 하겠다고 하면 꿈을 꺾으려 든다. 내가 미국에서 오랫동안 진로 지도 조교로 학생 진로 상담을 하면서 알게 된 것은 미국 부모도 이 점에서는 우리와 별 차이 없다는 점이었다. 단호한 한마디로 싹을 자르고 그 화제에 관한 한 대화 창구를 굳게 닫아버린다.

그 꿈이 너무 소중한 아이는 그때부터 혼자 끙끙 앓으며 자신의 소망을 접었다 폈다 한다. 신발 디자이너가 꿈인 남자 아이가 있었다. 몰래 꿈을 키우다가 어느 순간 부모에게 꺼내놓았다. 부모는 놀랐지만 귀 기울여 들었고 그 길을 가게 했다. 그 아이는 지금 세계시장에 내놓을 만한 멋진 신발 디자이너가 되기 위해 미국의 디자인 학교에서 열심히 공부하고 있다.

미술을 전공하겠다는 아이를 공부에 승부를 걸어야 한다며 영어 학원에 보내보라. 절대 집중하지 못하고 졸기만 한다. 화실에 넣으면 아침 10시부터 저녁 10시까지 엉덩이 한 번 안 떼고 실기에 몰두한다. 이렇듯이 스스로 '피곤해 하지 않는 일', 바로 그 일이 그 아이가 평생 붙들어야 할 일이고, 그게 그 아이가 가야 할 길이다.

6. 아이를 칭찬하자.

흔히 요즘 아이들은 물질적으로 풍족한 환경에서 부모 사랑을 듬뿍 받으며 큰다고들 이야기한다. 그러나 너무 치열한 경쟁 사회에서 아이를 키우다 보니 부모의 사랑이 칭찬으로 표현되는 일이 정말 드물어졌다. 아이들은 칭찬에 목이 말랐다. 일과는 너무나 고달픈데, 그 일과를 탈 없이 소화해내면 당연한 거고, 아차, 하다 보면 부모 꾸중을 듣게 된다. 학교나 학원에서는 어떠한가. 해오라는 것 다 해가면 당연한 거고, 못 해가면 벌이 따른다. 아이들은 야단맞지 않으려고 쳇바퀴를 굴릴 뿐이고, 뭔가 해냈을 때조차 성취감은 부모 몫이다. '칭찬 일곱에 권면 셋.' 나는 그 비율을 부모님들께 권장하고 싶다. 실제로 대부분의 부모님들은 '권면 아홉에 칭찬 하나' 정도 비율로 아이들을 닦달한다. 그 비율에도 못 미치는 부모도 많을 것이다. 그 비율을 완전히 뒤집어보자. 그 변화된 부모의 한마디가 아이들에게 굉장히 큰 힘을 발휘하게 될 것이다.

7. 최상의 조건, 최상의 결과에만 매달려 무리하지 말자.

차선, 나아가 최악도 상정해야 한다. 최상의 단기 목표를 설정하고 그 목표를 달성하는 일에만 열중하다 보면 전혀 예상하지 못했던 차질이 빚어져 뜻을 이루지 못했을 때 필요 이상으로 실망하게 된다. 늘 다양한 변수를 생각하고 더 멀리 내다보며 복안을 세우는 자세가 필요하다.

여기서 말하는 목표란 진학에만 국한되는 것이 아니다. 요즘 어머니들은 아이의 학원 선택에서도 많은 정보를 섭렵한 뒤에 '바로 여기다' 싶은 곳에 아이를 등록시키는 편이다. 바람직한 태도디. 문제는 고민 끝에 결론 내린 '베스트 초이스'가 성사되지 않았을 때(이유는 여러 가지가 있을 수 있다. 희망하는 클래스가 정원이 차서 더 이상 접수하기 곤란하다는 말을 들었을 때, 레벨 테스트 결과 우리 아이가 내가 집어넣으려는 반에 들어가지 못하게 되었을 때, 진도가 안 맞을 때 등등) 이 학원이 아니면 세상이 다 무너지는 것처럼 낙심하고 어떻게든 아이를 집어넣으려고 무리수를 던지는 것이다. 복안이 없기 때문이다.

진학 문제에서는 훨씬 상황이 심각해진다. 아이가 수능을 망쳤다. 국내에서 목표를 달성하기는 틀렸다. 우리 애가 이런 수능 점수를 받을 줄은 상상도 못해봤다. 그저 눈앞이 캄캄할 뿐이다. 그때 생각할 수 있는 유일한 돌파구가 유학이다. '그래, 유학이 해결책이다!' 하고 무조건 유학원을 방문하지만, 때는 이미 11월. 미국 대학의 원서 마감은 빠른 곳은 1월 말, 아무리 늦어도 2월 초다. 여러 가지 복안을 마련해놓지 못했을 때 이처럼 당혹스런 상황이 벌어지는 것은 어쩌면 당연한 일이다.

유학생 부모의 자녀관리 수칙 10계명

1. 유학의 주도권을 자식이 잡게 하라.

아이로 하여금 유학 가는 것은 부모가 아니라 '자기 자신'임을 확실히 인식시켜라. 억지로 등 떠밀려 간다는 느낌으로 떠나게 해서는 안 된다(물론 요새는 등 떠밀려 떠나는 아이보다는 부모에게 보내달라고 간청해서 떠나는 아이가 더 많아지는 추세이긴 하다). 순수하게 자발적으로 유학 준비를 시작했든, 부모가 원해서 시작했든 최종적인 유학 결정은 자기 자신이 했다는 점을 출발 시점에서부터 명백히 해야 한다. 그래야 초기 적응 기간에 힘들다고 전화에 대고 울거나 짜증을 내도 담대하게 대처할 수 있다.

2. 정보는 취합하고 판단하자.

무조건 책임진다는 말을 믿지 말자. 정확한 정보를 가진 학부형은 결코 자기 아이를 그런 말을 하는 사람에게 맡겨 도박을 하지 않는다. 지금은 정보화 시대다. 그러나 정보는 여러 군데에서 얻을 수 있지만 중요한 것은 그 정보가 우리 아이에게 해당하는 정보인지를 가리는 판단력이다. 입에서 입으로 전해온 정보만 믿고 학부형이 자기 자식의 중요한 사안에 대해 잘못된 판단의 근거로 삼는 경우가 있다. 제대로 정보를 모으고, 제대로 적용해야 한다.

대학 지원 서류를 보면 가장 우수한 학생의 가장 잘 갖추어진 서류는 어느 유학원의 도움도 없이 학부형이 아이를 도와 작성한 것일 때가 많다. 그 어느 유학원도 내 아이의 서류를 부모만큼 잘 챙길 수는 없다고 판단하는 부모들이다. 그들의 판단은 옳다. 그런 부모님은 대개 정보에서도 다른 부모님에 비해 앞서 있다. 그렇다고 그런 분들이 유학 정보에 통달해 있거나 영어가 유창한 분들인 것은 아니다. 다만, 어디서 어떻게 찾아서 그 정보를 어떻게 활용해야 할지 공부하는 자세로 자녀를 도왔을 뿐이다. 이것이 가장 바람직한 학부모의 태도라고 생각한다.

3. 아이를 믿고 맡겨라.

소를 물가에 끌어다 놓을 수는 있어도 물을 억지로 먹일 수는 없다고 한다. 부모는 아이와 한 지붕 아래에서 지지고 볶으며 이 진리를 수도 없이 확인하며 산다. 아이가 태평양 건너 저 멀리에 있다면 더 말할 것도 없다. "지금 뭐하냐?", "지금 몇 신데 자다가 일어난 목소리로 전화를 받냐? 너 어제 몇 시에 잤냐?" 이렇게 아무리 체크해도 한계가 있다. 믿음이 깔린 방관이 최선이다. 자주 전화는 하되 주로 일상생활에 대한 아이의 수다를 들어주는 역할만 하라. 그리고 그 이야기들을 통해 아이의 하루 일과를 최대한 파악하라. 아이가 딴짓하는 것을 일일이 파악할 수 없는 현실에서는 아이가 딴짓을 하다가도 '엄마는 나를 꽉 믿고 계신데' 하고 스스로 가책을 느끼게 하는 게 최선의 통제 방법이다. 유학생들 이야기를 들어보면 미국 아이들도 부모가 전화로 이것저것 물으면 전화 끊고 나서 짜증난다고 투덜거린다고 한다. 부모가 여러 말 시키면 짜증내는 것은 요즘 하이틴의 국제 공통의 성향인 모양이다.

4. 제때 문제점을 파악하라.

공연히 이것저것 꼬치꼬치 캐묻지 말고 아이가 제대로 학교생활을 하고 있는지 알아볼 만한 단서들을 찾아서 그때그때 문제점을 파악하라. 이를테면 아이 핸드폰 요금(요즘은 미국 고등학교들도 다 핸드폰

휴대를 허가한다)이 갑자기 많이 나오면 이성 친구가 생겼을 가능성이
높다.

5. 점수보다 교사의 의견을 중시하라.

성적표를 받았을 때는 성적이 A냐 B냐보다는 교사의 코멘트에 더
주목하라. 미국 학교(고등학교) 성적표에는 과목별로 선생님의 서술식
코멘트가 빼곡히 적혀 있다. 전화로 "이거 왜 B니?" 같은 질문을 해서
아이의 반발을 사기보다는 아이의 학업 내용과 교사 의견을 성적표를
통해 포괄적으로 파악하고 격려하려고 애쓰라. 미국 학교들은 성적만
이 아니라 학생의 학교 행동 사항, 문제점, 퀴즈 성적 등을 한 달에 한
번씩 부모에게 통지한다. 학생 아이디를 입력하면 조회할 수 있도록
인터넷에 띄워놓기도 한다. 그것들을 꼼꼼히 챙겨 읽는 것을 게을리
하지 않는다.

6. 아이의 문제행동에는 과감히 대처하라.

아이가 성적표를 안 보내기 시작하면 그 즉시 학비를 끊어라. 앞에
잠시 탈선했다가 군대를 통해 재기한 호준이의 사례를 다시 한 번 읽
으면 더 설명이 필요하지 않을 것이다.

7. 유학 생활에서 돈은 마약이라는 점을 명심하라.

내가 잘 아는 하버드 법대 유학생 하나는 한 해에 용돈을 800달러
썼다고 한다. 공부에 뜻이 있는 학생에게 실제로 필요한 용돈은 그리
많지 않다는 사실을 증명하는 사례다. 돈 씀씀이와 학업의 성공은 반
비례한다고 단언해도 무리가 없다. 꼭 필요한 돈 이상의 돈을 지니게
하는 것은 수렁에 빠지도록 이끄는 것이나 다름없다. 아이를 사랑하

면 사랑하는 만큼 돈은 조금만 주자. 안타까울 만큼 조금 주는 게 바람직하다. 용돈이 넉넉하면 겉치레에도 시간과 정신을 낭비하게 된다. 좋은 학교 주변에 갈수록 비싼 옷, 유행하는 옷을 입은 학생이 드물다. 하버드 대학에서 옷 잘 입은 사람들은 관광객이라고 보면 틀림없다. 교정을 한 바퀴 돌아보면 하버드가 왜 하버드인지 학생들의 옷차림에서도 느끼게 된다. 서울대 학생들의 패션 감각은 이에 견주면 아주 뛰어난 수준이다.

미국의 유명한 패션 전문지가 아이비리그 대학생들의 패션 감각을 조사한 결과 1등은 브라운 대학이, 꼴찌는 하버드 대학이 차지했다는 신문 보도를 본 적이 있다. 이 기사는 브라운 대학이 1위를 차지한 데에는 유명한 디자인 학교인 로드아일랜드 디자인 스쿨 가까이에 있었던 영향도 크다고 분석해놓았다. 반면에 하버드생들의 복장은 '뻣뻣한 청바지에 닳아빠진 재킷'이 대부분이라는 분석이었다.

사람은 환경의 지배를 받기 마련이어서 '꼭 필요한 용돈'의 액수는 아이가 맨해튼 한복판에 있는 학교를 다니느냐 한적한 시골 마을에 있는 학교에 다니느냐에 따라 크게 차이가 난다. 그러므로 '꼭 필요한 돈'이 얼마인지는 부모가 현명하게 판단할 일이다.

8. 일단 미국 땅에 발을 디뎠으면 미국 음식을 먹게 하라.

현지화의 기초는 현지 음식에 익숙해지는 것이다. 이 문제도 넉넉한 용돈의 부작용과 연결되어 있다. 여윳돈이 없으면 생각할 필요도 없이 배꼽시계가 울 때 학교 카페테리아에서 끼니를 해결한다. 그러면서 자기도 모르는 사이에 그 식사에 적응하게 된다. 그게 건강에도 제일 낫다. 학교 식당만큼 영양가 균형있게 맞춰놓은 식단을 제공하는 곳도 없다. 그런데 주머니에 돈이 좀 있으면 '나가서 먹을까?' 하는 선택의 여지가 생긴다.

"맘에 드는 메뉴가 하나도 없으면 닭고기 수프에 넓적한 파스타 말아서 '닭칼국수다' 생각하면서 무조건 후루룩 들이마셔. 기숙사로 돌아오는 길에 '아 배불러!' 일부러 소리내어 잘 먹었다는 기분도 내고. 그렇게 반 년만 버텨봐라. 점점 그 맛에 길들면서 학교 카페테리아 들어가는 일이 고통에서 즐거움으로 바뀐다."

방학 때 한국에 들어와서 유학 준비하는 후배에게 이 정도 호쾌한 충고는 해줄 수 있어야 '현지화'에 성공했다고 할 수 있다. 주머니에 돈이 있으면 그 과정이 더뎌진다. 이거 먹을까 저거 먹을까 생각하느라 마음이 느슨해질뿐더러 자기 좋아하는 것만 먹어서 건강에도 문제가 생긴다. 끼니 때만 되면 기숙사에 남아서 서울에서 부쳐온 라면을 끓여먹다가 위장병을 얻은 유학생을 본 적이 있다. 돈도 돈이지만 라면 같은 인스턴트식품 가득 채워 항공편으로 부치는 것도 웬만하면 삼가는 게 좋다.

9. 차를 사주지 말라.

밖에서 밥 먹는 일에 재미를 붙이다 보면 교통수단에 불편을 느끼게 된다. 그래서 부모에게 어느 순간부터 차를 사달라고 조르기 시작한다. 학부생에게 차를 사주는 것에 나는 절대 반대한다. 나이가 어려서 보험료가 비쌀 뿐 아니라 주차비용도 많이 든다. 차 핑계대고 부모에게 돈 타내기가 수월해진다는 부작용도 있다. 위험도 크다. 미국이라는 나라는 차 몰고 외식 한번 나가면 보통 한 시간 거리는 달려야 한다. 속도 제한이 없으니까 서울-대전 거리 정도는 한 시간 만에 달린다. 돌아오는 길에 졸기라도 하면 대형 사고로 이어진다. 아이를 사랑할수록 차는 절대로 사주지 말아야 한다. 이동 수단이라면 자전거가 백배 건전하다.

10. 학부모 방문 주간에는 형편이 되는 한 방문하라.

학교 교사들은 부모님 만날 기회를 원한다. 미국 학생들의 경우 부모가 운동할 때 음료수를 사들고 찾아오기도 하고 외출 허가를 받아서 데리고 나가 저녁을 먹여 들여보내기도 하니까 그런 일이 있을 때마다 교사와 자연스럽게 접촉하게 된다. 그런 기회를 가질 수 없는 외국인 학부모에게는 학부모 방문 주간에 아이 선생님을 만나 아이의 교우 관계, 생활 습관, 크고 작은 문제점을 파악하는 게 중요하다. 평소에 부모 따라 주말 외출하는 아이들을 바라보기만 하던 아이들에게도 사기를 높여줄 수 있다. 영어 대화가 자유롭지 않은 부모라도 아이 도움을 받아가며 충분히 필요한 정보를 주고받을 수 있을 것이다. 실제로 학부모 주간 행사에는 일본이나 중국 학부모에 견주어 한국 학부모의 참여율이 매우 높은 것으로 알고 있다.

역유학이라니?

여름철이 되면 조기유학생들의 '역유학' 이야기가 심심찮게 뉴스거리로 등장한다. 역유학이란 미국의 중고교에 유학가 있는 한국 학생들이 방학을 이용해 SAT와 토플 공부를 위해 한국으로 들어오는 현상을 일컫는 말이다. 실제로 서울어학원에서도 해마다 유학생들을 위한 여름방학 프로그램을 가동한다. 게다가 우리는 그 등록을 3월에 받고 있다. 미리 '수요'를 정확하게 파악해야 철저하게 준비해서 '공급'할 수 있기 때문이다. 대치동 본원의 경우 여름방학 기간에는 전체 학생의 80퍼센트 이상이 유학생들로 채워질 정도다.

모든 사물은 앞에서 볼 때와 뒤에서 볼 때 그 모습이 다르다. 그러므로 앞, 뒤, 옆을 고루 보아야 그 사물을 제대로 보았다고 말할 수 있다. 역유학 현상도 마찬가지다.

서울어학원에서 처음 해외 유학생을 위한 프로그램을 하게 된 것은 부모님들과 상담 과정에서 그 필요성을 느꼈기 때문이다. 조기유학생의 대다수가 '보딩스쿨', 즉 사립 기숙학교에 다니고 있는데, 이 학교들은 극소수 예외를 제외하고는 방학이 되면 기숙사 문을 닫는다. 먼 나라에서 유학을 온 학생들은 자기 나라로 돌아가거나 아니면 학교에서 소개시켜준 홈스테이 가정 또는 가디언의 집에서 방학을 보내야 한다. 그런 식으로 그냥 학교 근처에 눌러앉아 있을 경우 세 달 체제 비용으로만 최소 1만 달러는 든다는 게 어머니들 이야기다.

사정이 이렇다 보니 유학생 부모들은 미국에 두자니 비용이 너무 많이 들고 기나긴 방학 기간에 아이가 규칙적인 학교생활에서 벗어나 지나치게 나태해지거나 엉뚱한 쪽으로 관심을 기울이게 되는 것은 아닌지 불안해진다. 서머스쿨을 보낸다 해도 8월 초면 프로그램이 끝나기 때문에 어차피 9월 개학 때까지 공백이 생기기는 매한가지다. 게다가 서머스쿨을 위한 체류 비용도 어마어마하다.

"방학 때만이라도 한국으로 불러서 함께 지내고 싶은데 여기 오면 마땅한 프로그램이 없어요."

유학생 자녀의 방학 대책을 세우는 부모님들의 공통된 바람이 방학 동안 한국에 돌아와 있으면서도 미국에서 서머스쿨을 한 것만큼 의미 있는 시간을 보내고 새 학기를 맞이하게 할 수 있으면 좋겠다는 것이었다. 이런 배경에서 만들어진 유학생을 위한 방학 프로그램은 방학 기간을 부모 곁에 돌아와 보내면서 학습 면에서도 재충전을 할 수 있는 기회를 제공한다. 이런 프로그램이 생기기 전까지는 그 기간에도 공부에 매진하고 싶은 학생들이 선택할 수 있는 대안이라고는 한국에 들어오지 않고 서머스쿨에 등록하는 방법밖에 없었다. 그러나 한국에 돌아와 모처럼 헤어졌던 친구들도 만나면서 미국에서 공부하는 것보다 훨씬 더 효과적이고 집중적인 학습도 할 수 있는 이런 프로그램이 있으면 미국에 남아 있을 이유가 없는 것이다.

서울어학원이 유학생을 위한 방학 프로그램을 시작한 것은 사람들이 SAT가 무엇인지도 잘 몰랐던 1988년이다. 국내 최초로 SAT 전문 학원 간판을 내걸었다는 자부심이 내게는 있다. SAT 전문으로 세계 도처에 지사를 가지고 있는 카플란 어학원이나 프린스턴리뷰 어학원 같은 학원들이 국내에 진출한 것이 다 그 뒤의 일이다. 해외에서도 파워가 막강한 그런 SAT 프로그램들이 한국에서만은 토종 브랜드들을 앞서지 못하는 것도 한국식 SAT 프로그램의 독보성을 설명해준다.

또 하나, 흔히들 미국에는 SAT 학원이라는 게 없고 다들 각자 스스로 알아서 공부하는데, 한국 학생들이 학원에서 점수 올리기 위주로 맹훈련을 받고 실제로 점수를 올리는 바람에 미국 학생들까지 학원을 다니기 시작했다는 지적이 있다. 이는 잘 모르고 하는 말이다. 프린스턴리뷰나 카플란 같은 미국 굴지의 SAT 학원들은 학원 강의와 SAT 관련 교재로 해마다 큰 수익을 올리고 있다. 또 대학과 연계되어 열리는 여름 캠프들이나 그밖에 교육사업 자본이 운영하는 합숙 캠프도 골프, 테니스 같은 운동 프로그램, 과학 프로그램 못지않게 갈수록 SAT 대비 프로그램의 비중을 늘리고 있다. 서울어학원의 뉴저지 캠퍼스도 5년 안에 학생의 80퍼센트는 미국인으로 채우겠다는 포부를 가지고 있다. 보스턴, 밴쿠버, LA로도 진출할 생각이다.

"SAT 공부는 사실 학원 와서 할 필요가 없어. 집에서 혼자 해도

2005년 8월 개최된 서울어학원 주최 '아이비리그 입시 설명회' 풍경

돼." 나도 아이들 앞에서 이 말을 자주 한다. 사실이니까. 서점에 가면 좋은 교재가 널렸다. 혼자서 단어 외우고 문제 많이 풀어보면 충분히 잘 대비할 수 있다. "학원이 SAT 점수를 높여준다고 착각하지 말아라. 학원이 어떻게 네 점수를 올려주냐? 네가 올리는 거다." 비싼 수업료 내고 학원에 등록시켜준 부모님들이 들으면 서운해 할지 몰라도 그 말은 사실이다.

그러나 혼자서 잘 안 되니까 학원에 오는 거다. 나는 대치동에 있는 조그만 헬스 센터에서 일주일에 적어도 다섯 번은 한 시간씩 뛴다. 동네 헬스 센터는 드나드는 사람이 빤해서 대개 나란히 뛰는 사람들을 거의 매일 볼 정도로 서로 익숙한 분위기가 형성되어 있다. 그런데 어느 날 낯선 사람이 등장해서 나보다 더 빨리, 더 오래 뛴다. 그런 날은 주변에 당장 자극이 된다. 속으로 '당신이 내려가기 전엔 나도 안 내려가!' 이런 이상한 오기가 발동한다. 이런 경쟁적 분위기 속에서 다른 날의 갑절을 뛸 때도 있다. 사람은 이처럼 주변 분위기에 영향을 받는 존재다. 같은 목표점을 가진 사람들이 함께 모여 공부할 때 고효율의 학습 효과가 난다는 것은 SAT 준비에 국한시킬 필요도 없이 만고의 진리다.

방학 내내 놀고 돌아가서 언제 국제 경쟁력을 키울 것인가. 자신의 경쟁력을 강화하기 위해 경쟁적으로 맹렬하게 공부하는 것은 교육열 높고 부모가 자녀를 밀어붙이기로 이름난 한국에서만의 특수한 현상이 아니다. 미국에서도 방학이라고 해서 그 기간 절반 동안 아르바이트 해서 돈 모으고 그 돈으로 나머지 절반 동안 여행을 즐기던 낭만 시대는 이미 지났다. 그만큼 미국인들 사이에서도 명문대 입시 경쟁이 치열해지고 있기 때문이다. 그래서 방학을 맞아도 공부에 모든 것을 거는 학생들이 갈수록 늘어가는 것이다.

다 못 전한 선배들의 이야기

조기유학을 꿈꾸는 학생들, 준비 중인 학생들, 부모 품을 떠나 막 조기유학생의 길로 접어든 학생들에게는 어쩌면 내가 간접적으로 전하는 백 마디 말보다 자기와 같은 길을 앞서 걸어간 선배들의 생생한 조언 한마디가 더 피부에 와닿을 것이다.

이 책을 준비하는 동안에도 많은 유학생들이 겨울방학, 부활절 방학, 여름방학을 이용해 한국에 돌아와 나를 찾아주었다. 학업이 슬럼프에 빠진 학생에게는 기운을 불어넣어주기도 하고(더러 기합을 넣기도 했지만), 자기 학교 칼리지 카운슬러와의 상담에서는 풀리지 않았던 고민을 털어놓는 학생과는 함께 머리 맞대고 진학 대책을 세우기도 했다. 그러고는 꾸뻑 인사하고 방을 나서려는 아이를 다시 붙들어

앉히고 새삼스러운 질문들을 던져봤다.

"너는 왜 유학 갈 결심을 했지? 유학 가서 언제 제일 힘들었지? 몇 해 전의 너처럼 지금 SSAT 공부하느라고 머리를 싸매고 있는 많은 후배들에게 너는 무슨 말을 해주고 싶니?"

그들이 했던 많은 이야기들이 이 책의 내용을 풍부하게 해주었다. 적절한 대목에서 되도록 다양한 사례들을 소개하려고 노력했으나 내가 갈무리한 생생한 유학 경험담을 책에 다 담지는 못했다. 그래서 여기 에필로그 삼아 그대로 전해볼까 한다. 더러 그들의 이야기 속에 학교 이름이 묻어나오는 대목도 있다. 그런 이름들은 자연스럽게 그대로 두었고, 언급이 안 된 경우는 따로 밝히지 않았다. 선배들의 이야기를 새겨듣는 데에 어느 학교 재학 중인지를 아는 것이 꼭 필요하지는 않을 것이다. 그들의 학력이나 현재의 위치를 떠나서 지나온 순간들에 대한 절실한 토로 그 자체에 귀 기울여주길 바란다. 크고 작은 고민이나 좌절에 빠진 순간에 그들의 이야기를 기억해내는 독자가 있다면 내게 붙들려 친구와의 약속을 늦춰가며 솔직한 이야기를 들려줬던 그들에게도 보람 있는 일이 될 터이다.

★ 합격했다고 퍼지지 마세요. 합격생들을 위한 방문 행사가 있는 학교라면 거기 꼭 참여하세요. 선배들하고 기숙사에서 잠도 미리 자보고 수업도 미리 들어볼 수 있는 기회입니다. 또, 입학 지원서 받은 학생이 입학사무소에 전화하면 선배 연락처를 알 수 있어요. 유학 떠나기 전에 여름방학 때 한국에 들어온 선배들 미리 만나서 개인적인 오리엔테이션을 받으면 아주 많은 도움이 됩니다. 들어간 다음에 헤매고 성적 떨어지고 방황하는 것을 어느 정도 막을 수 있어요.

★ 처음에 가서 포기만 하지 않으면 돼요. 처음에 포기하게 만드는 걸림돌이 너무나 많

아요. 유혹도 많고. 거기서 걸리면 돌아오는 거죠. 짐 싸들고 한국으로 돌아가는 아이 보면 한편으론 정신차려야겠다 싶으면서도 한편으론 긴장이 더 풀려요.

★ 영어가 부족해 무조건 교과서를 외웠어요. 특히 역사와 경제 과목은 책을 보지 않고 연습장에 빽빽하게 내용을 적었어요. 한국 학생들의 공부 방법인 일명 '빡빡이'였죠. 많은 도움이 되었어요. 학교에서는 시험을 보고 나면 전교 20등까지 사진과 이름을 공개했는데, 그런 방법으로 공부하면서 거기 들어가려고 무척 애를 썼어요.

★ 10학년으로 처음 갔을 때 1년 동안 입을 안 열었어요. ESL 프로그램도 없었고 한국 학생은 저를 포함해서 단 세 명. 입 열 기회가 별로 없었어요. 기숙사 방에는 전화도 없고 인터넷도 안 돼요. 세인트 앤드루 스쿨의 학교 방침이죠. 그런 시설이 되어 있으면 학생들이 방에 콕 박혀서 다른 학생과 어울리지 않고 지낼 수도 있기 때문이래요. 벌써 내가 그 학교를 졸업한 지 5년이 되었는데, 아직도 전화는 복도 끝에 단 한 대 있는 게 전부라고 하더군요. 인터넷은 얼마 전부터 자기 방에서도 접속이 된다고 들었어요. 물론 공동으로 써야 하고 시간도 제한되어 있지만.

10학년 1년 동안 주중에는 서너 시간밖에 잠을 못 잤어요. 수업이 오전 8시에 시작해서 오후 3시에 끝나요. 그 뒤로 운동 등 교과외 활동 프로그램들이 이어지고 저녁 먹고 7시 반부터 9시 반까지가 각자 기숙사에서 숙제하는 시간이에요. 미국 아이들은 귀에 음악 꽂은 채로 30, 40분 붙들면 숙제 다 해치우고 게임하고 딴짓하는데 나는 두 시간을 해도 한 과목 숙제를 다 못 끝내죠. 10시 되면 불 끄고 자야 해요. 혼자 책상에 불 켜고 앉아서 새벽 2, 3시까지 해야 숙제를 다 마칠 수 있었어요. 다음날 6시 기상. 그러니 방짝이랑도 거의 말을 들 여유가 없었죠. 나중에 학교에 어느 정도 적응되고 방짝과도 친해졌을 때 방짝이 이런 말을 했어요. "내가 잠자리에 들 때도 넌 책상 앞에 앉아 있었고 내가 일어날 때도 똑같은 모습으로 앉아 있었어. 그래서 난 네가 전혀 잠을 안 자는 줄 알았다."

★ 한국에서는 조용한 사람이 최고였잖아요. 미국에서는 조용한 사람은 빵점이에요. 맞건 틀리건 자기 주장 펼치고 목소리를 높여야 좋은 평가를 받아요. 참여 점수가 중요해요. 학교에서의 참여가 선생님 눈에 보여야 해요. 미국에서 좋은 대학 들어가는 애들 중에는 학생회장이면서 클럽 회장인 아이들이 많아요. 공부 잘하면서 풋볼 캡틴이 된다? 우리에겐 정말 힘든 이야기죠. 공부도 잘하고 활동도 잘하는, 두 마리 토끼를 다 잡는 애들이 명문대 가고 세계 지도자가 되는 것 같아요.

★ 흑인 학생들끼리 무리지어 다니는 것과 한국인끼리 무리지어 다니는 것 중에 어느 쪽이 위협적으로 보일 것 같아요? 흑인 학생끼리 몰려다니는 거보다 한국인끼리 몰려다니면 더 튀어요. 그들은 남들이 알아들을 수 있는 영어로 말하지만 우리는 한국어로 말하니까요. 너무 끼리끼리 다니지 말라는 경고가 들어오죠.

★ 처음 유학갈 때 1년 낮추어 9학년으로 들어갔어요. 1년 뒤, 그동안의 내 성적을 검토한 학교 측에서 내게 1년 월반할 수 있는 기회를 주었어요. 월반 후 10학년의 공백을 따라잡는 것은 내 책임이었죠. 미국의 교육에는 한국에 없는 선택권과 그에 대한 책임이 존재하기 때문에 미국을 기회의 나라라고 부르는 것이라는 생각이 들었어요.

★ 명문 보딩스쿨 출신은 뭔가 준비자세가 되어 있는 것 같아요. 아이비리그 기숙사의 삶이 곧 자기들 고등학교 때의 삶이니까, 그저 오래 계속해오던 일상의 연장이니까 적응도 빠르죠. 명문 대학에서 두각을 나타내는 애들 중에는 아무래도 명문 보딩스쿨에서 톱을 다투던 애들이 좀 있죠. 그것만은 확실해요.

★ 운동이나 특별활동을 할 때 한 분야에 꾸준히 참여하고 '장'의 위치까지 올라가는 기록을 남기면 대학 입학처장들이 긍정적으로 봐요. 나는 몸이 약해서 육상팀에서 뛰다가 쓰러진 후에는 내 체력에 맞는 종목을 택해서 체력을 단련시킨다는 마음으로

운동했어요. 그밖에 학교 합창단, 학교 졸업앨범 편집팀, 졸업파티 기획팀, 국제학생회 임원, 기숙사 학생감독(proctor) 활동을 했어요. 특히 기숙사 학생감독은 가장 심혈을 기울였던 활동이에요. 대학 지원서에 한 글자라도 더 쓰기 위한 불순한 의도로 시작했지만 지금 돌이켜 생각해보면 정말 값진 경험들이었죠.

★ 유학 생활이 수도 생활이라고 생각하지는 마세요. 명문 보딩스쿨에서도 삼성의 프로야구 경기 문자 중계로 보고요. 한국 친구들이 열광하는 대중문화의 중요 부분 웬만큼은 업데이트하면서 살아요. 인터넷 시대니까요. 차이점이라면, 한국에서는 한밤에 인터넷으로 드라마 다시보기를 시작하면 밤 새워 끝장을 봤는데 여기서는 1, 2회씩 자기 자신이 한정해서 보게 되더라는 거죠. 〈미안하다, 사랑한다〉도 정확히 두 회씩 끊어서 섭렵했어요. 미국 애들은 놀아본 경험이 있어서 '언제까지 놀아야 할지'를 아는 것 같아요. 반면에 한국 학생들은 한 번도 제대로 놀아본 적이 없어서 그런지 한 번 놀면 그 길로 끝까지 가는 애들이 생기는 거죠. 통제하고 꾸중해주시는 부모님이 곁에 없으니까 자기 스스로 자신을 통제하지 않으면 끝까지 가게 되겠죠. 수준급의 보딩스쿨이라면 학교 분위기와 생활 규칙들이 자제력을 키우는 데에 아주 많은 도움을 줘요.